本书列入

2017年国家社会科学基金重大委托项目

“十三五”国家重点图书出版规划项目

中华传统文化百部经典

庄子

陈鼓应 解读

国家图书馆出版社

图书在版编目（CIP）数据

庄子 / 陈鼓应解读．-- 北京：国家图书馆出版社，2017.9（2025.5 重印）
（中华传统文化百部经典 / 袁行霈主编）
ISBN 978-7-5013-6220-2

Ⅰ．①庄… Ⅱ．①陈… Ⅲ．①道家 ②《庄子》-注释 Ⅳ．① B223.52

中国版本图书馆 CIP 数据核字 (2017) 第 218557 号

国家图书馆出版社官方微信

书　　名　庄　子
著　　者　陈鼓应 解读
责任编辑　赵　嫄
特约编辑　孙　彦
重印编辑　于春媚
封面设计　敬人设计工作室

出版发行　国家图书馆出版社（北京市西城区文津街 7 号　100034）
　　　　　010-66114536　63802249　nlcpress@nlc.cn（邮购）
网　　址　http://www.nlcpress.com
印　　装　北京科信印刷有限公司
版次印次　2017 年 9 月第 1 版　2025 年 5 月第 4 次印刷

开　　本　710×1000　1/16
印　　张　30.5
字　　数　380 千字
书　　号　ISBN 978-7-5013-6220-2
定　　价　86.00 元（精装）

本册审订

张松辉　　洪修平　　刘固盛

中华传统文化百部经典

编纂办公室

张　洁　　牛淑娟　　马　超　　袁　媛

编纂缘起

文化是民族的血脉，是人民的精神家园。党的十八大以来，围绕传承发展中华优秀传统文化，习近平总书记发表了一系列重要讲话，深刻揭示出中华优秀传统文化的地位和作用，梳理概括了中华优秀传统文化的历史源流、思想精神和鲜明特质，集中阐明了我们党对待传统文化的立场态度，这是中华民族继往开来、实现伟大复兴的重要文化方略。2017 年初，中共中央办公厅、国务院办公厅印发《关于实施中华优秀传统文化传承发展工程的意见》，从国家战略层面对中华优秀传统文化传承发展工作作出部署。

我国古代留下浩如烟海的典籍，其中的精华是培育民族精神和时代精神的文化基础。激活经典，熔古铸今，是增强文化自觉和文化自信的重要途径。多年来，学术界潜心研究，钩沉发覆、辨伪存真、提炼精华，做了许多有益工作。编纂《中华传统文化百部经典》（简称《百部经典》），就是在汲取已有成果基础上，力求编出一套兼具思想性、学术性和大众性的读本，使之成为广泛认同、传之久远的范本。《百部经典》所选图书上起先秦，下至辛亥革命，包括哲学、文学、历史、艺术、科技等领域的重要典籍。萃取其精华，加以解读，旨在搭建传统典籍与大众之间的桥梁，激活中华优秀传统文化，用优秀传统文化滋养当代中国人的精神世界，提振当代中国人的文化自信。

这套书采取导读、原典、注释、点评相结合的编纂体例，寻求优秀传统文化与社会主义核心价值观之间的深度契合点；以当代眼光审视和解读古代典籍，启发读者从中汲取古人的智慧和历史的经验，借以育人、资政，更好地为今人所取、为今人所用；力求深入浅出、明白晓畅地介绍古代经典，让优秀传统文化贴近现实生活，融入课堂教育，走进人们心中，最大限度地发挥以文化人的作用。

《百部经典》的编纂是一项重大文化工程。在中宣部等部门的指导和大力支持下，国家图书馆做了大量组织工作，得到学术界的积极响应和参与。由专家组成的编纂委员会，职责是作出总体规划，选定书目，制订体例，掌握进度；并延请德高望重的大家耆宿担当顾问，聘请对各书有深入研究的学者承担注释和解读，邀请相关领域的知名专家负责审订。先后约有 500 位专家参与工作。在此，向他们表示由衷的谢意。

书中疏漏不当之处，诚请读者批评指正。

2017 年 9 月 21 日

凡　例

一、《中华传统文化百部经典》的选书范围，上起先秦，下迄辛亥革命。选择在哲学、文学、历史、艺术、科技等各个领域具有重大思想价值、社会价值、历史价值和学术价值的一百部经典著作。

二、对于入选典籍，视具体情况确定节选或全录，并慎重选择底本。

三、对每部典籍，均设“导读”“注释”“点评”三个栏目加以诠释。导读居一书之首，主要介绍作者生平、成书过程、主要内容、历史地位、时代价值等，行文力求准确平实。注释部分解释字词、注明难字读音，串讲句子大意，务求简明扼要。点评包括篇末评和旁批两种形式。篇末评撮述原典要旨，标以“点评”，旁批萃取思想精华，印于书页一侧，力求要言不烦，雅俗共赏。

四、原文中的古今字、假借字一般不做改动，唯对异体字根据现行标准做适当转换。

五、每书附入相关善本书影，以期展现典籍的历史形态。

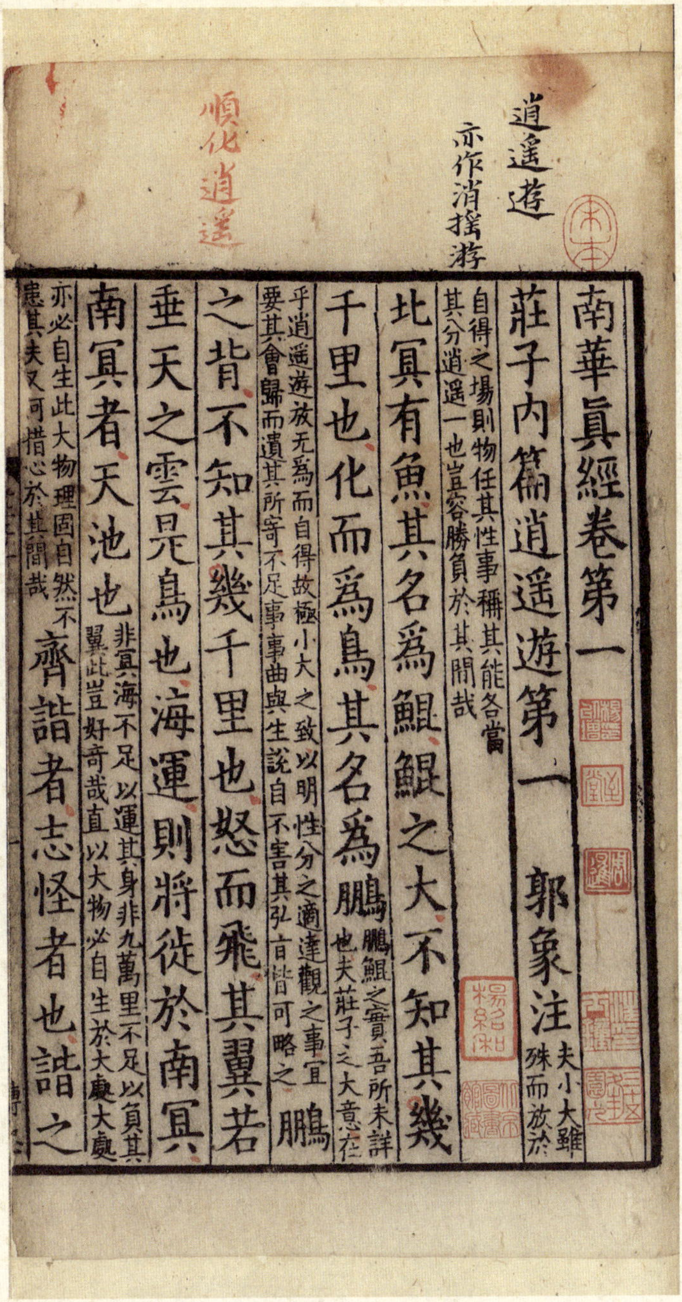
逍遥遊
亦作消摇遊
順化逍遥

南華真經卷第一

莊子内篇逍遥遊第一　郭象注　夫小大雖殊而放於自得之場則物任其性事稱其能各當其分逍遥一也豈容勝負於其間哉

北冥有魚其名爲鯤鯤之大不知其幾千里也化而爲鳥其名爲鵬鵬鯤之實吾所未詳也夫莊子之大意在乎逍遥遊放无爲而自得故極小大之致以明性分之適達觀之事宜要其會歸而遺其所寄不足事事曲與生説自不害其弘旨皆可略之鵬之背不知其幾千里也怒而飛其翼若垂天之雲是鳥也海運則將徙於南冥南冥者天池也非冥海不足以運其身非九萬里不足以負其翼此豈好奇哉直以大物必自生於大處大處亦必自生此大物理固自然不患其失又可措心於其間哉齊諧者志怪者也諧之

南华真经十卷　（晋）郭象注　宋刻本　国家图书馆藏

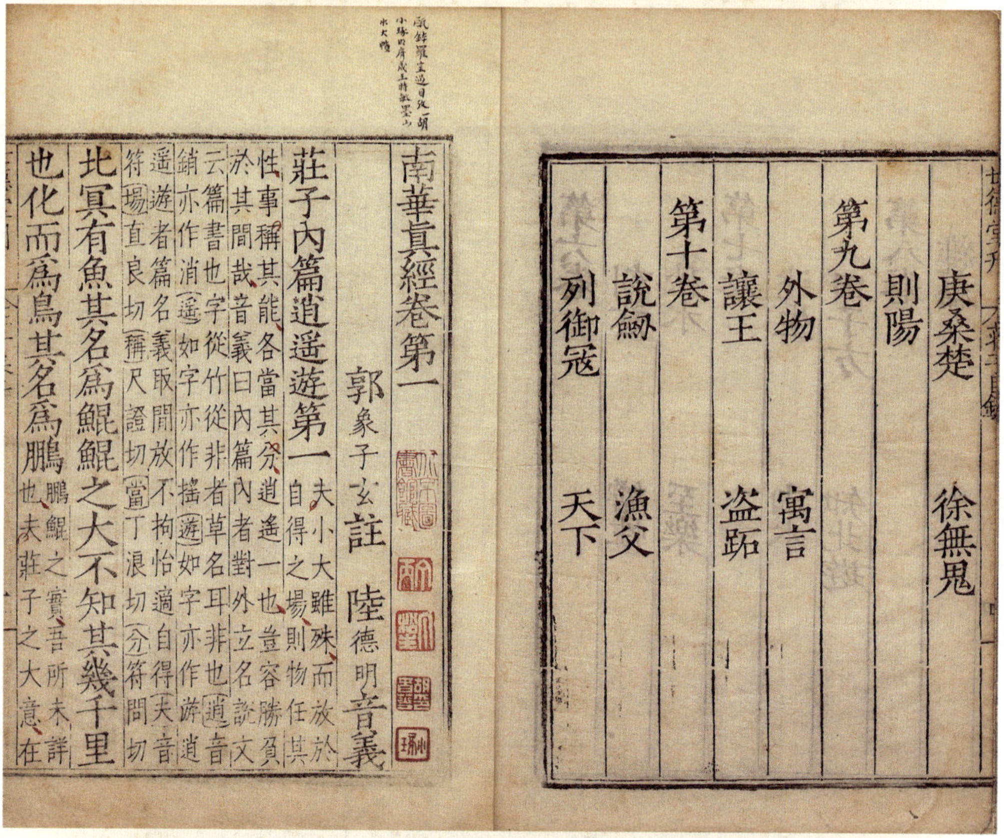

南华真经十卷　（晋）郭象注　（唐）陆德明音义

明嘉靖十二年（1533）顾春世德堂刻六子书本　国家图书馆藏

目　录

导　读

庄　子

内　篇

外 篇

杂 篇

导　读

庄子是战国时期道家学派的一位重要代表人物，是继老子之后先秦道家学派的集大成者。如果我们将哲学分为概念形态和想象形态的类别，那么可以说《老子》属于概念哲学，《庄子》则属于想象哲学。《庄子》所开辟的思想园地激起了后世无数心灵的回响，也成为现代生活宝贵的文化遗产。

一、作者生平

《庄子》一书分内、外、杂篇，共三十三篇，是庄子及其后学的作品。根据《史记·老子韩非列传》的记载，庄子，姓庄，名周，宋国蒙人，与梁惠王和齐宣王同时，曾做过蒙地漆园吏。但我们已无法找到关于他的家世渊源、师承源流和生卒年月的记述。幸好《庄子》一书中还保存了他本人的一些事迹和弟子受教时对其言行的记录，这些一鳞半爪的资料给我们展现出庄子生活特殊的影像：生活的坎坷隐忍、心境的旷达洒脱和精神的自由独立。现实中的庄子生活贫穷，《山木》篇说他穿破衣弊履（“衣大布而补之”），《外物》篇说庄周穷得要去监河侯那里贷粟，《列御寇》篇说他处穷闾陋巷，饿得面黄肌瘦，靠织草鞋谋生度日。但当楚王欲以境内之事相累时，庄子却断然拒绝了显达的机会（《秋水》）。庄子抛弃世间的荣华，“不为轩冕肆志，不为穷约趋俗”（《缮性》），有着高超的生活志趣。

惠施是庄子重要的辩友，《庄子》中共记载有二人之间的七次辩论。《秋水》篇著名的“鱼之乐”的辩论反映出二人不同的认知态度，庄子偏于美学的观赏，而惠施则着重知识论的判断，他们在有用无用（《逍遥游》）、有情无情（《德充符》）、孔子是否励志用智（《寓言》）等问题上的争论也反映出二人不同的性格和立场。尽管如此，庄子与惠施之间也有着深厚的情谊，《徐无鬼》篇记载惠施去世后，庄子经过惠施墓，以郢人斫垩为喻追念亡友，感慨再也找不到可以对谈的人了，流露出纯厚真挚的情感。

庄子的思想丰富多彩，他所生活的宋国，正是中原文化与楚文化的交汇区域，楚文化表现出富丽奇伟的想象力，从文学特性上看，属于浪漫主义，而中原文化则更具现实主义的特色。两种文化的熏陶，使庄子的思想显得多彩而独特，其思想的繁复性，与儒家作为中原文化的单调性很不一样。宋国又是殷人的后裔，爱好艺术，他们的文化带着超现实的气韵，这种文化传统也对庄子的作品产生了一定的影响。庄子的创作多用神话作为素材，顾颉刚就认为，《庄子》一书是昆仑神话和蓬莱神话两大传统的融合[①]。这些文化因素综合地影响着庄子，形成了他独特的浪漫主义文风和丰富的想象力，亦成为他蓬勃的思想源泉。

世人常以老庄并称，庄子哲学确实是从老子哲学发展而来的，但若论到哲学论题的深度、广度和多样性，庄子则大大超过了老子。庄子的生活环境比老子的境遇更为惨烈，当时周朝名存实亡，诸侯纷争，战事频仍，社会动荡，正如孟子所说“老弱转乎沟壑，壮者散而之四方”（《孟子·梁惠王下》）。庄子所处的宋国是一个小国，外部经常受到齐、魏、秦等霸强的欺凌，内部受到宋王偃的暴虐统治（史书称之为“桀宋”），庄子也说“今世殊死者相枕也，桁杨者相推也，刑戮者相望也”（《在宥》）。身处政治黑暗、尔虞我诈、民不聊生的环境中，庄子的忧患感超过先秦诸子其他各家，他对昏君乱相及趋炎附势之徒无比憎恶，而对苦难中的平民弱士寄予了无限的同情。庄子所处的社会环境很像存在主义者在经历世界大战的普遍灾难之后所描绘的人类的“极端情境”（extreme situation），在战祸连绵的战国时代，危机感是普遍存在的，像庄子这样的知识分子对这种“极端”情况有着更为深切而敏锐的感受，这是形成他避世态度的根本原因。

由于庄子处于这危机四伏的环境中，因而如何避免“中于机辟，死于罔罟”（《逍遥游》）的悲剧命运就成为他所忧虑的一个核心问题。面对不幸的现实，庄子追求着“逍遥游”的境界，然而他表面看来悠然自适，内心却充满着处世的忧患感。在《庄子》内篇中，《人间世》表达了知识分子不可推卸的使命感及其悲剧命运，《应帝王》崇尚“游于无有”的无治状态，《齐物论》在于打破自我中心而臻于人我平齐之境，《养生主》晓喻养神之理，《德充符》破除外形残全的观念，重视人的内在价值，并强调心灵美，《大宗师》描绘真人的人格风貌，阐述死生如一及“天人合一”之境。庄子对社会现实的深刻批判、对知识分子在乱世中的命运的关切，都说明他对社会人生仍有着深切的关怀，因此我们有理由说，庄子的生活态度并不是出世的，而是介于避世与入世（“游世”）之间的。他要在权力结构的笼罩下保持人格的独立，保持无欲则刚的心灵和清醒的头脑，避免沦为工具价值或市场价值。庄子更从宇宙的规模来把握人的存在，使人的精神从现实中升华，以艺术的心灵、审美的目光来观照事物。我个人深以为，庄子是整个世界思想史上最深刻的抗议分子，也是中国古代最具有自由性和民主性的哲学家。

二、版本源流

《庄子》一书最早的著录见于《汉书·艺文志》，载“《庄子》五十二篇”。我们现在看到的《庄子》，源于晋代郭象注本《庄子》，此本共三十三篇，其中分内篇七、外篇十五、杂篇十一。根据司马迁的记载，庄子“其著书十余万言”，而今本《庄子》仅六万五千多字，可见庄子的著作未能完整地流传下来。今查《吕氏春秋·必己》高诱注为五十二篇，唐代陆德明的《经典释文·叙录》称晋司马彪、孟氏注《庄子》也是五十二篇，可见汉代所传《庄子》多为五十二篇。今本三十三篇很有可能是晋代郭象修订的结果，日本高山寺古抄本郭象《天下》篇末跋语云：

> 庄子闳才命世，诚多英文伟词。正言若反，故一曲之士，不能畅其弘旨，而妄窜奇说。若《阏弈》《意修》之首，《卮言》《游凫》《子胥》之篇，凡诸巧杂，若此之类，十分有三。或牵之令近，或迂之令诞，或似《山海经》，或似《（占）梦书》，或出《淮南》，或辩形名，而参之高韵，龙蛇并御，且辞气鄙背，竟无深奥，而徒难知以困后蒙，令沉滞失乎流，岂所求庄子之意哉？故皆略而不存。

郭象在注释过程中对《庄子》文本也进行了编辑整理，将五十二篇《庄子》中文辞鄙薄、内容荒诞、容易影响读者关注力的内容删去，形成了今本《庄子》。根据《史记》的记载，《庄子》中应有《畏累虚》《亢桑子》两个篇名，这两篇都是空言设语，无关实事。其他有记载的《庄子》

逸篇还有《阏弈》《意修》《卮言》《游凫》《子胥》(见于上文郭象跋语,《经典释文·叙录》亦引)、《马棰》(见于《南史·文学传》)等等。

世传三十三篇《庄子》,成玄英《庄子序》称“内篇明于理本,外篇语其事迹,杂篇明于理事。内篇虽明理本,不无事迹;外篇虽明事迹,甚有妙理”,主张内、外、杂篇各有重点,内篇主要阐明庄子的思想主张,外篇中记录了庄子的事迹,而杂篇则联系具体事实来说明道理。但关于三十三篇的真伪问题的讨论,始于宋代的苏轼,他认为杂篇中的《让王》《说剑》“浅陋不入于道”,而《渔父》《盗跖》诋毁孔子,均属伪作。一般而言,我们将《庄子》视为庄子学派的著作,以内篇为庄周本人的论著,外、杂篇为众弟子的作品汇编,其间甚或保留有庄周的札记和弟子的记述。

三、主要思想

庄子思想秉承老子而有所发展、有所变异,但在核心学说“道”的认识上完全是一脉相承的。老庄所谓的“道”,简单说可以归纳两点,一是指宇宙的本源,即宇宙最根本的存在,宇宙万物产生于“道”;二是指自然客观规律。关于“道”的“无为而无不为”的特性,由于庄子在阐述中从自然层面扩大到社会生活层面,致使这一思想出现了某些片面化和消极的倾向,因此我们常说的“老庄哲学”这一概念,无形之中也就打上了这一烙印,往往忽略了“老庄哲学”最本质的内核——对宇宙与自然的深刻认识。道的自然性与自发性,推翻了神的创造说与主宰说,这在人类思想史上迈进了一大步。

但是老子的道和庄子的道也有一定的差异。《庄子》中的“道”具有多重的意义,有的地方指宇宙的根源,有的地方指万物发展的规律,有的地方道就是整体性的意思。现象界的存在物是互相对立的,每一个物象都有跟它相对的别的物象，每一个物象都以自己为“此”，以别的物象为“彼”。而道是整体的，没有跟它相对的东西，所以它超出于对立的关系，道是通而为一的。庄子更指出“万物殊理，道不私”（《则阳》），万物虽然样态千差万别，但有其共同依循之道，万物所寓的“理”即道，因此也指万物所具有的共通性。《逍遥游》的“旁礴万物以为一”、《齐物论》的“天地一指也，万物一马也”、《德充符》的“万物皆一也”、《大宗师》的“天地之一气”、《知北游》的“通天下一气”、《天地》的“万物一府”、《秋水》的“万物一齐”等等，都是指整体（the whole one）而言。整个世界是一个整体，道是整体，各物是道的部分，因此从道的观点来看，事物没有分别相。有了人为的价值区别就会分割，就不是道了。

此外，老子的道，本体论与宇宙论的意味较重，而庄子则从主体透升上去成为一种宇宙精神，将道转化为心灵的境界。老子借“有”“无”这对独特的范畴来言说“道”，“有”“无”包含两个不同的层次，一是指道体的实存和道体的无限，一是指现象界的实存和物象中的虚空。《老子》第四十章说：“天下万物生于有，有生于无。”这里“有无相生”说明事物之间相反相成的关系，而“有生于无”则激发人们无穷的创造意志和创业精神。庄子也继承了老子的观念，将“道”称为“生生者”，并对老子的“有”“无”意义进行转化。为了凸显道体的“无”，庄子将老子作为道体的“有”下降为万有，并将老子生成论之有无关系转化为时空无限性的延展，打破老子以“无”为始的概念，上溯至“未始有无也者”“未始有夫未始有无也者”（《齐物论》），从而形成一个无穷无限的时空，意在起人心胸，拓人眼界，开阔人的思想空间。庄子还将老子的“无”转为主体之最高精神境界，如《知北游》“予能有无矣，而未能无无也；及为无有矣，何从至此哉”。这里“有”“无”“无无”描写人三层不同的精神境界，庄子以为从“有”到“无”，就是使人在现实世界中尽可能少受到有形条件和无形因素的限制。庄子对“无”概念的转化，显示出庄子精神已渐渐由老子的“实有形态”转向提升主体生命的“境界形态”。徐复观就说：“庄子主要的思想，将老子的客观的道，内在化而为人生的境界。”②

庄子谈道，原是从认识出发，然而他的兴趣却并不在于讨论客观性的知识，他把道与人的关系扣得紧紧的，他并不使道成为一个高不可攀的挂空概念，只是描述体道以后的心灵状态，借此检讨主体心灵的境况。道因此成为人在体道后所产生的境界，亦即体道之后所达到的精神状态，人生所臻至的最高境界便成为道的境界。道的境界是从主体生命开发出来的，庄子多借人物的体验修养来呈现，应用浪漫主义的笔法刻画得道者的精神定力与心灵飞扬，但没有给我们描绘任何清晰的实现这一境界的过程。他一再宣称道是不可知、不可闻、不可问的，体道的境界纯粹是一种直觉式的内在经验，既无法复述，也无法与人交流。因而作为一个解释者或读者，如何去体会并展现庄子所提示的境界，确是相当困难的。我个人认为通达道的境界可能有以下几种途径：1. 去除内外的蔽障。主体生命活动应突破形躯的局限，消解由“成心”“我执”所产生的智性活动，超越俗情、欲情，化解情绪的搅扰，冲破现实的藩篱，求得精神的独立自主。2. 了解宇宙变化的真相。我们当了解物量的无穷、时间连接的无限流动、得失的无常。变化并不是一种消失，而是一种转化。3. 培养安时处顺的心态。在万化之中，不为爱乐情绪所困扰和系缚，以坦然的胸怀去面对死亡。4. 保持心灵的凝聚状态。透过虚静的工夫，使心灵凝聚含藏，凝敛创造的动力。

治身和治国是道家思想的两个主要部分。老子推天道以明人事，五千言主要是向当时的君主提建议书，所以《老子》是救世之书，要在论治道，并兼谈治身，但以治国为核心议题。庄子则以治身为本，他说“道之真以治身”（《让王》），重视生命的内涵，要保持内在精神状态的自得自适，这与他所处的时代环境是有很大的关系的。庄子学派关注的重点在于生命的阐扬——所谓“达生之情”“达命之情”，在于对性命之情的张扬。形与心是生命中两个重要的组成部分，《达生》说“形全精复”，司马谈则提出“神本形具”的主张，在形体的基础上，高扬精神作用，正是继承庄子而来。在中国古典哲学中，“精神”一词首创于庄子。古人以为思维能力与精神作用均发自于心。庄子论心要在阐扬心神与心思的作用——心神活动创造人的精神生命；心思作用建立人的思想生命。心学是《庄子》内篇的核心议题，《逍遥游》论人的精神生命之广大自在、自由自适；《齐物论》谈思想生命的“相尊相蕴”；《养生主》论精神对生命的主导作用，篇末薪尽火传之说，即喻人的精神生命和思想生命的永续传递；《人间世》论伴君如伴虎，士人当免于沦为统治阶层的工具，不得已从仕途的老路中由治国转为治身，于是提出“心斋”之说。“心斋”境界的提出，也属于精神生命修养之最高境界，一如《大宗师》中“坐忘”之心境，而《德充符》通篇阐发生命内涵之充实，“常心”“灵府”就是心灵保持愉悦而生意勃发，“与物为春”。《应帝王》虽名为论治道，事实上仍以治心为要，提出“游心于淡”“至人之用心若镜，不将不迎”之说，正是以治心为治道之根本及基础。凡此都可见庄子心学之大旨。

庄子还首先提出“内圣外王”理想，后人常常误以为这是儒家的主张，事实上诸子百家都有其“内圣外王”之道，只不过由于各自的思想体系有别，从而表现出不同的“内圣外王”理想。在诸子之中，最早提示这一方向的是老子，《老子》第五十四章说：“修之于身，其德乃真；修之于家，其德乃余；修之于乡，其德乃长；修之于邦，其德乃丰；修之于天下，其德乃普。故以身观身，以家观家，以乡观乡，以邦观邦，以天下观天下。”明代释德清在《庄子内篇注》中说：“庄子之学，以‘内圣外王’为体用。”庄子的内圣之道，一方面是对世俗价值的无限舍弃，如果借用尼采的话，则是价值重估与价值转换；另一方面是无限的开放，即以一种开放的心灵，同于大通，从宇宙的规模把握人的存在。其重点是使心灵的内涵得以开阔、提高与丰富化。庄子的内圣之学带有浓厚的艺术心境，艺术化人生，人生艺术化，是庄子的生命情调。庄子并不缺乏对社会的关怀和社会责任感，但他的外王之学只是余绪，从某种意义上讲，庄子的外王主张实际是外不王，如《在宥》所说“不得已而临莅天下，莫若无为”。庄子对政治权力有痛切的体认与剖析，深刻地揭示出人治、德治之弊以及刑治之害。他认为政治措施及政治权势之扩展造成了《马蹄》所说的马的死亡与《至乐》所说的鸟的死亡。因此，如何让人民能够安于常性、真情，自得其适地生活，是庄子非常关注的一个问题。与老子一样，庄子理想中的统治者收敛自己的权势意念，让人民更多的自生、自育、自长、自成，这就是庄子自由哲学的体现。因此庄子“内圣外王”的理想是十分独特的，它怀抱着“育万物，和天下，泽及百姓”（《天下》）的社会意识，又具有“配神明，醇天地”（《天下》）的宇宙精神。

关于人性的起源及其人的本性为何的论题，在春秋末的老、孔时代并未被显题化，仅呈现出隐含性的思想观念。后来在人文思潮的激荡下，到了孟、庄时代，人性论已成为哲学思考的中心问题。儒家以社会积习的善、恶价值判断附着在人性论上的观点，引起所谓性善与性恶的争论。庄子学派对人性做哲学性的解说，突出人性的真与美。《庚桑楚》明确提出“性者，生之质也”，将人性作为人生命的本质。与孟子、荀子不同，庄子学派以人类受命成性之初的真朴状态为人的本性实情，并将人性论放置在形上学的根基上进行讨论。《庄子》的性真说与《老子》一脉相承，《老子》言“真”仅有三处，从道体之真（第二十一章）、本性之真（第四十一章）到行为修养之真（第五十四章）。《庄子》言“真”多达四十五次。《让王》篇中庄子学派提出一句醒目又发人深省的话：“道之真以治身，其绪余以为国家。”作者目睹上流社会群起“危身弃生以殉物”有感而发，因而用“随珠弹雀”的典故，譬喻生命比外物更为重要，从道德立场强调生命重于一切。《秋水》和《大宗师》篇中，则一再提出“反其真”的呼声，强调个体生命回归到宇宙生命，人们要持守天真的本性。庄子还要人们尊重天的本然性，同时要大家不忽视人为的重要。天人之间，应寻求一个可以和谐共生的方法，这个方法的答案就是“民以其真”——人们依其自然真性去生活。

可以看出，庄周之学要在开拓生命的内涵、提升精神的境界，并在天人关系中保持本真的生活形态。因此庄子学派并不像儒家那样，将仁义道德规范视为人生的终极目标，而只把它们视为人生旅途中一个寄宿的过程。他们强调人伦关系建立在真情至性的基础上，仁义孝慈的情感是在自然情境中产生的，因而《庄子》说“爱人利物之谓仁”，“端正而不知以为义，相爱而不知以为仁”（《天地》），强调仁义乃出自人的自然本性。

生死观也是庄子哲学的一个重要议题，《德充符》中说“死生亦大矣”，世俗的人群生活在倒悬的状态下，死亡的恐惧和生存的欲望将人类困住，“善吾生者，乃所以善吾死也”（《大宗师》）。庄子把生死视为自然的现象，认为生死的过程就像春夏秋冬四时的运行，是气之聚散的结果，气聚则生，气散则死。庄子现实生活中对死亡的态度也与他的哲学观念保持一致，《至乐》篇记载庄子妻死鼓盆而歌的故事。《列御寇》篇庄子将死，反对弟子厚葬，主张“以天地为棺椁，以日月为连璧，星辰为珠玑，万物为赍送”，与天地大化融而为一。《大宗师》中子祀、子舆、子犁、子来四位莫逆之交，以安时处顺的态度面对生死的拷问。《庄子》摆脱了鬼神对于人类生死命运的摆布，面对“死生无变于己”（《齐物论》）的现实，将关注的重点由肉体生命之延续转向精神生命之扩展，主张人应在有限的生命中用主体性的知来安顿内在生命。这种知，与客观的科学之知无关，而是对宇宙和人生做一根源性的把握，这就是“大知”或“真知”。在《齐物论》中，庄子对人的认知活动做了许多精辟的检讨与批评，认为存有的实在性和认识之间有很大的距离，人的认知活动不应受空间的锁闭、时间的局限以及礼教的束缚，人们应突破“成心”的作用，对外在事物做客观的认知。由于主观意见的渗入和物象的流转不息，我们所能获得的只是相对性的意见，而非终极性的真相。要消解认识活动中的混淆，只有透过虚静的工夫，不断扩张心灵，如实地呈现外物的实况。庄子对主体心灵的强调，与其说是为了求得外在客观的知识，不如说是为了探索内在生命之真况。庄子不重感觉之知与推论之知，更重视内观之知，透过主体的自觉与自证，把握主观的精神。“真知”是主体对世界与人生深刻体验之后所展现出来的眼界和心量。“真知”能透过时代的迷雾和空间的拘囚，去了解人事物象的无常性及价值判断的无定性，透过一切相对的局限，超脱一切相对的束缚。“真知”使人了解人与自然的关系、知识与生命的关系，使人在自然的万化中安顿自身。“真知”了解物物之间的对待关系，超出事物的对立状态以体味和谐之美。

《庄子》言“情”，全书多达六十二处，论情之处几乎都是正面的意义。“情”字本身兼具“真”“实”和“感情”的双重意涵。《庄子》内篇言“情”条理明晰、脉络贯通，与外、杂篇一道形成完整的思想回路，于生命智慧中隐喻着伦理关照，于艺术境界中含藏着道德意蕴，开启了中国人性论史上绵延、波澜的抒情传统。内篇论“情”可划归为“人情”“天情”“道情”三个主要概念，三者之间又显现出逐层攀升的趋向③。由人及天，由天及道，其间亦不乏着眼于天人视角的整体性思维。“人情”在描绘“神人”时，意指生命的本真状态；“天情”在讲论“死生”时，隐喻自然之实情；而“道情”在形上建构中，意指宇宙之深情。于《庄子》而言，生命（性命）渊源于天而禀赋于道，道具有“刻雕众形”（《大宗师》）的“生生”功能，所谓“道与之貌，天与之形”（《德充符》），人情亦是本于天情而源于道情的。由此，人情实然并应然地指向天情乃至道情的意境，个体生命的情调只有与天地广博的情怀、宇宙深沉的情愫相贯通，才能返归其本真的状态。

内篇中“情”的语境意义，在外、杂篇中也有所发挥。例如《养生主》“天情”指向人内在本真之情实，“中纯实而反乎情，乐也”（《缮性》）中“情”亦指向发乎人性自然的真实情感，庄子同时以之为音乐的内在性基础。《徐无鬼》“修胸中之诚，以应天地之情而勿撄”，所谓“天地之情”乃意指天地万物存在之真实情态，也是道无所不在、无乎逃物的真实体现，而这不外即是《大宗师》所言“物之大情”以及道“有情有信”中“情”的语境意义。《骈拇》还提出“意仁义其非人情乎”，认为仁义道德应出于人的性情，是发自内心的。人群之间的伦常规范是本乎人情而合乎人性的，真情的流露即是本性的回归。因而个体生命驰骋于天地间，既需“任其性命之情”（《骈拇》），顺任本性，激发潜能，放达意境，又需“安其性命之情”（《在宥》），秉持伦常，相尊相蕴，汇通物我。

庄子论“情”的另一个重要意涵在于引出了“无情”之说，《德充符》有“有人之形，无人之情”之论。“无情”一说，恰是对“情”的超脱与提升的写照，其所需涤荡之“情”实乃负累之情，是封闭心灵和狭隘心境囿于人的视域、毁伤内在本性的好恶情欲，倡导人超脱于俗情而提升至道情、天情，从而回归人“有情而无形”（《齐物论》）的本根之处，体会天地之大美，培养宇宙之视野与心胸。如此则个体生命能够通向宇宙生命，个体小我能够通向天地之大我。

当我们提起道家，立即就与他们的“自然无为”联系在一起。老子提出“无为”来限制君权，是他对掌权者发出的切中时弊的警告，也是古代民主思想之萌芽。庄子的“无为”不再像老子那样向掌权者建言，而是转而与士人、百姓对话。庄子淡化了“无为”的政治内涵，将它转化为个体生命所能达到的逍遥自适的心境。比如《逍遥游》谈樗树之大用可以“彷徨乎无为其侧，逍遥乎寝卧其下”，“从容无为”（《在宥》），

“逍遥，无为也”（《天运》），这些都是以个体心境来描写“无为”之情状。《知北游》说“天地有大美……是故至人无为，大圣不作，观于天地之谓也”，至人体贴天地之美，“无为”也成为至人高度修养的审美心境。与“无为”一样，庄子将“自然”内化到人的精神世界，与个体生命之心境结合。先秦道家所说的自然有三层意涵：一为物理的自然，二为人文的自然，三为境界的自然。庄子所崇尚的并非全然是物理的自然，而多指人文的自然，比喻人性的自由伸展与人格的充分发展。他将“自然”引向人类的本性，强调无论治身还是治国都要顺应人的本性而为，自化、自为、自适、自得、自乐。比如“常因自然而不益生”（《德充符》）；“游心于淡，合气于漠，顺物自然而无容私焉”（《应帝王》）。在人的自性的议题上，老子仅着意于“自化”，其意涵更多的属于政治教化的范畴。庄子则指出万物无时无刻不在变化之中，不仅外在环境在不断变动着，人自身的内在因素也在变化不息中，人应在宇宙的变动中发挥自性，获得精神的安宁和快乐。这种自性的发挥，又将人文的自然提升到境界的自然。这些更具人文精神的转化，代表着庄子时代人类主体意识的觉醒。

庄子并不认为“道”高不可攀，“道”应是透过经验或体验的历程达到的一种境界，《庄子》运用许多生动的寓言描述人凭借专精的技艺可以呈现道境，如《养生主》之“庖丁解牛”、《达生》之“痀偻承蜩”“梓庆削木为鐻”、《天道》之“轮扁斫轮”、《徐无鬼》之“匠石运斤成风”、《知北游》之“大马之捶钩者”等等，这些匠人无不以其技艺的娴熟和专精而臻于出神入化的道境。庄子特别强调这些匠人三个共同的特性：一是学习技艺者时间的持续性，慎终如始，持守生命的主轴；二是艺能专精的磨炼，技巧的专精要在持久的学习进程中才能体现出来，在学习与天才之间，庄子并未着意天才的成分，而一再强调反复历练与长期实践的必要性；三是主体心境之培养，集气、养神、静心是学道者在创造过程中必须培养的心境。庄子学以求道的观念，冲破老子“为学日益，为道日损”中“为学”与“为道”两分的状态，将二者联系起来，搭建起一条通向主体最高境界的通道。

《庄子》还为我们勾画了一个气象高远的世界，人们自得其得，自适其适，有着广大宽闲、悠然意远的气派，取消了天地、万物和我（客观与主体）的对立关系，达到物我两忘的境界。这种生命状态的获得需要生命内在心境的凝聚蓄养，《庄子》提出“性修反德”的主张，即通过修养心性的方法，持修“静”“明”“虚”的工夫，逐步将人的精神层次提升到“德”的最高境界。《人间世》在“心斋”中提出“唯道集虚”的重要命题，主旨是在表述心透过“听之以耳”，历经“听之以心”“听之以气”，达到与道结合的境界。所谓“唯道集虚”，意指透过心的专一，心灵就能与道结合，道就能落到虚的心境上。“集虚”工夫使耳目内敛，任清虚之气出入而无所用心，如是心灵不仅能够明晰透彻地观照外在的事物，如实地认识外在事物的情状，而且能够“徇耳目内通”——烛照内在的精神活动。《庄子》还反复谈及心性的静定作用，比如《德充符》说：“人莫鉴于流水而鉴于止水，唯止能止众止。”“静”的工夫才能排除外界的纷扰，使心神专一、思绪凝聚。在《天道》篇作了这样的比喻：“水静犹明，而况精神！”《庚桑楚》也有言“静则明”，都在强调透过虚静工夫，来达到内在明觉的心境。澄明之心得以体认这世界中群我关系乃互为彼此而相互依赖，进而“以明”之心得以观照各物乃彼此互为主体、相互会通，而达到“道通为一”的境界。庄子哲学通过心境持修的工夫，主体精神意境得以提升，领悟宇宙生命的普遍流行，实现对有限生命的无限超越，人类与大本大宗的天地和谐对应，呈现出和乐的情境，这种情境落实到人间，治世的艺术在于“人和”，在消解族群对立的国度里所呈现的和谐欢愉之气氛，是为“人乐”。

四、历史地位

庄子思想的内容异常丰富，他所提出或使用的概念范畴在形而上学、认识论、方法论、人生哲学等方面都有着重要影响。中国哲学史上的主要论题和基本概念很多都是由庄子引发的。庄子思想的原创性和内涵的丰富性，在中国哲学史上的重要地位是无人能及的。

司马迁评论庄子说：“其学无所不窥，然其要本归于老子之言。故其著书十余万言，大抵率寓言也……其言洸洋自恣以适己，故自王公大人不能器之。”庄子与孟子同一时期，但未见庄、孟二人互相提及对方，而郭象认为《庄子》一书“不经而为百家之冠”，虽没列入经的系统，却是百家中最为杰出者。《庄子》一书思想内容丰富，充满思辨性和想象力，为后世众多文人雅士喜爱，不仅成为道家思想的重要典籍，魏晋南北朝时,《庄子》与《老子》《周易》并称“三玄”，是时人谈玄的主要思想资源。唐以后更被称为《南华真经》，庄子也因此成为“南华真人”。佛教思想进入中土，道家有接引之功。民众借助《庄子》“格义”逐渐接受佛教的概念和思想,《庄子》也成为佛教中国化的重要媒介，庄、禅的会合更在隋唐产生了辉煌的文化成果。北宋儒学表面排斥佛道，却暗中援引老庄，无论在理论的建构和精神境界的提升上,《庄子》都产生了巨大的作用。而近代以来，严复引进自由、民主思想观念的同时，便已注意到将它们与母体中庄子文化的结合，章太炎则在《齐物论》中阐发“平等”思想，从《庄子》中寻找与西方文化相契合的元素,《庄子》也成为我们吸收消化异质文化的桥梁。自 20 世纪以来，以“道”为核心的中国文化与以“逻各斯”（Logos）为中心的西方哲学思维，从怀特海的时代到海德格尔和老庄思想的会通，开启了东西方异质文化对话的通道。

《庄子》对“任情”“安情”的呼喊具有划时代的意义，揭开了后世畅叙“情”意的历史序幕。魏晋时期以王弼、嵇康为代表的玄学家广论“情”旨，将“情”的议题由哲学上的未显题化扩展至显题化并进而延伸到多个领域，由此形成情意激荡的人文传统，造就了中国人性论史上“一往情深”的“有情”时代④。北宋之时，以张载、王安石和苏轼为代表的思想家，传承《庄子》“性情不离”的议题，以“旁通而统贯”的人性论学说，为“情”营造出积极而丰满的话语空间。明清时期王夫之、戴震等思想家的“情本”思潮激发的抒情传统，将源于时代命运的坎坷以及个人遭遇的困苦、政治高压下内心的激荡、社会动荡下胸中的委屈，借助“情”的抒发而得到安顿。归根到底，这一传统肇端于《庄子》，是《庄子》“安所困苦哉”（《逍遥游》）的生命感怀及其天人视角的整体性思维，为文明传统注入绵延不绝的抒情血脉⑤。

庄子的文体、文风和思想、性格与先秦诸子相比，都有许多特异之处。《庄子》中运用了大量的寓言、神话，用《天下》篇的话来说，就是“以谬悠之说，荒唐之言，无端崖之辞，时恣纵而不傥”，表现出一种浪漫主义的风格。庄子非常善于运用丰富的想象力和文学的夸张手法，无论写情写景、写人写物，落笔奇妙，极具匠心。他的运笔，时而气势磅礴，时而非常细腻，峰回路转，顺当自如。他的文字，非常奇丽，富有节奏美感。他超越现实人间的关系、利害，以艺术的心态点化世象，构成中国传统美学所提倡的审美心理活动的主干。他所倡导的“无用之用”，与近现代西方美学中关于审美的无利害性、超功利性学说也有极大的相通处。因此，后代文学、美学、艺术从庄子那里得到了许多启发，庄子也成为中国古代文化中浪漫主义的主要源泉。

庄子哲学还表露出一种特殊的美意心境，“天地有大美而不言，四时有明法而不议，万物有成理而不说”（《知北游》），这样的天地视野和宇宙意识出于一种审美心的观照，它不局限于主体自身，不局限于客观事物，而是上溯到本根、本源之道。“天地有大美”，则天地间一切形态都可呈现美的踪迹。庄子看到天地间一切物象千姿万态、生机盎然，以审美之心体察人和自然景物，他们之间便不再是认知意义上的认识客体与认识主体的关系，而是进入一种消融主客分别进而互为主体的状态。山水之乐，其充塞于宇宙之中，旨在传递一种审美的意境。在老庄“道德自然”的宇宙观、人生观的熏陶下，竹林名士更孕育了魏晋“越名教而任自然”的新时代哲学，同时影响着士人群体的审美自觉。其美艺情怀也深刻地影响了后世士人阶层的审美偏好，其品类之盛不止于山水，也扩展至园林，并以书画、诗词、歌赋等雅致的形式表现之。甚至，道教典籍中也有意识地描绘“洞天福地”的景象，将诸多美盛的山水景致视为神仙的栖居之所和修道的向往之境，山水进而承载了更丰富的人文意涵。从人性之美、天地之美到大道之美，我们可以深深地体味庄子达观的艺术人生。

总而言之，庄子哲理之思和美感体验贯穿于文学、艺术、美学等多个领域，最终汇合成为中国文人群体的庄子式的生活方式。在社会思想和人生态度上，庄子对时代的灾难有痛切的体会，对知识分子的命运有敏锐的感受，正因如此，庄子思想对后人影响深远，他的声音直到今天还能引发无限的共鸣。

五、时代价值

《庄子》思想并不仅仅是历史的存在，它在处理人与自然的关系、人与人的关系、人与自己的关系上极具启发性意义，仍然是当今中国精神世界和文化建设的重要组成部分，既参与着个人生命的安顿，又提供着处世的智慧，同时也能对当代社会的很多问题提供思考和反省。

1. 天人和谐

西方文化主张人与自然两分，而中国传统文化则主张“天人合一”，推崇和谐。在人与自然的关系上，庄子强调“知天之所为，知人之所为者，至矣”（《大宗师》），这就提醒我们既要了解自然的作用，也要了解人为的作用，这样才能真正实现人与自然的和谐，而不是将人类的欲望、行为妄加于自然之上。正如金岳霖在《中国哲学》一文中指出的，中国文化一向不将自然与人分割开来，西方则有一种征服自然的强烈愿望，将自然与人类隔离开来的看法带来了西方哲学中的人类中心论，对自然的片面征服让人性更加专断。他说：“如果我们想用堵塞的办法来征服自然，自然就会重重地报复我们；不久就会在这里那里出现裂缝，然后洪水滔天，山崩地裂。人的本性也是一样。”[⑥] 当代新道家的代表人物方东美也有相同的想法，他在《中国人的人生观》中对中西自然观和人性论进行比较，指出“我们对自然的了解与西方不同，‘自然’对我们来说，是普遍生命流行的境界”，“人和‘自然’之间也没有任何隔阂，因为人类生命与宇宙生命乃是融贯互通的”[⑦]。庄子的宇宙观、人生观的基本主张就在于强调人和自然是一气相通、不可分割的整体，所谓“天地者，万物之父母也”（《达生》），人应当尊重天地的自性，与天地和谐共生，进而保持人与人之间的和谐共处，以最终实现内心的和谐欢乐，这就是庄子倡导的最高境界。

2. 个性尊重

庄子强调道的“自本自根”（《大宗师》），又倡言“物固自生”（《在宥》）、“固将自化”（《秋水》）。《庄子》对于万物的自性、个体的殊异的发挥格外突出，如《田子方》“天之自高，地之自厚，日月之自明”；《秋水》篇中河伯与海若第四次对话中强调各物的“殊性”“殊技”。庄子特别珍视个体生命、个体意识的存在，他借多个寓言阐释个体差异的现实意义，呼唤对个性的理解和尊重。在他的寓言中，浑沌被好心的朋友倏、忽凿窍而死（《应帝王》），海鸟为热情的鲁侯庙觞而亡（《至乐》），对此庄子发出了“此以己养养鸟也，非以鸟养养鸟也”的感慨。

《齐物论》阐发了万物相对性的思想，所谓“齐物”乃不齐之齐，乃殊异中求其同。“物无非彼，物无非是”，我们应从事物的显相中透视到隐相，从表层结构注意到深层结构，同时注意到任何事物都具有相互依赖的双向关系，反对独断论和绝对主义的立场。虽然说道家注重个体，但也重视整体的协同关系。《齐物论》的三籁正是天、地、人发出不同的音响而共谱一曲和谐的大乐章。庄子说“以道观之，物无贵贱”(《秋水》)，而“物无贵贱”的提出是为了打破人间政治、社会中等级差异的观念，这一思想在长期的专制政体与宗法封建制度的历史进程中，一直是激荡人心的。清末以后，这些理念成为时代不可阻挡的人文思潮。

道家从个体的尊重到主体性的建立，而至于倡导互为主体，这些主张在庄子的思想中格外被显扬。成为中国哲学史上中坚思想的老庄之道所具有的自主性、自发性及其容公精神，落实到经验世界时，便成为现实人生活动的哲学理论依据。庄子对个体生命尊重的要求，一直是中国知识分子在逆境中奋斗的目标，老庄的个性自觉与独立精神，亦为时代所需要。

3. 开放心灵

《庄子》一书给人的重大收获之一，就是破除自我中心，使人从故步自封、自我局限的狭隘心境中透脱出来，开启了辽阔的思想空间和适意的精神领域。如《秋水》批评河伯“以天下之美为尽在己”，《齐物论》批评人们“终身役役”而不知其所归，唤醒人们不要在庸庸碌碌中迷失了自我，沉醉于偏狭的自我的满足。当我们进入庄子的世界，最特殊的感觉就是他给我们开启了一个无限宽广的思想领域和精神空间。我喜用“开放心灵”这一个语词来形容这种境界，开放的心灵才能开拓心的视野，接纳多重观点而不至由片面思考而囿于单边主义的独断作风。

尼采在《论道德的谱系》中说：“只存在一种带有视角的观察(a perspective seeing)，只存在一种带有观点的认识(a perspective knowing)。而且，我们越是容许对一件事物表露出不同的情感，我们越能够接纳较多的眼光、不同的眼睛去观察同一件事物，于是我们对这件事物的‘概念’、我们的‘客观性’就越加完整。”“使用较多的眼睛”“不同的眼光”去观察同一事物，反映了庄学多重观点的开阔视域。《逍遥游》“以游无穷”及大鹏迎风腾飞拉开一个“其远而无所至极”的视野；《齐物论》“十日并出，万物皆照”的开阔心胸以及“旁日月，挟宇宙”所表现的宏伟心态，凡此都是可着意之处。我们再看看其他篇章，如《大宗师》“坐忘”所呈现的“同于大通”境界，《德充符》“自其同者视之，万物皆一也”的视角，也都是开放心灵的写照。

开阔的思路与宽容的胸怀是相互联系的，庄子延续了老子“容”和“公”的精神，倡言“万窍怒呺”“吹万不同”，持“莫若以明”的开放心态，对各家异说采取兼容并蓄的态度。庄子的生命感虽不炽烈，却将生命的活力根植于源源不绝的道之中，道的流变、和谐和整体性的意涵，给生命以宇宙的视野，这种视野不但超越了个人自我中心，也同时去除了人类中心主义的本位和狭隘。在庄子这里，生命就是大鹏展翅般的开阔无垠，这种开阔性并不是鄙视凡俗，而是以包容之胸襟含纳差异，同情生命，展现出大仁至慈的人文关怀。

4. 自由平等

从远古到现代，“自由”“平等”一直是人类向往的美好情景。但人却一方面渴望自由自在的生活，另一方面又不断地给自己制造出数不清的格子来框住自己。社会的存在，常使原本广大无边的世界起对立、画格子。人的心思沉溺于人我、彼此、是非争执的漩涡中，使人不得自由。因此庄子讲自由，一方面是从政治上讲，一方面是从精神上讲。在政治上，庄子主张要依人的自然之性行事，要给人民以自由性、自主性，把人从文化传统和社会关系的规范主义中解放出来。整部《庄子》对世俗价值做了一个根本的转化，重新评估传统价值。庄子鄙视世俗人群趋之若鹜的价值，对贪图荣华和贪求身安带来的精神焦虑做了深刻的反省和批判，反对束缚人性的伦理系统和政治制度，强调人应突破阶层隶属性的规范系统，把握人的本性和存在意义。

除了现实政治上的自由渴望以外，庄子谈自由更多的是精神上的。《养生主》庄子描写水泽里的野雉，宁可“十步一啄，百步一饮”，也不愿被养在笼子里，那样虽然食得饱，饮得足，神态旺盛，却没有自由，并不自在。《秋水》里，庄子举井蛙拘于墟、夏虫笃于时、曲士束于教的例子，来形容人因为外加的束缚而丧失了精神的自由。他提出要求得精神自由，一方面要培养“隔离的智慧”，使精神从现实的束缚下提升出来，一方面还要对宇宙事物做一种根源性的把握。他大量使用“游”来表达精神的自由活动（“游”遍见于《庄子》全书，共出现一百零六次，犹如孔子倡“仁”，《论语》中高达一百零五次）。内篇中《人间世》出现“乘物以游心”的命题，实乃古典美学“神与物游”之先声；《应帝王》“游心于淡”或为古典美学“澄怀味象”之源头；《德充符》“游心乎德之和”是为道家所憧憬的天人和谐之精神境界。“游心于无穷”（《则阳》）、“游心于物之初”（《田子方》）、“游无何有之乡”（《应帝王》）、“游乎天地之一气”（《大宗师》）……“游心”就是把人从人为和自为的因素的重重束缚中超脱出来，获得心灵自由的活动，从而达到一种和谐、恬淡、无限及自然的境界。

5. 审美情怀

《吕氏春秋 · 不二》说“老聃贵柔，孔子贵仁”，那么比较起来，庄子就是贵游。如果用两个字分别概括老子与庄子的思想，则老子为“无为”，庄子为“游心”。庄子在强调培养开放的心灵的同时，也提示人们培养一个艺术的、审美的心境。

以审美之心体察人和自然景物，他们之间便不再是认知意义上的认识客体与认识主体的关系，而是进入一种消融主客分别，进而互为主体的状态。《秋水》“濠上观鱼”一节，庄子游于濠梁之上，观察水中鯈鱼的即景生情与物我会通，绝非惠施的逻辑分辨所能领会。《知北游》也提到“山林与！皋壤与！使我欣欣然而乐与！”乐于山水之间的前提在于与物无伤，也就是说，人与物之间保持一种一体共存的顺任与融通关系，而非对象化的相互疏离、彼此对待的关系。事实上，“大林丘山之善于人也，亦神者不胜”（《外物》）一句前，庄子罗列了这样两种情形，一种是人身之气拥塞不调，生存于天地间，与万物总是处于相互搅扰、相互妨碍的状态，即所谓“室无空虚，则妇姑勃豀；心无天游，则六凿相攘”；另一种是保持心的空廓和气的充盈，这时，人与外物便在“一气”的连接下相互交通、感染，即所谓“胞有重阆，心有天游”。后者心神之“游”的情状已不自觉地进入一种审美的领域。

庄子将和谐赋予审美的内涵，“心斋”的集气或“齐以静心”是一种高度的艺术心灵涵养所达到的境界。以这种工夫观照外物时，觉得宇宙蕴含着无限的美，触目所见皆春色，回顾自身时，觉得心灵甜美自得，充满怡悦之情，庄子称这种心境与境界为“游心”。“游心”，就是心灵游放于人生和谐之美德境界，因此它不只是精神自由的表现，还是一种审美式的人生态度的表达，更是艺术人格的流露。他认为心灵通彻能开显智慧，心灵与自然有游，才能体会天地之美，才能称为“至人”。“游心”所表达的自由精神、所洋溢着的生命智慧、所蕴含着的审美意蕴，成为境界哲学的重要成分[⑧]，亦长期沉浸在文学艺术的创作心灵中。浏览其间，使人直觉到字里行间散发出清沁的艺术气氛。“游”之内涵，不仅反映着庄子的一种独特的生活方式，也呈现出一种独特的艺术情怀。诚然，宇宙蕴含着无尽之美，如果一个人的心灵深处能长期浸润于审美的心境，那么骋目于多彩的世界时，就会如苏东坡所说的“无所往而不乐”。

6. 异质对话

《齐物论》中提出的“道通为一”对于全球化思潮冲击下的现代人有着诸多的启发。我们现在所处的世界，有着多达千百个不同历史文化、生活方式的民族，以及不同政治制度、社会价值的国家。“道通为一”就是要不同族群彼此之间能在同情了解的基础上进行对话与沟通。

在中西文化中，最能够在异质文化间进行对话的，莫过于《庄子》。《庄子》中常论及不同学派人物的思想观点，包含道家在内，书中所提及的先秦诸子，有三四十人之多。但在这些学派之中，最受后世关注的还是儒家和名家。在儒道对话中，最具典范性的例子即《田子方》中出现的仲尼与温伯雪子的会面，以历史人物的相会这一寓言中的重言，来表达不同学说的特点与相互交流的过程。温伯雪子是楚国道家思想的代表人物，在他与中原的儒者相会之前，以知性的、旁观的态度指出儒家学说的特点，即“明乎礼义而陋于知人心”。但在相会之后，温伯雪子通过直觉的体会，感受到孔子行止“从容”、内外融合的境界。孔子则“目击而道存”，直接感悟到对方由内而外呈现出来的道的精神境界。心既可以通过理性，也可以通过感性得到提升。儒道两家通过交流，相互欣赏，彼此获得更为深入的了解以及生命的感染和沟通。

翻开世界历史，战争与和平一直是人类社会的主旋律。人们祈求和平，但战火已然绵延不息。英国哲学家罗素曾试图就人和自然的冲突、人和人的冲突、人与自己的冲突加以调和，创造出和谐的社会环境，以及实现内心的和谐。道家同样也注意到这多种的冲突，强调建构他们的和谐关系。《庄子》一书中反复运用异质性的对话来表达人间哲理，并且注重在大的生存背景下谈内心的和谐，进至人与人之间的和谐。庄子所关注的人间和谐与社会秩序是以宇宙和谐和宇宙秩序为主要依据的，《则阳》说“万物殊理，道不私”，万物虽然千差万别，但统摄于道，这一哲理落实到社会层面就体现为打破自我中心，尊重多元价值。尼采在《查拉图斯特拉如是说》一书中，例举德意志、希腊、希伯来和罗马四个民族，每个民族都有不同的道德观念和价值理念，提出应尊重民族价值的多样性。庄子也明确反对人类自我中心、族群自我中心，反对以某个标准作为尺度来衡量和制定准则。今天的世界已不再是“天无二日”的时代，西方中心论的衰落标志着世界多元价值体系格局的建立。以平等、包容的态度加强不同文化之间的沟通与交流将是减少冲突、避免战争的重要方法。

在中国异质文化交流的历史上，庄子的思想曾经起过良好的作用。今天，我们遇到了比佛、儒更具有强烈异质色彩的西方文化，中西对话的工作，需要儒释道共同来承担。而在承担之中，庄子思想最具关键性，他那开阔的心胸和审美的心境是我们这个世界所欠缺的，他所具有的宇宙视野能和全球化视域相对应，而他所倡导的自由精神和齐物思想则具有现代意义。

统言之，齐物精神与多边思考的广大格局，根基于开放心灵与审美心胸，开放的心灵孕育一个多彩的世界，审美的心怀化育出一个有情而充满和谐之美的天地。庄子人文世界所代表的东方智慧，正是我们这个时代所欠缺而需要的。当宽容自由、平等交流、文化多元成为我们当今生活中的公共精神时，《庄子》的经典生命便不断地向我们释放出新的意义。

六、注释说明

本书所用《庄子》原文，以清郭庆藩撰、王孝鱼点校《庄子集释》为底本（中华书局，2004 年第 2 版），引述他本异文时，将于注释中说明。文中（ ）[ ] 符号也依郭本，凡原显著错误衍夺的字，用小一号字体，外加圆括弧，校改校补的字，外加方括弧。为符合现代符号使用规范，本书对底本中以专名线﹏标示的书名改以《 》表示。

为了更好地阅读和理解《庄子》思想，本书在《百部经典》体例所要求的篇末评和旁批外，还增加了段落评。特此说明。

本书书稿主要由蒋丽梅女士帮助整理和撰写，我和她有过多次的合作，她对我的学术思想也较为了解。之前我们也一起尝试过《老子》《庄子》的普及工作，因此由她来统筹书稿再合适不过。书稿的出版，也有赖国家图书馆的张洁女士、责任编辑赵嫄女士辛苦的工作，在此一并致谢！

① 顾颉刚《〈庄子〉和〈楚辞〉中昆仑和蓬莱两个神话系统的融合》，《中华文史论丛》1979 年第 2 辑，第 31 页。

② 徐复观《中国人性论史·先秦篇》，上海三联书店 2001 年版，第 345 页。

③ “天情”引自《养生主》：“是遁天倍情，忘其所受，古者谓之遁天之刑。”“道情”见于《大宗师》：“夫道，有情有信，无为无形。”

④ 正如张法所言：“魏晋的人格自觉可以说是庄子与屈原的合一，是庄子的自由与忘情与屈子的浪漫与深情的合一。老庄与屈子的碰撞，在魏晋清谈的话题里表现为‘有情无情’的争论。”（张法《中国美学史》，四川人民出版社 2006 年版，第 80 页）

⑤ 周汝昌认为：“中华文化有两条大主脉：一是仁义道德，一是才情灵智。两者会合，乃生英才、雄略、哲士、伟人……中华的文化，从字义来看，应该主要是指‘人文教化’。此教化是陶冶，是积渐，是潜默——这是一种‘感染’的方式和力量……‘化’的对象是性情，可以因情以明道达理，却不是先‘闻道’而后生情，是知‘情’方是一切‘心理’活动的根源。”（周汝昌《神州自有连城璧》，山东画报出版社 2005 年版，第 242 页）

⑥ 金岳霖著，杨书澜编《金岳霖学术文化随笔》，中国青年出版社 2000 年版，第 15 页。

⑦ 方东美《中国人生哲学》，黎明文化事业股份有限公司 2005 年版，第 149 页。

⑧ 庄子的境界哲学中，人生最高的境界是艺术境界，而艺术境界要高于道德境界。

庄　子

内　篇

逍遥游

北冥有鱼[1]，其名为鲲[2]。鲲之大，不知其几千里也。化而为鸟，其名为鹏。鹏之背，不知其几千里也；怒而飞[3]，其翼若垂天之云[4]。是鸟也，海运则将徙于南冥[5]。南冥者，天池也。

"化"，指生命气质的变化。庄子以鲲鹏之大描写出天地的宽广和宇宙的无穷，以一个开阔的思想空间引导人们培养开放而辽远的心灵。

[注释]

[1] 北冥（míng）：北海。冥，通"溟"，浩瀚无涯。 [2] 鲲（kūn）：大鱼之名。 [3] 怒：同"努"，奋起，形容鼓动翅膀。 [4] 垂天之云：形容天边之云。垂，通"陲"，边陲，边

际。 [5] 海运：海动，海动必有大风。

［点评］

《逍遥游》的开篇别开生面，司空图形容这段情境说："天风浪浪，海山苍苍，真力弥满，万象在旁。"（《二十四诗品》）理解本段应侧重在"游"，在"放"，在"精神自由"。人应当突破狭隘的个人走向天地视野、宇宙视野，在人生旅途中学习鲲鹏精神，在海底深蓄厚养，以凌云之志化而成鹏，并远举高飞实现精神的自由。尼采曾经说："不管我们到哪里，自由与阳光都绕着我们。"（《快乐的知识》）

《齐谐》者[1]，志怪者也。《谐》之言曰："鹏之徙于南冥也[2]，水击三千里，抟扶摇而上者九万里，去以六月息者也。"野马也[3]，尘埃也[4]，生物之以息相吹也[5]。天之苍苍[6]，其正色邪？其远而无所至极邪？其视下也，亦若是则已矣。

［注释］

[1]《齐谐》：书名。出于齐国，记载诙谐之事，言辞夸诞。 [2] 以下几句与上文大意相同，重说鲲鹏展翅的故事，强调这一寓言的深意。但庄子引齐国志怪之书来补证，看似要确认故事的真实，却内含荒诞。抟（tuán），一说当作"搏"，拍打。扶摇，海中飓风。息，一作"风"解，"去以六月息"就是乘着

六月之风而去。一作"休息"解，指一去半年大鹏才歇息。 [3]野马：空中游气。 [4]尘埃：空中浮尘。 [5]生物：活动之物。以息相吹：由风相吹而动。 [6]以下几句写出鹏的视野从平面的观察转换为向下的观看，显示出鹏生命境界的提高和生命气质的改变。苍苍，深蓝色。

[点评]

由鲲潜而鹏飞的历程，正如尼采在《冲创意志》中所说的："每一次人的提升都会带来较狭隘观点的克服，每一次意志力的增加都会开拓新的观点，并意味着开启新的视野。"鲲化鹏飞，层层超升，突破种种藩篱，使人心思遨游于无限宽广的宇宙（"以游无穷者"），这是庄子式的"独与天地精神往来"的生命境界。

且夫水之积也不厚[1]，则其负大舟也无力。覆杯水于坳堂之上[2]，则芥为之舟；置杯焉则胶，水浅而舟大也。风之积也不厚，则其负大翼也无力。故九万里，则风斯在下矣，而后乃今培风[3]；背负青天而莫之夭阏者[4]，而后乃今将图南。

图南之志是鲲化为鹏的动力，也是主体精神深蓄厚养、待时而动的结果。

[注释]

[1]且夫：开始语，提起将要议论的下文。厚：深。 [2]以下四句是说，在堂上的洼地里倒一杯水，那么放一根小草可以当船；放上一只杯子就胶着不动了，这是水浅而船大的缘故。坳

(ào)堂，堂上的低洼处。芥，小草。胶，粘着。　[3] 培风：凭风，乘风。　[4] 莫之夭阏(è)：无所窒碍。

蜩与学鸠笑之曰[1]："我决起而飞[2]，(枪)[抢]榆枋[3]，时则不至而控于地而已矣，奚以之九万里而南为？"适莽苍者[4]，三飡而反[5]，腹犹果然[6]；适百里者，宿舂粮[7]；适千里者，三月聚粮。之二虫又何知！

[注释]

[1] 蜩(tiáo)：蝉。学鸠：小鸟。　[2] 决起而飞：奋起而飞。　[3] 抢：撞，碰到。榆枋：两种小树名。　[4] 适：往，到。莽苍：指草色苍莽的郊野。　[5] 飡(cān)：同"餐"。反：同"返"。　[6] 果然：饱腹的样子。　[7] 宿舂粮："舂"字倒装在下，读作"舂宿粮"。舂捣粮食，为过一夜做准备。

[点评]

林云铭《庄子因》说："'大'字是一篇之纲。"庄子将人从经验事物中抽离出来，借变形的巨鲲大鹏，突破物质形相的拘限，创造出一个无边的大世界，写出一番浩瀚的大气象。蜩与学鸠式的"蓬心"则囿于一方的狭隘的心灵来看问题，有如柏拉图的"洞穴比喻"中所讲的一群囚徒的洞穴之见，亦如培根所讲的四种需要破除的"偶像观点"。他们根本无法理会小角落之外的大天地，故而庄子评论说“之二虫又何知”。庄子于此点出小不知大的情由，为后文惠子笑庄子大而无用作一伏笔。

小知不及大知[1]，小年不及大年。奚以知其然也？朝菌不知晦朔[2]，蟪蛄不知春秋[3]，此小年也。楚之南有冥灵者[4]，以五百岁为春，五百岁为秋；上古有大椿者[5]，以八千岁为春，八千岁为秋。而彭祖乃今以久特闻[6]，众人匹之，不亦悲乎！

[注释]

[1] 以下两句是说，小智不能比匹大智，寿命短的不能比匹寿命长的。知，同“智”，智慧。年，年寿，寿命。 [2] 朝菌：朝生暮死的虫子。晦朔：农历每月的最后一天为晦，每月的第一天为朔。一说指一个月的时光。另一说指一天的时光。 [3] 蟪蛄：寒蝉。因为春生夏死或夏生秋死，无法了解一年春夏秋冬四季的变化。 [4] 冥灵：溟海灵龟。一说树木名。 [5] 大椿：大椿树，传说中的神树。 [6] 彭祖：传说中的人物，以长寿传闻于世。一说活了七百岁。一说活了八百岁。

汤之问棘也是已[1]。穷发之北有冥海者[2]，天池也。有鱼焉，其广数千里，未有知其修者[3]，其名为鲲。有鸟焉，其名为鹏，背若太山[4]，翼若垂天之云，抟扶摇羊角而上者九万里[5]，绝云气[6]，负青天，然后图南，且适南冥也。斥鴳笑之曰[7]："彼且奚适也？我腾跃而上，不过数仞而下[8]，翱翔蓬蒿之间，此亦飞之至也。而彼且奚适也？"此小大之辩也[9]。

"小大之辩"，庄子以小麻雀和鲲鹏，朝菌、蟪蛄与彭祖、冥灵、大椿的对比，写尽小不及大之意，说明境界有高低，小天地和大世界不同，世俗价值和圣人境界存在差异。

[注释]

[1]汤：商汤，商朝第一代国君。棘：夏革，商朝大夫，汤时贤人。[2]穷发：不毛之地。发，指草木。[3]修：长。[4]太山：即泰山，在今山东泰安北。[5]扶摇、羊角：回旋之风。[6]绝：超越，穿过。[7]斥鴳（yàn）：池泽中的小麻雀。斥，池，小泽。鴳，同"鷃"，即雀。[8]仞：周人以七尺或八尺为一仞，周时一尺约合二十三厘米。[9]辩：通"辨"，分别。本书多借"辩"为"辨"。

故夫知效一官，行比一乡[1]，德合一君，而征一国者，其自视也亦若此矣[2]。而宋荣子犹然笑之[3]。且举世而誉之而不加劝，举世而非之而不加沮，定乎内外之分[4]，辩乎荣辱之境，斯已矣。彼其于世未数数然也[5]。虽然，犹有未树也。夫列子御风而行[6]，泠然善也[7]，旬有五日而后反。彼于致福者，未数数然也。此虽免乎行，犹

下文的"无己""无功""无名"与"定乎内外之分，辩乎荣辱之境"相呼应，实现精神自由，就是要自作主宰，无所依待。

有所待者也[8]。若夫乘天地之正[9]，而御六气之辩，以游无穷者，彼且恶乎待哉！故曰，至人无己[10]，神人无功，圣人无名[11]。

［注释］

[1] 比：借为“庇”，荫也。 [2] 其：指上述四等人。此：指上文蜩鸠、斥鴳囿于一隅而沾沾自喜。 [3] 宋荣子：为稷下早期人物，生当齐威、宣时代，大约是公元前 400 年至前 320 年间人，是位杰出的反战思想家。 [4] 以下两句是说，认定内我和外物的分际，辨别光荣和耻辱的界限。 [5] 数数然：汲汲然，急促的样子。 [6] 列子：本名列御寇，春秋时期郑国思想家，是道家学派的代表人物。 [7] 泠（líng）然：飘然。一说轻妙之貌。 [8] 有所待：有所依待。 [9] 以下两句即《天下》篇所说的“与天地精神往来”。乘天地之正，顺万物之性，即自然之道。六气之辩，六气的变化。 [10] 无己：意指没有偏执的我见，去除自我中心。 [11] 无功、无名：扬弃为功名束缚的小我，而臻至与天地精神往来的境界。

［点评］

“至人无己”并非没有自我，是超越偏执的自我，超脱事物价值所左右的自我，去除为形骸、智巧、嗜欲所困住的小我，使自我从狭窄的局限性中提升出来，成就大我、宇宙我，这就是《齐物论》所说的“天地与我并生，而万物与我为一”。至人所表征的理想人格，按照《天运》的表述，至人过着质朴简易的物质生活（“食于苟简之田”），且心神持着自得自在的情状（“以游逍遥之虚”），而所谓“采真之游”，意即保持真性的遨游，翱翔于真情实性的游心之境。徐复观说：“庄子的无己，只是去掉形骸之己，让自己的精神，从形骸中突破出来，而上升到自己与万物相通的根源之地。”（《中国人性论史·先秦篇》）

庄子所追求的理想人格，无论是“真人”“至人”“神人”，都带有浓厚的道德境界和审美意境的风格，三者名异实同。方东美说：“庄子同一般世俗的英雄不同，他所谓的‘真人’‘至人’‘神人’，并没有这种精神的优越感，也没有这种‘小我’的观点；也就是说他并没有划一道鸿沟，把自己和宇宙隔开来，把自己和一般人隔开来。这也就是所谓的‘至人无己、神人无功、圣人无名’！”（《原始儒家道家哲学》）

尧让天下于许由[1]，曰：“日月出矣而爝火不息[2]，其于光也，不亦难乎！时雨降矣而犹浸灌[3]，其于泽也，不亦劳乎！夫子立而天下治，而我犹尸之[4]，吾自视缺然。请致天下。”许由曰：“子治天下，天下既已治也。而我犹代子，吾将为名乎？名者[5]，实之宾也。吾将为宾乎？鷦鷯巢于深林[6]，不过一枝；偃鼠饮河，不过满腹。归休乎君，予无所用天下为！庖人虽不治庖[7]，尸祝不越樽俎而代之矣。”

“名者，实之宾也”，庄子借许由之口，道破名是实的影子，透彻地写“无名”。世人汲汲于功名，其根源处，即是贪欲。

[注释]

[1] 尧：儒家理想的圣王。许由：传说中的隐士，隐于箕山（今河南登封南）。 [2] 爝（jué）火：小火。 [3] 浸灌：浸润渐渍，人工灌溉之意。 [4] 尸：主。 [5] 以下两句是说，名是实的宾位。 [6] 以下四句是说，小鸟在茂林中筑巢，所需不过一根树枝；偃鼠到河边饮水，所需不过满腹。鷦鷯（jiāo liáo），小鸟名。偃（yǎn）鼠，一名隐鼠，又名鼹鼠，即田鼠。 [7] 以下两句是说，厨师虽然不下厨，主祭的人也不会越位代他来烹调。尸祝，对神主掌祝的人，即主祭的人。樽俎（zūn zǔ），指厨事。樽，盛酒的器具。俎，盛肉的器具。

肩吾问于连叔曰[1]："吾闻言于接舆[2]，大而无当，往而不返。吾惊怖其言，犹河汉而无极也；大有迳庭[3]，不近人情焉[4]。"连叔曰："其言谓何哉？""曰：'藐姑射之山[5]，有神人居焉，肌肤若冰雪，（绰）[淖] 约若处子[6]。不食五谷，吸风饮露。乘云气，御飞龙，而游乎四海之外。其神凝[7]，使物不疵疠而年谷熟[8]。'吾以是狂而不信也[9]。"连叔曰："然。瞽者无以与乎文章之观[10]，聋者无以与乎钟鼓之声。岂唯形骸有聋盲哉？夫知亦有之。是其言也[11]，犹时女也[12]。之人也，之德也，将旁礴万物以为一[13]，世蕲乎乱[14]，孰弊弊焉以天下为事！之人也[15]，物莫之伤，大浸稽天而不溺，大旱金石流土山焦而不热。是其尘垢粃穅，将犹陶铸尧舜者也，孰肯以物为事！宋人资章甫而适诸越[16]，越人断发文身，无所用之。尧治天下之民，平海内之政，往见四子藐姑射之山[17]，汾水之阳[18]，窅然丧其天下焉[19]。”

[**注释**]

[1] 肩吾、连叔：古时修道之士。历史上是否实有其人，已不可考。 [2] 接舆：姓陆，名通，字接舆，楚国隐士。这里作为庄子笔下的理想人物。 [3] 大有迳庭：径与庭相距太远，形容太离题。迳，通“径”，门外路。庭，堂前地。 [4] 不近人情：不符世情，言非世俗常有之情。 [5] 藐：遥远的样子。姑射（yè）之山：传说中的神山。 [6] 淖（chuò）约：轻盈柔美。处子：处女。 [7] 神凝：精神专注。 [8] 疵疠（cī lì）：恶病，指疾灾。 [9] 狂：借为“诳”。 [10] 以下两句是说，无法和盲人共赏文采的美观，无法和聋人共赏钟鼓的乐声。瞽（gǔ）者，盲人。文章，文采。 [11] 是其言：指上文心智亦有聋盲。 [12] 时：同“是”。女：同“汝”，指肩吾。 [13] 旁礴：犹混同。一说广被之意。 [14] 世蕲（qí）乎乱：意指世人争功求名，纷纷扰扰；党派倾轧，钩心斗角，所以说求乱不已。 [15] 以下四句是说，神人不为外物所伤，洪水滔天他也不会被溺毙，大旱使金石熔化、土山枯焦，而他不会感到热。大浸稽天，大水滔天。浸，水。稽，及。 [16] 宋：诸侯国名，今河南商丘一带，殷后，微子所封。资：贩卖。章甫：商代的一种冠。诸越：今浙江绍兴一带，越人自称“于越”。 [17] 四

子：指王倪、啮缺、被衣、许由。这是寓言，不必指特定的人物。 [18] 汾水：在今山西境内，黄河的支流。阳：山南水北为阳。 [19] 窅（yǎo）然：犹怅然，茫茫之意。

[点评]

《逍遥游》描绘神人的形象，却意在写心。形的巨大乃是用来衬托出心的宽广，本段“旁礴万物以为一”正是描述至人的开放心灵、神人的广阔心胸。在这段对话式的寓言中，“心”字未及一见，笔触所及，却处处在暗写心神的灵妙作用。如“乘云气，御飞龙，而游乎四海之外”是写心思的自由奔放，“其神凝”则是在写心神的专注。“岂唯形骸有聋盲哉？夫知亦有之”则由形体的残缺引出心智的残缺，并借由心智的盲者、精神的聋者，反差地描述另一种身心康泰的神人具有“旁礴万物”的开阔心胸。庄子运用浪漫主义超越现实的艺术手法，意在超越物质形相的拘束，以突破现实中的种种藩篱。

惠子谓庄子曰[1]：“魏王贻我大瓠之种[2]，我树之成而实五石，以盛水浆，其坚不能自举也。剖之以为瓢，则瓠落无所容[3]。非不呺然大也[4]，吾为其无用而掊之。”庄子曰：“夫子固拙于用大矣。宋人有善为不龟手之药者[5]，世世以洴澼絖为事[6]。客闻之，请买其方百金。聚族而谋曰：‘我世世为洴澼絖，不过数金；今一朝而鬻技百金[7]，请与之。’客得之，以说吴王。越有难，吴王使之将，冬与越人水战，大败越人，裂地而封之[8]。能不龟手，一也；或以封，或不免于洴澼絖，则所用之异也。今子有五石之瓠，何不虑以为大樽而浮乎江湖[9]，而忧其瓠落无所容？则夫子犹有蓬之心也夫[10]！”

［注释］

[1] 惠子：即惠施，宋人，曾为梁惠王的相，是先秦名家的重要人物。《庄子》中多次记述他与庄子的论辩。 [2] 瓠（hù）：葫芦。 [3] 瓠落无所容：形容瓢太大无处可容。 [4] 呺（xiāo）然：虚大的样子。 [5] 龟（jūn）：通“皲”，气候严寒，手皮冻裂如龟纹。 [6] 洴澼絖（píng pì kuàng）：漂洗丝絮。 [7] 鬻（yù）技：出售制药的秘方。 [8] 裂地：割地，划地。 [9] 樽：本为酒器，这里指形如盛酒的器具，可以缚在腰上浮水渡河的东西，南方所谓腰舟。 [10] 蓬之心：喻心灵茅塞不通。

惠子谓庄子曰：“吾有大树，人谓之樗[1]。其大本拥肿而不中绳墨[2]，其小枝卷曲而不中规矩，立之涂，匠者不顾。今子之言，大而无用，众所同去也。”庄子曰：“子独不见狸狌乎[3]？卑身而伏[4]，以候敖者；东西跳梁，不辟高下；中于机辟，死于罔罟。今夫斄牛[5]，其大若垂天之云。此能为大矣，而不能执鼠。今子有大树，患其无用，何不树之于无何有之乡，广莫之野，彷徨乎无为其侧[6]，逍遥乎寝卧其下。不夭斤斧，物无害者，无所可用，安所困苦哉！”

“无何有之乡，广莫之野”，实有而非有，庄子将现实与荒诞结合在一起，引导人们突破现实，运用想象和智思去体会。

［注释］

[1] 樗（chū）：落叶乔木，有臭味，木材皮粗质劣，即臭椿。 [2] 以下几句形容樗树大而无用。拥肿，指木瘤盘结。绳墨，木匠用来取直的墨线。 [3] 狸：猫。狌（shēng）：鼬鼠，俗名黄鼠狼。 [4] 以下六句讲的是用之无用。敖者，遨翔之物，指鸡鼠之类。跳梁，跳跃。辟，通“避”，躲避。机辟，捕兽器。罔，通“网”。罟（gǔ），网。 [5] 斄（lí）牛：牦牛。 [6] 彷徨：徘徊，悠然自得。

［点评］

庄子对世俗的社会价值提出反省性的批评，反对把生命耗费在立功立名的世俗价值上。他独具慧眼地提出“无用”，开辟出“无何有之乡，广莫之野”，勾画出一个高超透脱的心灵世界。但他的内心却有其沉痛处，篇末一句“安所困苦哉”透露出庄子时代生存环境的讯息，生当乱世，为避“斤斧”之害，以求彷徨逍遥的心情，真可谓寄沉痛于悠闲了。

[篇末评]

本篇主旨是使人突破功名利禄、权势尊位的束缚，精神活动臻于悠游自在、无所挂碍的境地，呈现出一种博大无碍而与物冥合的精神境界。庄子借《逍遥游》表达了一种独特的人生态度，树立了一个新颖的价值标准，把人的活动从自我中心的局限性中超拔出来，从宇宙的视野中去把握人的存在，展现人生的意义。

在本篇中，庄子运用浪漫主义的文风描绘心灵游放于无所羁系的天地境界，“游”既是主体对思想自由和精神自由的追求，也是主体“自得”“自适”之心境表达。但我们也需注意到庄子的“逍遥”并非在空想的高塔上乘凉，他的“逍遥”可说是寄沉痛于悠闲，其生命底层愤激之情其实是波涛汹涌的。本篇主题可以用“游心”来概括——“若夫乘天地之正，而御六气之辩，以游无穷者”，“以游无穷”即是“游心于无穷”。

齐物论

南郭子綦隐机而坐[1]，仰天而嘘[2]，荅焉似丧其耦[3]。颜成子游立侍乎前[4]，曰："何居乎[5]？形固可使如槁木[6]，而心固可使如死灰乎？今之隐机者，非昔之隐机者也。"子綦曰："偃，不亦善乎，而问之也！今者吾丧我[7]，汝知之乎？女闻人籁而未闻地籁[8]，女闻地籁而未闻天籁夫！"子游曰："敢问其方。"子綦曰："夫大块噫气[9]，其名为风。是唯无作，作则万窍怒呺[10]。而独不闻之翏翏乎[11]？山林之畏佳[12]，大木百围之窍穴[13]，似鼻[14]，似口，似耳，似枅，似圈，似臼，似洼者，似污者；激者[15]，謞者，

"万窍怒呺"一段写得极生动，清代宣颖说："初读之拉杂崩腾，如万马奔趋，洪涛汹涌。既读之，希微杳冥，如秋空夜静，四顾悄然。"（《南华经解》）

叱者，吸者，叫者，譹者，宎者，咬者，前者唱于而随者唱喁[16]。泠风则小和[17]，飘风则大和，厉风济则众窍为虚[18]。而独不见之调调，之（刁刁）[刀刀]乎[19]？”子游曰：“地籁则众窍是已，人籁则比竹是已[20]，敢问天籁。”子綦曰：“夫吹万不同[21]，而使其自己也。咸其自取，怒者其谁邪[22]！”

[注释]

[1]南郭子綦（qí）：子綦，人名，住在城郊南端，因以为号，是庄子寓托的得道者。隐机：凭几。隐，凭，依。 [2]嘘：吐气为嘘。 [3]荅（tà）焉：相忘貌。似丧其耦：似忘我与物之相对。丧，失，犹忘。耦，同“偶”，匹对，通常解释为精神与肉体为偶，或外物与内我为偶。 [4]颜成子游：南郭子綦的弟子，复姓颜成，名偃，字子游。 [5]何居：何故。 [6]槁木：干枯的枝木。 [7]吾丧我：摒弃我见。 [8]女：同“汝”，你。籁：箫，这里指由空虚地方而发出的声响。 [9]大块：大地。噫气：吐气出声。 [10]呺（háo）：借为“号”，吼叫。 [11]翏（liáo）翏：长风声。 [12]畏佳：读作“嵔崔”，形容山势的高下盘回。 [13]窍穴：指树洞。小洞如窍，大洞如穴。 [14]以下八句形容各种窍穴的形状。枅（jī），柱上方木。圈，杯圈。臼，舂粮的器具。洼，深池，指深窍。污，小池，指浅窍。 [15]以下八句形容窍穴发出的各种不同的声音。激者，水激之声。一说借为“嗷”，吼。謞（xiào）者，如箭去之声。叱者，如叱咤之声。譹者，若号哭声。宎（yǎo）者，

如风吹到深谷的声音。咬者，哀切声。 [16] 于、喁（yú）：均指应和之声。 [17] 泠风：小风。 [18] 济：止。虚：寂静。 [19] 调调、刀刀：皆动摇貌。调调，指树枝大动。刀刀，指树叶微动。 [20] 比竹：箫管、笙簧之类的乐器。 [21] 以下两句是说，使它们自己发出千差万别的声音，乃是各个窍孔的自然状态所致。 [22] 怒者其谁邪：鼓动它们发声的还有谁呢？

［点评］

“吾丧我”是全节的一个引子，“丧我”便是摒弃偏执的我，“吾”是开放性、本真的自我。庄子旨在通过心境的开阔，破除偏执成心的小我，而呈现“万物与我为一”的大我之精神境界。从广大宇宙的规模上来把握人类的存在，来体悟人类自身的处境，来安排人生的活动。

大知闲闲[1]，小知间间[2]；大言炎炎[3]，小言詹詹[4]。其寐也魂交[5]，其觉也形开[6]，与接为构[7]，日以心斗。缦者[8]，窖者[9]，密者[10]。小恐惴惴[11]，大恐缦缦[12]。其发若机栝[13]，其司是非之谓也[14]；其留如诅盟[15]，其守胜之谓也；其杀若秋冬[16]，以言其日消也[17]；其溺之所为之[18]，不可使复之也；其厌也如缄[19]，以言其老洫也[20]；近死之心，莫使复阳也[21]。喜怒哀乐，虑叹变慹[22]，姚佚启态[23]；乐出虚[24]，蒸成菌。日夜相代乎前，而莫知其所萌。已乎，已乎！旦暮得此[25]，其所由以生乎！

[注释]

[1] 知：同“智”。闲闲：广博之貌。 [2] 间间：细别的样子。 [3] 炎炎：气焰盛人。 [4] 詹詹：言辩不休。 [5] 魂交：精神交错。 [6] 形开：指形体不宁。 [7] 与接为构：与外界接触，发生交构。 [8] 缦：通“慢”，引申为迟缓之义。 [9] 窖：设下圈套。 [10] 密：谨密。 [11] 惴（zhuì）惴：忧惧的样子。 [12] 缦缦：迷漫失神，惊魂失魄的神情。 [13] 其发若机栝（kuò）：形容辩者骤然发言，速度之快有如飞箭一般。机，弩上用来发射的部位。栝，箭末扣弦的部位。 [14] 司：同“伺”，伺机。 [15] 其留如诅盟：形容心藏主见不肯吐露，好像咒过誓一样。 [16] 杀：犹“衰”，喻凋萎。 [17] 日消：指天真日丧。 [18] 以下两句是说，沉溺于所为，无法恢复真性。 [19] 其厌也如缄（jiān）：形容心灵闭塞，如受缄縢束缚。厌，塞，闭藏。缄，捆箱箧的绳索。 [20] 老洫（xù）：谓老朽枯竭。洫，枯竭。 [21] 莫使复阳：不能再恢复生气。 [22] 虑叹变慹（zhé）：忧虑、感叹、反复、怖惧，形容辩者们的情绪反应。 [23] 姚佚启态：浮躁、放纵、张狂、作态。 [24] 以下两句是说，就像音乐从虚空的东西里发出来的一样，又像菌类被地气蒸发出来的一样。 [25] 此：指上述各种反复无常的情态。

非彼无我[1]，非我无所取[2]。是亦近矣，而不知其所为使。若有真宰[3]，而特不得其眹[4]。

可行已信[5]，而不见其形，有情而无形[6]。百骸，九窍，六藏[7]，赅而存焉，吾谁与为亲？汝皆说之乎[8]？其有私焉[9]？如是皆有为臣妾乎？其臣妾不足以相治乎？其递相为君臣乎？其有真君存焉[10]？如求得其情与不得，无益损乎其真。一受其成形，不忘以待尽[11]。与物相刃相靡[12]，其行尽如驰[13]，而莫之能止，不亦悲乎！终身役役而不见其成功，苶然疲役而不知其所归[14]，可不哀邪！人谓之不死，奚益！其形化，其心与之然，可不谓大哀乎？人之生也，固若是芒乎[15]？其我独芒，而人亦有不芒者乎？夫随其成心而师之[16]，谁独且无师乎[17]？奚必知代而心自取者有之[18]？愚者与有焉。未成乎心而有是非，是今日适越而昔至也[19]。是以无有为有。无有为有，虽有神禹，且不能知，吾独且奈何哉！

庄子形象地写尽人间的悲苦和烦恼，引导人们思考，受情绪左右的假我，背后还有没有个真我呢？

[注释]

[1]彼：指上述情态。 [2]取：资。一说禀受，体现。 [3]真宰：身心的主宰。 [4]眹（zhèn）：征兆，端倪。 [5]可行已信：可通过实践来验证。 [6]有情而无形：谓有真实存在而不见其形。

情，实。[7]六藏（zàng）：心、肝、脾、肺、肾称为五脏。肾有二，故又称六脏。藏，通“脏”。[8]说：同“悦”。[9]私：偏爱。[10]真君：与“真宰”同义，真心，真我。[11]不忘以待尽：不中途亡失，言一旦秉承天地之气成形，便要不失其真性以尽天年。[12]相刃相靡：与上文“日以心斗”相应。[13]其行尽如驰：走向死亡。一说“尽”通“进”，亦通。[14]苶然：疲困之状。[15]芒：芒昧，昏昧，迷糊。[16]成心：成见。师：取法。[17]且：语助词。[18]代：指自然变化之相代。心自取者：指心有见地的人。[19]今日适越而昔至：今天到越国去而昨天就已经到了。意思是说没有成心是不会有是非的，人的是非都是由于成心造成的。

［点评］

庄子以“大知闲闲，小知间间”来说明世俗之人由于“成心”的作用，在“日以心斗”的过程中，将自身生命陷溺于排他性的言论（“是其所非而非其所是”），而以师心自用，将自己和他人的世界割裂开来，而造成人与人之间的隔阂与断裂。

夫言非吹也[1]，言者有言[2]，其所言者特未定也。果有言邪？其未尝有言邪？其以为异于鷇音[3]，亦有辩乎[4]，其无辩乎？道恶乎隐而有真伪？言恶乎隐而有是非？道恶乎往而不存？言恶乎存而不可？道隐于小成[5]，言隐于荣华[6]。故有儒墨之是非[7]，以是其所非而非其所是。欲是其所非而非其所是，则莫若以明[8]。

庄子指出事物本然的情形是如何被隐蔽，语言又是如何被误用，以说明我们所看到的只是主观性的争论，久而久之，心灵活动就被锁闭在局部的范围，永远无法了解事物最终的实在与全盘的真相。"以明"就是透过虚静的工夫，扩展开放的心灵，使心灵达到空明之境，才能无所偏执地观照外在的实况。正如宗白华在《美学散步》中所说"如实地反映多彩的世界"。

[注释]

[1] 言非吹也：言论和风吹不同。意指言论出于成见，风吹乃发于自然。 [2] 以下两句是说，辩者各有所说，但其说者尚不足为定准。 [3] 鷇（kòu）音：幼鸟将破壳而出时发出的叫声。鷇，初生之鸟。 [4] 以下几个问句一步一步地引导人们思考言的是非与道的真伪。辩，通"辨"。 [5] 小成：片面的成就，指局部认识所得的成果。 [6] 言隐于荣华：言论被浮华之词所蔽。 [7] 以下两句是说，儒墨各家的是非争论，他们各从自己的主观成见出发，是对方的所非，非对方的所是。 [8] 莫若以明：不如用明镜之心去观照。

物无非彼[1]，物无非是。自彼则不见[2]，自知则知之。故曰彼出于是，是亦因彼。彼是方生之说也[3]，虽然，方生方死[4]，方死方生；方可方不可[5]，方不可方可；因是因非[6]，因非因是。是以圣人不由[7]，而照之于天，亦因是也[8]。是亦彼也，彼亦是也。彼亦一是非[9]，此亦一是非。果且有彼是乎哉？果且无彼是乎哉？彼是莫得其偶[10]，谓之道枢。枢始得其环中[11]，以应无穷。是亦一无穷[12]，非亦一无穷也。故曰莫若以明。

以指喻指之非指[13]，不若以非指喻指之非指也；以马喻马之非马，不若以非马喻马之非马也。天地一指也，万物一马也[14]。

[注释]

[1] 以下两句是说，物象，没有不是作为他物的“彼”、作为自己的“此”而存在的。“彼”是那方面，“是”是这方面。 [2] 以下两句是说，从他物那方面就看不见这方面，从自己这方面来了解就知道了。 [3] 彼是方生：两方并生，指彼与此的概念相对而生、相依而存。 [4] 以下两句是惠施的命题，揭示了生与死的对立统一关系，认为事物是可以互相转化的。 [5] 以下两句说明价值判断的无穷相对性。可，即“是”。不可，即“非”。 [6] 以下两句是说，是非相因而生，有是即有非，有非即有是。 [7] 不由：指不走是非对立的路子。 [8] 亦因是也：也就顺着这样子，即谓这也是因任自然的道理。 [9] 以下两句是说，相对之双方可以互易，此方可为彼方，彼方亦可为此方。 [10] 以下两句是说，彼此不成对待，就是“道”的枢纽。意指彼与此、可与不可的差别对立与纷争，乃是人的主观作用，并非客体实在。道枢，指世界的实况、事物的本然。枢，门轴，关键之意。 [11] 以下两句是说，合乎道枢才得入环的中心，可以顺应无穷的流变。 [12] 以下两句是说，彼此人物、环象、事态的转换对立中产生无穷的是非判断。 [13] 以下四句中“指”“马”是当时辩者辩论的一个重要主题，尤以公孙龙的指物论和白马论最著名。庄子只不过用这两个概念作喻说，目的在于提醒大家不必斤斤计较于彼此、人我的是非争论，更不必执着于一己的观点去判断他人。 [14] 一指、一马：用以代表天地万物同质的共通概念。意

指从相同的观点来看，天地万物都有它们的共同性。

[点评]

有“彼”就有“此”，有“此”就有“彼”，一切事物都在对待的关系中，而一切事物又不断地流转，因而对待关系也不断地变换，在这种相因而旋转的情形下，是非判断，永无定准，各人由于角度、标准的不同以及所持角度、标准本身的变动，因此产生价值判断的无穷相对性。

可乎可[1]，不可乎不可。道行之而成[2]，物谓之而然。恶乎然？然于然。恶乎不然？不然于不然。物固有所然[3]，物固有所可。无物不然，无物不可。故为是举莛与楹[4]，厉与西施[5]，恢恑憰怪[6]，道通为一。其分也[7]，成也；其成也，毁也。凡物无成与毁[8]，复通为一。唯达者知通为一，为是不用而寓诸庸[9]。庸也者[10]，用也；用也者，通也；通也者，得也；适得而几矣。因是已[11]。已而不知其然，谓之道。劳神明为一而不知其同也，谓之朝三。何谓朝三？狙公赋芧[12]，曰：“朝三而暮四。”众狙皆怒。曰：“然则朝四而暮三。”众狙皆悦。名实未亏而喜怒为

“道通为一”和“天地一指也，万物一马也”的意义是相对应的。庄子认为事物的差别是人为的设定，例如一棵树，它自然存在着，有人说它高，有人说它矮；有人说它好看，有人说它不好看……这些判断都是人添加给它的，是人主观意识的投射。“一”就是指破除分别而达到圆融和谐的境界。

用，亦因是也。是以圣人和之以是非而休乎天钧[13]，是之谓两行[14]。

[**注释**]

[1] 以下两句是说，为什么可？自有它可的道理。为什么不可？自有它不可的道理。 [2] 以下两句是说，道路是人们走出来的，事物的称谓是人们叫出来的。谓，称谓。 [3] 以下两句是说，一切事物原本就有它是的地方，一切事物原本就有它可的地方。 [4] 莛（tíng）：草茎。楹（yíng）：木柱。古人往往以莛楹比小大。 [5] 厉：借为“疠”，病癞，这里指貌丑之人。 [6] 恢、恑（guǐ）、憰（jué）、怪：谓形形色色的怪异现象。 [7] 以下四句是说，任何事物的分散，必定有所生成；任何事物的生成，必定有所毁灭。 [8] 以下两句是说，万物根本就不存在所谓的生成和毁灭，都是复归于一个整体。 [9] 不用：指不用固执常人的成见。寓诸庸：寄寓于各物的功用上。 [10]“庸也者”至“适得而几矣”七句二十字疑为注文掺入，依严灵峰说当删去，现保留。 [11] 因：谓因物自然。 [12] 狙（jū）公：养猴的老翁。芧（xù）：小栗。 [13] 天钧：即天均，自然均衡的道理。 [14] 两行：两端都可行，即两端都能关照到。指对立之双方如物我、内外等各得其所。

古之人，其知有所至矣。恶乎至？有以为未始有物者，至矣，尽矣，不可以加矣。其次以为有物矣，而未始有封也[1]。其次以为有封焉，而未始有是非也。是非之彰也，道之所以亏也。道之所以亏[2]，爱之所以成。果且有成与亏乎哉？果且无成与亏乎哉？有成与亏，故昭氏之鼓琴也[3]；无成与亏，故昭氏之不鼓琴也。昭文之鼓琴也，师旷之枝策也[4]，惠子之据梧也[5]，三子之知几乎[6]，皆其盛者也，故载之末年[7]。唯其好之也[8]，以异于彼，其好之也，欲以明之。彼非所明而明之，故以坚白之昧终[9]。而其子又以文之纶终[10]，终身无成。若是而可谓成乎？虽我亦成也。若是而不可谓成乎？物与我无成也。是故滑疑之耀[11]，圣人之所图也。为是不用而寓诸庸，此之谓以明。

昭文、师旷、惠子技艺专精，但都是小成之人、一曲之士。如果他们沉湎于他所成就的一面，就会昧于世界人生其他广阔的天地，就像尼采所说的水蛭专家一样——“水蛭的脑子，这就是我的世界！我得去除一件事，其他的一切都不知道。”（《查拉图斯特拉如是说》）

[注释]

[1] 封：界域。 [2] 以下两句是说，道的亏损，是由于个人的偏好所造成。爱，指私爱，偏好。 [3] 故：犹则。 [4] 师旷：春秋时晋平公的乐师。枝策：举杖，指举杖以击节。 [5] 据梧：倚靠着梧树。 [6] 以下两句是说，三个人的技艺都算得上登峰造极了。释德清、林云铭等主张这两句断为：“三子之知，几乎皆其盛者也。” [7] 载：载誉。末年：晚年。 [8] 以下四句是说，正因他们各有所好，以炫异于别人；他们各以所好，而想彰显于他人。异于彼，炫异于他人。彼，他人，众人。 [9] 以坚白之昧终：谓惠子终身迷于坚白之说。昧，偏蔽。战国时期有“坚白同异”之争，公孙龙主张“离坚白”，即认为石头的坚硬和白色

只能分别由触觉和视觉才能感受到，所以是分离的；以墨子为首的一派则主张“盈坚白”，认为坚硬与白色同为石头的属性，所以是不可分离的。 [10] 其子：一说昭文的儿子。一说惠施的儿子。纶：一说琴瑟的弦。一说纶绪。 [11] 以下两句，一说含蓄的光明，乃是圣人所希图的。一说迷乱人心的炫耀，乃是圣人所要摒弃的。

今且有言于此，不知其与是类乎？其与是不类乎？类与不类，相与为类，则与彼无以异矣。虽然，请尝言之。有始也者[1]，有未始有始也者，有未始有夫未始有始也者。有有也者[2]，有无也者，有未始有无也者[3]，有未始有夫未始有无也者。俄而有无矣，而未知有无之果孰有孰无也。今我则已有谓矣，而未知吾所谓之其果有谓乎，其果无谓乎？天下莫大于秋豪之末[4]，而大山为小；莫寿于殇子，而彭祖为夭。天地与我并生，而万物与我为一。既已为一矣，且得有言乎？既已谓之一矣，且得无言乎？一与言为二，二与一为三。自此以往，巧历不能得[5]，而况其凡乎[6]！故自无适有以至于三[7]，而况自有适有乎！无适焉[8]，因是已。

[**注释**]

[1] 以下三句是说，宇宙有个开始，有未曾开始的开始，更有未曾开始那“未曾开始”的开始。 [2] 以下两句是说，宇宙万物之初，有“有”也有“无”。“有”“无”的辩证观念始于《老子》。 [3] 以下两句是说，有未曾有“无”的“无”，更有未曾有那“未曾有‘无’”的“无”。 [4] 以下四句是说，天下没有比秋天的毫毛的末端更大的东西，而泰山却是小的；没有比夭折的婴儿更长寿的，而彭祖却是短命的。豪，同“毫”。大山，即泰山。殇（shāng）子，夭折的未成年人。 [5] 巧历：善于计算的人。 [6] 凡：凡夫，普通人。 [7] 自无适有：从“无”（没有语言的机心）到“有”（有语言的机心）。 [8] 无适焉：即无往矣，指不必再往前计算，意谓不如消除语言的机心。

[**点评**]

“天地与我并生，而万物与我为一”是《齐物论》所达到的物我齐一的最高境界。天地万物本是同体共生，人类妄自分离割裂，使自己的心灵萎缩而矮小化。

夫道未始有封[1]，言未始有常，为是而有畛也[2]，请言其畛：有左，有右，有伦，有义[3]，有分，有辩，有竞，有争，此之谓八德。六合之外[4]，圣人存而不论；六合之内，圣人论而不议。春秋经世先王之志[5]，圣人议而不辩。故分也者，有不分也；辩也者，有不辩也。曰：何也？圣人

“封”，就是界限。庄子打开了一个无穷的时空系统，突破种种界限，从宇宙的规模去打通隔阂和争议。

怀之[6]，众人辩之以相示也[7]。故曰辩也者有不见也。夫大道不称，大辩不言，大仁不仁[8]，大廉不嗛[9]，大勇不忮[10]。道昭而不道，言辩而不及，仁常而不成[11]，廉清而不信[12]，勇忮而不成。五者园而几向方矣[13]，故知止其所不知，至矣。孰知不言之辩，不道之道？若有能知，此之谓天府[14]。注焉而不满，酌焉而不竭，而不知其所由来，此之谓葆光[15]。

[注释]

[1] 以下两句是说，道无处不在，而未曾有彼此之分；言未曾有定说。常，是非标准。 [2] 为是而有畛（zhěn）：为了一个“是”字而有了界限。畛，界限。 [3] 伦、义：纲纪法度。伦，犹纪。义，通“仪”，法度礼数。 [4] 六合：指东西南北上下。 [5] 春秋经世先王之志：古史上有关先王治世的记载。 [6] 怀之：指默默体认一切事理。 [7] 相示：互相夸示。 [8] 大仁不仁：大仁是没有偏爱的。 [9] 大廉不嗛（qiān）：大廉是不逊让的。 [10] 大勇不忮（zhì）：大勇是不伤害的。忮，害，伤害。 [11] 仁常而不成：仁守滞一处便不能周遍。常，指固定在一方。 [12] 廉清而不信：过分廉洁就不真实。 [13] 园：据奚侗之说，《淮南子·诠言训》“园”字作“无弃”，应据《淮南子》订正。 [14] 天府：自然的府库，形容心灵涵摄量的广大。 [15] 葆光：潜藏的光明。

故昔者尧问于舜曰：“我欲伐宗、脍、胥

敖[1]，南面而不释然[2]。其故何也？”舜曰：“夫三子者，犹存乎蓬艾之间[3]。若不释然[4]，何哉？昔者十日并出[5]，万物皆照，而况德之进乎日者乎[6]！”

庄子在这里以“十日并出”形象化地描述心灵的开放，与儒家主张的“天无二日”（《礼记·曾子问》）形成鲜明的对照。而且“十日并出，万物皆照，而况德之进乎日者乎”还隐含性地喻示着内圣（“以明”之心）可以开创出万民受惠的外王之道的成果。

［注释］

[1] 宗、脍、胥敖：三个小国名，虚拟之名。 [2] 南面：君位，指临朝听政。不释然：耿耿于怀，芥蒂于心。 [3] 存乎蓬艾之间：生存于蓬蒿艾草之间。 [4] 若：汝，你，指尧。 [5] 十日并出：这也是寓言，借来譬喻光明广大，普照万物。 [6] 进：胜过。

啮缺问乎王倪曰[1]：“子知物之所同是乎[2]？”曰：“吾恶乎知之！”“子知子之所不知邪？”曰：“吾恶乎知之！”“然则物无知邪？”曰：“吾恶乎知之！”虽然，尝试言之。庸讵知吾所谓知之非不知邪[3]？庸讵知吾所谓不知之非知邪？且吾尝试问乎女：民湿寝则腰疾偏死[4]，鳝然乎哉？木处则惴慄恂惧[5]，猨猴然乎哉？三者孰知正处？民食刍豢[6]，麋鹿食荐[7]，蝍蛆甘带[8]，鸱鸦耆鼠[9]，四者孰知正味？猨猵狙以为雌[10]，麋与鹿交，鳝与鱼游。毛嫱丽姬[11]，人之所美也；鱼见之深入，鸟见之高飞，麋鹿见之决骤[12]。四者孰知天下之正色哉？自我观之，仁义之端，是非之涂，樊然殽乱[13]，吾恶能知其辩！啮缺曰："子不知利害，则至人固不知利害乎？"王倪曰："至人神矣[14]！大泽焚而不能热，河汉沍而不能寒，疾雷破山［飘］风振海而不能惊。若然者，乘云气，骑日月，而游乎四海之外。死生无变于己，而况利害之端乎！"

［注释］

[1] 啮（niè）缺、王倪：皆为虚拟人物。 [2] 同是：共同标准，共同所认可的。 [3] 庸讵（jù）知：安知，何知。 [4] 偏死：半身不遂。 [5] 惴慄：惊恐得发抖。恂（xún）惧：恐惧，害怕。恂，眩。 [6] 刍豢（huàn）：指家畜。食草者谓刍，食谷者谓豢。 [7] 荐：美草。 [8] 蝍蛆（jí jū）甘带：蜈蚣喜欢吃蛇。蝍蛆，蜈蚣。带，蛇。 [9] 鸱（chī）：猫头鹰。 [10] 猵（piàn）狙：似猿，形同而类别。 [11] 毛嫱（qiáng）、丽姬：皆为古代美女。一说"丽姬"当为"西施"。 [12] 决骤：快速奔走。 [13] 樊然殽乱：纷然错乱。殽，错杂。 [14] 以下几句意在说明至人的神通。沍（hù），冻结。

瞿鹊子问乎长梧子曰[1]："吾闻诸夫子[2]，

圣人不从事于务[3]，不就利，不违害，不喜求，不缘道；无谓有谓[4]，有谓无谓，而游乎尘垢之外。夫子以为孟浪之言[5]，而我以为妙道之行也。吾子以为奚若[6]？”长梧子曰：“是(皇)[黄]帝之所听荧也[7]，而丘也何足以知之！且女亦大早计，见卵而求时夜[8]，见弹而求鸮炙[9]。予尝为女妄言之，女以妄听之。奚旁日月，挟宇宙？为其脗合[10]，置其滑涽，以隶相尊。众人役役，圣人愚芚，参万岁而一成纯[11]。万物尽然，而以是相蕴[12]。予恶乎知说生之非惑邪！予恶乎知恶死之非弱丧而不知归者邪[13]！丽之姬，艾封人之子也[14]。晋国之始得之也，涕泣沾襟；及其至于王所，与王同筐牀，食刍豢，而后悔其泣也。予恶乎知夫死者不悔其始之蕲生乎[15]！

“旁日月，挟宇宙”，庄子使用浪漫主义的笔法，形容人的精神的提升超越了有限的时空，在无穷的时空境域中任心遨游，自由飞扬。

这段话可以用“相尊相蕴”这一命题来表述。“相尊相蕴”正是齐物精神的体现，它意味着每一个个体的存在样态虽然不同，但都可以互相包容。在道的宇宙大全的王国中，每一个人都可以发挥各自的功能，彼此在社群里面也能相互尊重。齐物的精神境界，要有开阔的心胸才能达到。

[注释]

[1] 瞿鹊子、长梧子：皆为虚拟人物。 [2] 夫子：指孔子。 [3] 以下五句是说，圣人不去从事世俗的工作，不贪图利益，不躲避灾害，不喜欢妄求，不拘泥于道。不缘道，无行道之迹（林希逸说）。 [4] 以下两句是说，无言如同有言，有言如同无言。谓，言，言语。 [5] 孟浪：漫澜，不切实际。 [6] 奚若：怎么样。 [7] 听荧：疑惑。 [8] 时夜：司夜，指鸡鸣报晓。时，

通“司”。 [9]鸮（xiāo）炙：烤吃鸮鸟。鸮，小鸠。 [10]以下三句是说，和宇宙万物合为一体，任其纷乱之不顾，把世俗上尊卑看作是一样的。为，与。其，指宇宙万物。脗，同“吻”。置，任。滑涽（hūn），纷乱不定。 [11]参万岁而一成纯：谓糅合古今无数变异而成一精纯之体。参，糅合，调和。万岁，指古今无数变异。 [12]相蕴：意指互相蕴含于精纯浑朴之中。 [13]弱丧：自幼流落。 [14]艾封人：艾地守封疆的人。 [15]蕲：求。

“梦饮酒者，旦而哭泣；梦哭泣者，旦而田猎。方其梦也，不知其梦也。梦之中又占其梦焉，觉而后知其梦也。且有大觉而后知此其大梦也，而愚者自以为觉，窃窃然知之[1]。君乎[2]，牧乎，固哉！丘也与女，皆梦也；予谓女梦，亦梦也。是其言也，其名为吊诡[3]。万世之后而一遇大圣，知其解者，是旦暮遇之也[4]。

［注释］

[1]窃窃然：察察然，自知的样子。 [2]以下三句是说，君啊，臣啊，固陋极了。固，浅陋。 [3]吊诡：怪异。 [4]是旦暮遇之也：如同朝夕相遇一样平常。

［点评］

“人生若梦”，真是发人深省之语，梦与觉难以截然分辨，一如生命的出现与消失，就像四时的运转，乃是大化中的一个过程，了解这一生命流变的真相，也可不必过于执着死生的忧喜。

“既使我与若辩矣[1]，若胜我，我不若胜，若果是也，我果非也邪？我胜若，若不吾胜，我果是也，而果非也邪？其或是也，其或非也邪？其俱是也，其俱非也邪？我与若不能相知也，则人固受其黮暗[2]。吾谁使正之？使同乎若者正之？既与若同矣，恶能正之！使同乎我者正之，既同乎我矣，恶能正之！使异乎我与若者正之？既异乎我与若矣，恶能正之！使同乎我与若者正之？既同乎我与若矣，恶能正之！然则我与若与人俱不能相知也，而待彼也邪？何谓和之以天倪[3]？曰：是不是，然不然。是若果是也，则是之异乎不是也亦无辩；然若果然也，则然之异乎不然也亦无辩。化声之相待[4]，若其不相待。和之以天倪，因之以曼衍[5]，所以穷年也。忘年忘义[6]，振于无竟[7]，故寓诸无竟。”

[注释]

[1] 我：长梧子自称。若：汝，你。下同。 [2] 黮（dǎn）暗：

暗昧不明，所见偏蔽。[3]天倪：自然的分际。[4]化声之相待：是非之辩互相对待而成。[5]曼衍：散漫的流衍，不拘常规。[6]忘年忘义：忘生死忘是非。忘，安适之至。[7]振于无竟：遨游于无穷的境地。

罔两问景曰[1]："曩子行[2]，今子止；曩子坐，今子起；何其无特操与[3]？"景曰："吾有待而然者邪？吾所待又有待而然者邪？吾待蛇蚹蜩翼邪[4]？恶识所以然[5]！恶识所以不然！"

[注释]

[1]罔两：影外之微阴。景：古"影"字，影子。[2]曩（nǎng）：从前。[3]何其无特操与：怎么这样没有独立的意志呢？[4]待蛇蚹（fù）蜩翼：意谓蛇凭借腹下鳞皮而爬行，蝉凭借翼羽而起飞。[5]以下两句是说，既不识其所以然与其所以不然，则是非不必辩矣。

"栩栩然胡蝶也""自喻适志与"正是写审美主体在人生活动中显现出无比适意的审美情趣，庄子以人化蝴蝶为喻，将现实人生点化为"艺术人生"，徐复观认为"老、庄思想当下所成就的人生，实际是艺术的人生，而中国的纯艺术精神，实际系由此一思想系统所导出"（《中国艺术精神》）。

昔者庄周梦为胡蝶[1]，栩栩然胡蝶也[2]。自喻适志与[3]！不知周也。俄然觉，则蘧蘧然周也[4]。不知周之梦为胡蝶与，胡蝶之梦为周与？周与胡蝶，则必有分矣。此之谓物化[5]。

[注释]

[1] 昔者：犹夕者。 [2] 栩栩：形容轻盈畅快的样子。一本作“翩翩”，形容蝴蝶飞舞的样子。 [3] 喻：同“愉”。适志：快意。 [4] 蘧（qú）蘧然：僵直之貌。一说惊动，惊喜之貌。 [5] 物化：万物的转化，意指物我界限消解，万物融化为一。

[点评]

“罔两问景”的寓言中，影子的回答全以疑问的口气，意谓似有所待，实无所待。学界不解寓言的意旨，而往往以郭象的“天机自尔”“天机自张”的观点来解释，实则庄子乃是以宇宙整体观的思维，说明宇宙间一切存在都有其内在的联系，在相互关联中，共同构成一个有机的整体。在这种万物相互蕴含的宇宙整体观中，我们才能够了解庄周与蝴蝶在宇宙大化流行中的流变性（“物化”），庄子或蝴蝶作为个体生命的显现，虽在有限的时空中，但要能保持“自喻适志”的心境，如此我们才能以审美的眼光，欣赏庄周达观的人生态度。

[篇末评]

本篇正如释德清所说“其文与意，若草里蛇，但见其动荡游衍，莫睹其形迹”（《庄子内篇注》）。初读起来，极费心思。齐物，即主张万物的平等。人类社会的一切矛盾的对立面，诸如生与死、寿与夭、贵与贱、荣与辱、成与毁等等都是无差别的一回事。庄子从物性平等的立场，将人类从自我中心的局限性中提升出来，以开放的心灵观照万物，了解各物都有其独特的意义内容。广大的心胸也激发出巨大的创造能量，从开篇的“吾丧我”，破除我见、我执以获得真实的自我（“真宰”“真君”），神游于“无封”“无境”的辽阔境域中，到梦觉不分、庄周梦蝶，主客会通交感，物我的界限消解融合，实现精神的独立自由、逍遥自适。这一境界实为最高艺术精神之投射。

养生主

吾生也有涯[1]，而知也无涯[2]。以有涯随无涯，殆已[3]；已而为知者[4]，殆而已矣。为善无近名[5]，为恶无近刑。缘督以为经[6]，可以保身[7]，可以全生，可以养亲，可以尽年。

庄子关心如何在一个无限的“知”的范围内来安顿有限的生命。这里的“知”可能指外在的知识，更可能是指心智，以有尽之身随无尽之思，“终身役役”而不知所止。

[注释]

[1] 涯：边际，界限。 [2] 知：同“智”。 [3] 殆已：形容疲困。已，通“矣”。 [4] 已而为知者：既然这样了还要去从事求知活动。 [5] 以下两句是说，做善事不要有求名之心，做恶事不要遭受刑戮之害。 [6] 缘督以为经：顺虚以为常法。缘督，含有顺应自然之道的意思。缘，循，顺应。督，督脉。人身前的中脉为任脉，人身后的中脉为督脉，任、督二脉为人体奇经八脉的主脉，主呼吸之息。 [7] 以下四句是说，可以保护生命，可以保全天性，可以养护身体，可以尽享天年。养亲，养身。

庖丁为文惠君解牛[1]，手之所触，肩之所倚，足之所履，膝之所踦[2]，砉然向然[3]，奏刀騞然[4]，莫不中音。合于桑林之舞[5]，乃中经首之会[6]。文惠君曰："嘻，善哉！技盖至此乎[7]？"庖丁释刀对曰[8]："臣之所好者道也，进乎技矣。始臣之解牛之时，所见无非［全］牛者。三年之后，未尝见全牛也。方今之时，臣以神遇而不以目视[9]，官知止而神欲行[10]。依乎天理[11]，批大郤[12]，导大窾[13]，因其固然。技经肯綮之未尝[14]，而况大軱乎[15]！良庖岁更刀，割也；族庖月更刀[16]，折也。今臣之刀十九年矣，所解数千牛矣，而刀刃若新发于硎[17]。彼节者有间，而刀刃者无厚；以无厚入有间，恢恢乎其于游刃必有余地矣[18]，是以十九年而刀刃若新发于硎。虽然，每至于族[19]，吾见其难为，怵然为戒[20]，视为止，行为迟。动刀甚微，謋然已解[21]，如土委地。提刀而立，为之四顾，为之踌躇满志[22]，善刀而藏之[23]。"文惠君曰："善哉！吾闻庖丁之言，得养生焉。"

苏轼读了庖丁解牛，体悟到艺术创作和经验累积的关系，从而说出了这样富有哲理的话："出新意于法度之中，寄妙理于豪放之外，所谓游刃余地，运斤成风，盖古今一人而已。"（《书吴道子画后》）

[注释]

[1] 庖丁：名叫丁的厨师。一说掌厨的丁役。文惠君：旧注说是梁惠王，疑为附会，可视为虚拟人物。 [2] 踦（yǐ）：通“倚”，屈跪一膝，顶住牛体。 [3] 砉（huā）然向然：皆为形容解牛时发出的声音。一说砉然为骨肉分离之声，向然为刀砍骨肉之声。 [4] 騞（huō）：同于“砉”，都是形容刀砍物所发出的声音，或说声音大于砉。 [5] 桑林之舞：传说是殷商时代的乐舞曲。 [6] 经首：传说是尧时代的乐曲。会：节奏，旋律。 [7] 盖：同“盍”，何。 [8] 释：放。 [9] 神遇：心神感触。 [10] 官知止而神欲行：感官的认知作用停止了，只是运用心神。 [11] 天理：自然的纹理结构。 [12] 批：击，劈。郤：通“隙”，指筋骨间的缝隙。 [13] 导：引刀而入。大窾（kuǎn）：指骨节间的较大空隙。 [14] 肯：着骨肉。綮（qìng）：筋肉盘结处。 [15] 軱（gū）：大骨。 [16] 族庖：这里指一般的庖丁。族，众。 [17] 硎（xíng）：磨刀石。 [18] 恢恢乎：宽绰的样子。 [19] 族：盘结交错处。 [20] 怵（chù）然：警惕的样子。 [21] 謋（huò）然：解散，散开的样子。 [22] 踌躇满志：愉悦安适，从容自得的样子。 [23] 善刀：拭刀。

[点评]

“庖丁解牛”从宰牛之方喻养生之理，由养生之理喻处世之道。这则寓言尤引人注意的是它由技入道所蕴含的哲学和艺术的涵义。

由技艺而臻于道境，为道家由工夫到境界开辟一条新路。初学时（“始臣之解牛之时”），“三年之后”，“十九年矣”，在长期实践累积的经验中，越来越体认到其中的奥妙——掌握到牛体的生理结构、筋络的理路、骨节间的空穴。学艺时日越久则技能越专精，这要在持之以恒——“有守”。庖丁的由技入道，正是技巧专一、艺能专精、志于道而有所持守之故。由技入道的过程中，主体的身体运作与心神投入是最为关键的因素。“形”与“心”在艺术活动的创作转化中，有着密不可分的关系，为了达到心神运作的灵妙，肢体必须在漫长的过程中，经过实际的技艺操作，方能升华为“游刃有余”的艺术活动。

想象力和美感是庄子创作运思的重要因素。在多个由技入道的寓言作品中，庖丁解牛的构想尤为出奇。宰牛原本是一项劳动强度极其艰巨的苦役，庄子笔下却“恢恢乎其于游刃必有余地”，洋溢着审美趣味。解牛告成，庖丁“提刀而立，为之四顾，为之踌躇满志”，真是淋漓尽致地描绘出艺术创作者审美享受的陶然心境。

庖丁用肢体做出配合无间的艺演，举手投足之间皆能合拍于雅乐的美妙乐音，并表演出优雅动人的舞姿，这艺术形象构成一幅令人赞赏不已的审美图景，也构绘出主体技艺之出神入化于挥洒自如的自由境界。而庖丁臻至道境的操刀过程中，是以“神遇”“神行”为主导。守气、静心、凝神，神形和合，才能展现为灵妙的道境及其出神入化的艺术活动。

形全形残都是天赋予的自然之貌，与《德充符》篇一样，庄子主张形残并不可怕，可怕的是体全而智残，“养生”之主不在于形，应以养神为重。

公文轩见右师而惊曰[1]：“是何人也？恶乎介也[2]？天与，其人与[3]？”曰：“天也，非人也。

天之生是使独也，人之貌有与也[4]。以是知其天也，非人也。泽雉十步一啄[5]，百步一饮，不蕲畜乎樊中[6]。神虽王[7]，不善也[8]。”

［注释］

[1] 公文轩：姓公文，名轩，宋国人。右师：官名。此以官职称人。 [2] 介：独脚。 [3] 其：抑或。与：赋予。 [4] 人之貌有与也：人的形貌是上天赋予的。 [5] 泽雉：草泽里的野鸡。 [6] 蕲：求。樊：笼。 [7] 王：通“旺”，旺盛。 [8] 不善：不乐，不能自遂。

老聃死[1]，秦失弔之[2]，三号而出。弟子曰：“非夫子之友邪？”曰：“然。”“然则吊焉若此，可乎？”曰：“然。始也吾以为其人也，而今非也。向吾入而吊焉[3]，有老者哭之，如哭其子；少者哭之，如哭其母。彼其所以会之，必有不蕲言而言，不蕲哭而哭者[4]。是（遯）［遁］天倍情[5]，忘其所受，古者谓之遁天之刑[6]。适来，夫子时也；适去，夫子顺也[7]。安时而处顺，哀乐不能入也，古者谓是帝之县解[8]。”指穷于为薪[9]，火传也，不知其尽也。

人应用达观而不悲观的豁达心胸去直面人生，顺应自然，在人的本身建立永恒的精神生命。人的思想、人格的生命之火一旦点燃，将没有穷尽。

[注释]

[1] 老聃：即老子，姓李，名耳，字聃，春秋时楚国苦县人，曾任周守藏室的史官。 [2] 秦失：又作“秦佚”，是老聃的朋友，也可能是庄子杜撰的人名。 [3] 向：刚才。 [4] 不蕲哭而哭者：必定是感情执着而不禁哭泣。 [5] 遁天：逃避自然。倍：通“背”，违背。 [6] 刑：刑罚。 [7] 两处“夫子”疑为衍文，或指秦佚对弟子称老子之言。适来：正当来世。时：时运。 [8] 帝之县解：自然地解除倒悬。县，通“悬”。 [9] 指：读作“脂”，指烛薪上的油脂。穷：指燃尽。

[篇末评]

生命是由形和神组合而成，《养生主》讲护养生命之主，强调精神生命的重要性。养神的方法莫过于顺其自然，因此“缘督以为经”是本篇的总纲，讲述顺守自然之道的根本原理。可与外篇《达生》篇参看，该篇通篇发挥养神之理。庄子在继承老子形上之道的同时，认为无形之道可以心传之、心得之。在《大宗师》心传道境的提法下，庄子更在本篇及《达生》等各篇形象化地通过主体技能所呈现的艺术精神来体认道的境界。庄子由技入道的寓言，将人间活动提升到艺术的境界。寓言涵摄道与艺的关系、“为学”通向“为道”的历程、创作主体与客体的对立与融合等等问题。宗白华则说：“灿烂的‘艺’赋予‘道’以形象和生命。‘道’给予‘艺’以深度和灵魂。”(《宗白华全集》第 2 卷）这一慧见，是对庄子道、艺关系最精辟的解说。

人间世

颜回见仲尼[1]，请行。曰："奚之？"曰："将之卫[2]。"曰："奚为焉？"曰："回闻卫君[3]，其年壮，其行独[4]；轻用其国，而不见其过；轻用民死，死者以国量乎泽若蕉[5]，民其无如矣[6]。回尝闻之夫子曰：'治国去之，乱国就之，医门多疾。'愿以所闻思其则，庶几其国有瘳乎[7]！"仲尼曰："嘻！若殆往而刑耳[8]！夫道不欲杂，杂则多，多则扰，扰则忧，忧而不救。古之至人，先存诸己而后存诸人。所存于己者未定，何暇至于暴人之所行[9]！且若亦知夫德之所荡而知之所为出乎哉[10]？德荡乎名，知出乎争。名也者，

庄子笔下的颜回，身处乱世，怀抱救世之心；而他笔下的孔子却变成了宣扬庄子学说的道家人物。

相（札）[轧]也；知也者，争之器也。二者凶器，非所以尽行也。

[注释]

[1] 颜回：字子渊，春秋末期鲁国人，孔子最为得意的学生。仲尼：即孔子，名丘，字仲尼，鲁国陬邑（今山东曲阜）人。孔子与颜回的这段问答，自然是虚构的。 [2] 卫：卫国，春秋时期的诸侯国，在今河南境内。 [3] 卫君：一说指卫庄公蒯聩，庄子寓托以形容暴君。 [4] 行独：行为专断。 [5] 死者以国量乎泽若蕉：读作“死者以国，若蕉量乎泽”，谓几乎一国的人都死光了，就像草芥一样填满了大泽。量，填满。蕉，草芥。 [6] 无如：无往，无处可去。 [7] 庶几：差不多。瘳（chōu）：病愈。 [8] 若：你。殆：恐怕，将要。 [9] 暴人：暴君，这里指卫君。 [10] 荡：丧失。出：显露。

“且德厚信矼[1]，未达人气[2]，名闻不争，未达人心。而强以仁义绳墨之言术暴人之前者[3]，是以人恶有其美也[4]，命之曰菑人[5]。菑人者，人必反菑之，若殆为人菑夫！且苟为悦贤而恶不肖，恶用而求有以异[6]？若唯无诏[7]，王公必将乘人而斗其捷[8]。而目将荧之[9]，而色将平之，口将营之[10]，容将形之，心且成之。是以火救火，以水救水，名之曰益多。顺始无穷，若殆以不信厚言[11]，必死于暴人之前矣！且昔者桀杀关龙逢[12]，纣杀王子比干[13]，是皆修其身以下伛拊人之民[14]，以下拂其上者也，故其君因其修以挤之。是好名者也。昔者尧攻丛枝、胥敖[15]，禹攻有扈[16]，国为虚厉[17]，身为刑戮，其用兵不止，其求实无已[18]。是皆求名实者也，而独不闻之乎？名实者，圣人之所不能胜也，而况若乎！虽然，若必有以也[19]，尝以语我来！”

[注释]

[1] 德厚：道德纯厚。信矼（gāng）：信誉确实。矼，坚实之意。 [2] 未达：不了解。人气：人的口味。 [3] 术：释德清、陈碧虚以为当作“炫”字，旧本笔误为“术”，夸耀。 [4] 是以人恶有其美也：这是以别人的过恶来炫耀自己的美德。俞樾以为“有”为“育”字之误，卖弄，炫耀。 [5] 菑（zāi）：音“灾”，害。 [6] 恶用而：何用汝。 [7] 若：你。诏：争辩、谏诤。 [8] 王公：指卫君。斗其捷：施展他的巧辩。捷，迅捷，利口。 [9] 荧：眩，眩惑。 [10] 营：营救。 [11] 殆：恐怕。厚言：忠诚之言。 [12] 桀：夏桀，夏朝的暴君。关龙逢：夏桀的贤臣，因忠谏被斩首。 [13] 纣：商纣，商朝的暴君。比干：商纣的叔父，因忠谏而被剖心。 [14] 伛拊（yǔ fǔ）：曲身抚爱，此指怜爱、爱养。 [15] 丛枝、胥敖：小国名。 [16] 有扈：国名，在今陕西西安市鄠邑区。 [17] 虚：同“墟”，废墟。厉：厉鬼，古时称死而无后为厉。 [18] 实：实利，此指国土、

人口和财物。 [19] 以下两句是说，你肯定有你的想法，不妨说给我听听。

颜回曰：“端而虚[1]，勉而一[2]，则可乎？”曰：“恶！恶可！夫以阳为充孔扬[3]，采色不定[4]，常人之所不违，因案人之所感[5]，以求容与其心[6]。名之曰日渐之德不成[7]，而况大德乎！将执而不化，外合而内不訾[8]，其庸讵可乎！”“然则我内直而外曲，成而上比[9]。内直者，与天为徒[10]。与天为徒者，知天子之与己皆天之所子[11]，而独以己言蕲乎而人善之，蕲乎而人不善之邪？若然者，人谓之童子，是之谓与天为徒。外曲者，与人之为徒也。擎跽曲拳[12]，人臣之礼也，人皆为之，吾敢不为邪！为人之所为者，人亦无疵焉，是之谓与人为徒。成而上比者，与古为徒。其言虽教，讁之实也[13]。古之有也，非吾有也。若然者，虽直而不病[14]，是之谓与古为徒。若是则可乎？”仲尼曰：“恶！恶可！大多政[15]，法而不谍，虽固亦无罪[16]。虽然，止是耳矣[17]，夫胡可以及化！犹师心者也[18]。”

[注释]

[1] 端而虚：外表端谨而内心谦虚。 [2] 勉而一：勉力行事而谨终如始。 [3] 阳：骄盛之气。充：满。孔扬：甚为扬扬自得。孔，甚。 [4] 采色不定：喜怒无常。采色，神采气色，这里指喜怒变化的表情。 [5] 案：压抑。感：谏劝。 [6] 求容与其心：求自己内心的畅快。 [7] 日渐之德：指小德。 [8] 訾（zī）：资取，采纳。 [9] 成而上比：陈述成说而上比于古人。 [10] 与天为徒：和自然同类。 [11] 以下三句是说，天子与我，在本性上都是天生的，这样我哪里会期望别人称赞自己所讲的话为善，又何必理会别人指责为不善呢？天之所子，属于天生的。 [12] 擎（qíng）：执笏。跽（jì）：跪拜。曲拳：拱手鞠躬。 [13] 谪（zhé）：指责。 [14] 病：指灾祸。 [15] 以下两句是说，法则太多，犹不稳当。大，读作"太"。政，通"正"。谍，当。 [16] 固：固陋，不圆通。 [17] 耳矣：即"而已"。 [18] 师心：执着于自己的成见。

颜回曰："吾无以进矣，敢问其方。"仲尼曰："斋，吾将语若[1]！有[心]而为之，其易邪？易之者，皞天不宜[2]。"颜回曰："回之家贫，唯不饮酒不茹荤者数月矣。如此，则可以为斋乎？"曰："是祭祀之斋，非心斋也。"回曰："敢问心斋。"仲尼曰："若一志[3]，无听之以耳而听之以心[4]，无听之以心而听之以气！听止于耳[5]，心止于符[6]。气也者[7]，虚而待物者也。唯道集虚[8]。虚者，心斋也。"颜回曰："回之未始得

"心斋"修养方法，最紧要的是心神专注（"一志"），其修养工夫着重心境向内收——由耳而心，由心而气，层层内敛。所谓"徇耳目内通"，即使耳目作用向"内通"，达到收视返听于内的效果，开阔人的内在精神，陶冶人的内在本质。

从哲学观点来看"心斋"这段话中，道、气、心三个重要基本范畴及其相互关系值得探讨。而"唯道集虚"这个命题，不仅隐含着"道"具象化为"气"，并且这是在老庄文献中首次出现道心合一的思想观念。

使[9]，实自回也；得使之也，未始有回也；可谓虚乎？”夫子曰：“尽矣。吾语若！若能入游其樊而无感其名[10]，入则鸣[11]，不入则止。无门无毒[12]，一宅而寓于不得已[13]，则几矣。绝迹易[14]，无行地难。为人使易以伪，为天使难以伪。闻以有翼飞者矣，未闻以无翼飞者也；闻以有知知者矣，未闻以无知知者也。瞻彼阕者[15]，虚室生白[16]，吉祥止止[17]。夫且不止，是之谓坐驰[18]。夫徇耳目内通而外于心知[19]，鬼神将来舍[20]，而况人乎！是万物之化也，禹舜之所纽也[21]，伏戏几蘧之所行终[22]，而况散焉者乎[23]！”

[注释]

[1] 语若：告诉你。 [2] 皞（hào）天不宜：与自然至理不合。皞天，自然。不宜，不合。 [3] 若一志：读作“一若志”，即专一你的心志。 [4] 以下两句是说，不用耳去听而用心去体会，不要用心去体会而用气去感应。 [5] 听止于耳：读作“耳止于听”。 [6] 符：感应现象。 [7] 以下两句是说，能够容纳外物的气，显然不是指呼吸之气息，即是高度修养境界的空灵明觉之心。 [8] 唯道集虚：只要你到达空明的心境，道理自然与你相合。虚，指空明的心境。 [9] 得使：言得教诲。 [10] 无感其名：不为名位所动。 [11] 以下两句是说，能接纳你的意见就

说，不能接纳你的意见就不说。 [12] 无门无毒：不走门路去营求。 [13]一：形容心灵凝聚的状态，宅：心灵的位置。寓于不得已：即“不得已而为之”之意，应事寄托于不得已。 [14] 以下两句是说，不走路容易，走路不留行迹就困难。 [15]瞻：看，观照。阕：空，指空明的境界。 [16] 虚室：指空明无物的心境。白：纯白无染的光明。 [17] 吉祥止止：即“止于止”，意即吉祥善福，止在凝静之心。前“止”为“处”“集”之意，后“止”指空明静止的心境。 [18] 坐驰：形坐而心驰。 [19] 徇：同“循”，顺。内通：返视返听，由心去视听。外于心知：排除心智心机。 [20] 舍：居住，指依附。 [21] 纽：枢纽，关键。 [22] 伏戏：即伏羲。几蘧：传说中的古帝王。 [23] 散焉者：疏散之人，指普通一般人。

［点评］

“心斋”是“养心”“养气”之法，心与气并非截然不同的两种东西，心灵通过修养工夫而达到“虚室生白”那种空明灵觉的境地，就是气。这空明的觉心能使“耳目内通”，能涵容万物。换言之，气就是高度修养境界的空明灵觉之心。庄子的“心斋”就是培养一种具有灵妙作用的心之机能。

《庄子》言“气”，从不同的语境来看，在哲学范畴中可以概分为两类，一般多以气为构成万有生命的始基元素，但有时则又将始基元素的气提升为精神气质、精神状态，乃至精神境界。诚如徐复观所论：“气韵观念之出现，系以庄学为背景。庄学的清、虚、玄、远，实系‘韵’的性格，‘韵’的内容；中国画的主流，始终是在庄学精神中发展。”（《中国艺术精神》）

这段话另有一番意趣，所谓观照那空明心境的“瞻阕”、所谓福善之事止于凝静之心的“止止”、所谓耳目感官通向心灵深处的“耳目内通”，都是“内视”的提法。在中国古代思想文化史上，“内视”之说首出于此。

叶公子高将使于齐[1]，问于仲尼曰：“王使诸梁也甚重，齐之待使者，盖将甚敬而不急。匹夫犹未可动，而况诸侯乎！吾甚慄之。子常语诸梁也曰：‘凡事若小若大，寡不道以欢成[2]。事若不成，则必有人道之患[3]；事若成，则必有阴阳之患[4]。若成若不成而后无患者，唯有德者能之。’吾食也执粗而不臧[5]，爨无欲清之人[6]。今吾朝受命而夕饮冰，我其内热与[7]！吾未至乎事之情，而既有阴阳之患矣；事若不成，必有人道之患。是两也，为人臣者不足以任之，子其有以语我来！”

［注释］

[1] 叶公子高：楚大夫，为叶县令，姓沈，名诸梁，字子高。 [2] 寡不道以欢成：未有不依道而能美满成功的。 [3] 人道之患：人为的祸患，指人君的惩罚。 [4] 阴阳之患：阴阳之气激荡而导致失调患病。 [5] 臧：精美。 [6] 爨（cuàn）：烧火做饭，此指烧火之人。清：清凉。 [7] 内热：内心烦焦。

仲尼曰："天下有大戒二[1]：其一，命也[2]；其一，义也[3]。子之爱亲，命也，不可解于心；臣之事君，义也，无适而非君也，无所逃于天地之间。是之谓大戒。是以夫事其亲者，不择地而安之，孝之至也；夫事其君者，不择事而安之，忠之盛也；自事其心者，哀乐不易施乎前，知其不可奈何而安之若命，德之至也。为人臣子者，固有所不得已。行事之情而忘其身，何暇至于悦生而恶死！夫子其行可矣！丘请复以所闻：凡交近则必相靡以信[4]，远则必忠之以言，言必或传之。夫传两喜两怒之言，天下之难者也。夫两喜必多溢美之言，两怒必多溢恶之言。凡溢之类妄，妄则其信之也莫[5]，莫则传言者殃。故法言曰[6]：'传其常情，无传其溢言，则几乎全。'且以巧斗力者[7]，始乎阳，常卒乎阴，（大）[泰]至则多奇巧；以礼饮酒者，始乎治，常卒乎乱，（大）[泰]至则多奇乐。凡事亦然。始乎谅[8]，常卒乎鄙；其作始也简，其将毕也必巨。（夫）言者，风波也；行者，实丧也[9]。[夫]风波易以动，实丧易以危。故忿设无由，巧言偏辞。兽死不择音，气息

"言者，风波也"，传言不当会引起无限矛盾、冲突甚至殃灾，"可不慎与"！

弗然[10]，于是并生心厉[11]。克核大至[12]，则必有不肖之心应之，而不知其然也。苟为不知其然也，孰知其所终！故法言曰：'无迁令[13]，无劝成，过度益也[14]。'迁令劝成殆事，美成在久，恶成不及改，可不慎与！且夫乘物以游心[15]，托不得已以养中[16]，至矣。何作为报也[17]！莫若为致命[18]。此其难者[19]。"

[注释]

[1] 大戒：指人生足以为戒的大法。戒，法。 [2] 命：天性。 [3] 义：一种应然的社会生活的规范。 [4] 靡：通"縻"，维系。 [5] 信之也莫：犹言信之不笃。 [6] 法言：一说为格言。一说作古书名。 [7] 以下三句是说，以巧斗力者，始于明斗，而常终于阴谋。 [8] 以下两句是说，始则诚信，终则鄙恶。谅，见谅，取信之意。鄙，欺诈。 [9] 实丧：犹言得失。 [10] 茀（bó）然：勃然，指怒气勃然发作。 [11] 心厉：读作"厉心"，狠戾之心。 [12] 克核大至：逼迫太甚。 [13] 以下两句是说，不要改变所受的使命，不要强求事情的成功。 [14] 益："溢"的古字，越轨，超限。 [15] 乘物以游心：意即顺任事物的自然而悠游自适。游心，心灵自由活动。 [16] 养中：顺任中虚自然，保养心性。 [17] 何作为报也：何必作意去报效国君呢！ [18] 致命：意指真实无妄地传达君命。 [19] 此其难者：指完成君主的使命是很困难的事。

[点评]

庄子在这里又提出了“养中”“游心”之说。“养中”，为保养心中之气，与“心斋”养气集虚同义。老子、孔子都重视持守中道，但儒道两家观点不同，孔儒的“中道”，指不偏不倚、不走极端的调和态度，庄子的“养中”则顺着老子的“守中”之义而发展，将“中”“虚”用以表述心灵状态。所谓“养中”，即主体通过修养的工夫排除名位的拘锁而使心灵达到空明之境界。“乘物以游心”就是心神顺任外物的变化而遨游，在自由自适的状态下来观照外事，故而“游心”乃是庄子以一种艺术精神而入世的心态。

颜阖将傅卫灵公大子[1]，而问于蘧伯玉曰[2]：“有人于此，其德天杀[3]。与之为无方，则危吾国；与之为有方，则危吾身。其知适足以知人之过，而不知其所以过。若然者，吾奈之何？”蘧伯玉曰：“善哉问乎！戒之，慎之，正女身也哉！形莫若就[4]，心莫若和[5]。虽然，之二者有患。就不欲入[6]，和不欲出[7]。形就而入，且为颠为灭，为崩为蹶。心和而出，且为声为名，为妖为孽[8]。彼且为婴儿，亦与之为婴儿；彼且为无町畦[9]，亦与之为无町畦；彼且为无崖[10]，亦与

庄子主张君臣之间要保持一定的距离和分寸。在劝说君王时外貌亲近，还要把诱导教育他的目的存于内心而不外露，这样彼此才容易沟通。

之为无崖。达之，入于无疵。汝不知夫螳蜋乎？怒其臂以当车辙，不知其不胜任也，是其才之美者也。戒之，慎之！积伐而美者以犯之[11]，几矣[12]。汝不知夫养虎者乎？不敢以生物与之，为其杀之之怒也；不敢以全物与之，为其决之之怒也；时其饥饱，达其怒心。虎之与人异类而媚养己者，顺也；故其杀者[13]，逆也。夫爱马者，以筐盛矢[14]，以蜄盛溺[15]。适有蚉寅仆缘[16]，而拊之不时[17]，则缺衔毁首碎胸[18]。意有所至而爱有所亡，可不慎邪！”

[注释]

[1]颜阖：姓颜，名阖，鲁国的贤人。亦见《达生》《让王》。傅：师傅，老师，这里作动词用。大子：指蒯聩。　[2]蘧伯玉：姓蘧，名瑗，字伯玉，卫国的贤大夫。　[3]其德天杀：天性刻薄。一说天资劣薄。　[4]形莫若就：外貌不如表现亲近之意。　[5]心莫若和：内心不如存着诱导之意。　[6]就不欲入：亲附他不要太过度。　[7]和不欲出：诱导之意不要太明显。　[8]为妖为孽：谓招致灾祸。孽，灾。　[9]町畦（tǐng qí）：皆田区，即界限。　[10]无崖：无拘束。　[11]积伐而美者以犯之：经常夸耀自己的才能去触犯他。积，屡。伐，夸。　[12]几：危殆。　[13]杀：搏杀，指伤人。　[14]矢：同“屎”。　[15]蜄（shèn）：大蛤之器，宝器。　[16]仆缘：附着。仆，附。　[17]拊：拍打。不时：不及

时。 [18] 毁首碎胸：指毁碎口勒与胸上的络罾。

［点评］

庄子在这里提出了中国古代教育史上至为重要的教育方法——“顺”（随顺）“达”（引达）。在教育中必须特别注意两点：第一，要看到人际关系的复杂，正确估计双方力量的对比，不要“螳臂当车”，教育的过程中要克顺其意，因势利导；第二，教育是爱的引导，但爱的不当，爱过了头，结果反而适得其反（“意有所至而爱有所亡”）。

匠石之齐[1]，至于曲辕，见栎社树[2]。其大蔽数千牛，絜之百围[3]，其高临山十仞而后有枝[4]，其可以为舟者旁十数[5]。观者如市，匠伯不顾[6]，遂行不辍。弟子厌观之[7]，走及匠石，曰：“自吾执斧斤以随夫子，未尝见材如此其美也。先生不肯视，行不辍，何邪？”曰：“已矣，勿言之矣！散木也，以为舟则沈，以为棺椁则速腐，以为器则速毁，以为门户则液樠，以为柱则蠹。是不材之木也，无所可用，故能若是之寿。”匠石归，栎社见梦曰：“女将恶乎比予哉？若将比予于文木邪？夫柤梨橘柚，果蓏之属[8]，实熟则剥，剥则辱；大枝折，小枝泄[9]。此以其能苦其生者也，故不终其天年而中道夭，自掊击于世俗者也。物莫不若是。且予求无所可用久矣，几死，乃今得之，为予大用。使予也而有用，且得有此大也邪？且也若与予也皆物也，奈何哉其相物也[10]？而几死之散人，又恶知散木！”匠石觉而诊其梦[11]。弟子曰：“趣取无用[12]，则为社何邪？”曰：“密！若无言！彼亦直寄焉，以为不知己者诟厉也[13]。不为社者，且几有翦乎！且也彼其所保与众异，而以义（誉）[喻]之[14]，不亦远乎！”

[注释]

[1] 匠石：一个名叫石的木匠。之：往。 [2] 栎（lì）社树：把栎树当作社神。 [3] 絜（xié）之百围：用绳子度量粗细。围，两手合抱。 [4] 其高临山十仞而后有枝：树身高达山头，树干七八十尺以上才生枝，形容树的高大。 [5] 旁：旁枝。 [6] 伯：指工匠之长。 [7] 厌观：饱看。 [8] 果蓏（luǒ）之属：果瓜之类。果蓏，树木所结的果实叫果，瓜类等地上蔓生植物的果实叫蓏。 [9] 泄：读作“曳”，牵引。 [10] 奈何哉其相物也：为什么还要拿我去类比文木呢？此句承上文“若将比予于文木邪”而言。 [11] 诊：通“畛”，告。 [12] 趣取：意在求取。 [13] 诟厉：辱骂。 [14] 义喻：从常理来衡量。

［点评］

在动荡的社会里，万般无奈的庄子只有像栎社树求“无用之用”，以保全自己，不愿沦为统治者的工具。智者隐才匿智，含藏锋芒，于荆棘中寻生路，何其艰难，何其苦痛！这种对当权者所采取的不合作态度和叛逆精神，对后代知识分子产生了深远的影响。

商丘树与栎社树异曲同工。

南伯子綦游乎商之丘[1]，见大木焉有异，结驷千乘，隐将芘其所藾[2]。子綦曰："此何木也哉？此必有异材夫！"仰而视其细枝，则拳曲而不可以为栋梁；俯而（见）［视］其大根，则轴解而不可以为棺椁[3]；咶其叶，则口烂而为伤；嗅之，则使人狂酲[4]，三日而不已。子綦曰："此果不材之木也，以至于此其大也。嗟乎神人，以此不材！宋有荆氏者[5]，宜楸柏桑[6]。其拱把而上者[7]，求狙猴之杙者斩之[8]；三围四围，求高名之丽者斩之[9]；七围八围，贵人富商之家求椫傍者斩之[10]。故未终其天年，而中道之夭于斧斤，此材之患也。故解（以）之［以］牛之白颡者与豚之亢鼻者[11]，与人有痔病者不可以适河[12]。此皆巫祝以知之矣，所以为不祥也。此乃神人之所以为大祥也。

[注释]

[1] 南伯子綦：虚拟人物，《齐物论》作“南郭子綦”。商之丘：即今河南商丘。 [2] 隐将：应作“将隐”，误倒。陈碧虚《庄子阙误》引张君房本正作“将隐”。芘：通“庇”，遮蔽。藾（lài）：荫。 [3] 轴解：谓木心分裂。 [4] 狂酲（chéng）：酒醉如狂人。 [5] 荆氏：地名。 [6] 楸（qiū）：落叶乔木，木质细密坚实。 [7] 拱把：两手相握称拱，一手所握称把。 [8] 狙猴：猕猴。杙（yì）：小木桩。 [9] 高名之丽：高名之家，荣华高屋。名，显。一说“大”。丽，同“欐”，屋栋。 [10] 椫（shàn）傍：由整块板做成的棺材。 [11] 解：禳除，即通过向神祈祷、祭祀以解除灾祸。白颡（sǎng）：白额。亢鼻：仰鼻，鼻孔翻上。 [12] 适河：把人或牲畜投入河中祭神。

“支离疏者[1]，颐隐于脐[2]，肩高于顶，会撮指天，五管在上[3]，两髀为胁[4]。挫针治繲[5]，足以糊口；鼓筴播精[6]，足以食十人。上征武士，则支离攘臂而游于其间[7]；上有大役，则支离以有常疾不受功[8]；上与病者粟，则受三钟与十束薪[9]。夫支离其形者，犹足以养其身，终其天年，又况支离其德者乎[10]！”

[**注释**]

[1] 支离疏：寓托的人名。释德清说："支离者，谓隳其形；疏者，谓泯其智也。"比喻忘形去智之人。 [2] 以下三句是说，他的面颊缩在肚脐下，肩膀高过头顶，脑后的发髻朝天。会撮，发髻。 [3] 五管：五脏的穴位。一说五官。 [4] 髀（bì）：股部，大腿骨。胁：胸旁的肋骨。 [5] 挫针治繲（xiè）：缝衣洗衣。繲，脏旧衣服。 [6] 鼓筴播精：用簸箕扬弃米糠而得精米。鼓，簸。筴（cè），小箕。 [7] 攘臂：捋起袖子，伸出胳膊。形容支离疏因残疾而不忧被征兵的神气。 [8] 功：当差。 [9] 钟：六斛四斗为一钟。古时官吏俸禄多以钟计。 [10] 支离其德：德性支离，犹忘德。

[**点评**]

庄子讲述了一个形体支离怪状的人在战乱中免于劳役，得以苟存的故事。其用意是借"形"表"德"，"支离其形"意在"忘形"，"支离其德"意在"忘德"，表达了庄子在传统道德价值之外寻求心灵的自适与自由。

孔子适楚，楚狂接舆游其门曰[1]："凤兮凤兮[2]，何如德之衰也！来世不可待，往世不可追也。天下有道，圣人成焉[3]；天下无道，圣人生焉[4]。方今之时，仅免刑焉。福轻乎羽，莫之知载；祸重乎地，莫之知避。已乎已乎，临人以德！殆乎殆乎，画地而趋！迷阳迷阳[5]，无伤吾行！

荆棘啊，不要伤害我的行程；转个弯走，不要刺伤我的脚胫！悸惧、痛心之余的庄子，仍是不辞艰辛地于荆棘中曲折探寻出路，世虽弃我，我不弃世，体现了中国知识分子坚韧的信念与毅力。

吾行郤曲[6]，无伤吾足！”山木自寇也[7]，膏火自煎也。桂可食[8]，故伐之；漆可用，故割之。人皆知有用之用，而莫知无用之用也。

[注释]

[1] 楚狂接舆：楚国隐士。亦见《逍遥游》。 [2] 凤兮凤兮：以凤鸟讽喻孔子。 [3] 成：成就事业。 [4] 生：保全生命。 [5] 迷阳：即荆棘。 [6] 吾行郤曲：应作“郤曲郤曲”，与上文相应，传写者误重“吾行”而误。郤曲，郄行曲行，意即转弯行走。 [7] 自寇：自取寇伐。 [8] 桂可食：桂树的皮与肉气味芳香，可供调味，桂皮可做药。

[篇末评]

“人间世”，即人世间，人在世间的生活。本篇主旨在描述人际关系的纷争纠结，以及处人与自处之道。庄子淋漓尽致地揭示了人间权势机构的险恶，处于一个权谋狯诈的战乱时代，无辜者横遭杀戮，社会成了人兽化的陷阱，君主任意施威，人命如草芥，祸患累累。面对这样的惨剧，知识分子的社会关怀和价值独立形成强烈的冲突，难以避免悲剧的命运。他们只能在君臣关系中保持距离，藏智匿才，这样才能免于嫉恨陷害。这种处世与自处之道是出于无奈的。

德充符

鲁有兀者王骀[1]，从之游者与仲尼相若[2]。常季问于仲尼曰[3]：“王骀，兀者也，从之游者与夫子中分鲁。立不教，坐不议，虚而往，实而归。固有不言之教，无形而心成者邪[4]？是何人也？”仲尼曰：“夫子，圣人也，丘也直后而未往耳[5]。丘将以为师，而况不若丘者乎！奚假鲁国[6]！丘将引天下而与从之。”常季曰：“彼兀者也，而王先生[7]，其与庸亦远矣[8]。若然者，其用心也独若之何？”仲尼曰：“死生亦大矣，而不得与之变；虽天地覆坠，亦将不与之遗[9]。审乎无假而不与物迁[10]，命物之化而守

道家的理想人物，“立不教，坐不议”，受教者达到“虚而往，实而归”的效果，有潜移默化之功。道家人物能“守宗”“保始”，“游心乎德之和”，因此凭借源自生命深处的精神力量而释放出动人的光彩。

其宗也[11]。”常季曰：“何谓也？”仲尼曰：“自其异者视之，肝胆楚越也；自其同者视之，万物皆一也。夫若然者，且不知耳目之所宜[12]，而游心乎德之和；物视其所一而不见其所丧[13]，视丧其足犹遗土也。”常季曰：“彼为己以其知[14]，得其心以其心。得其常心，物何为最之哉？”仲尼曰：“人莫鉴于流水而鉴于止水，唯止能止众止[15]。受命于地，唯松柏独也在冬夏青青；受命于天，唯舜独也正，幸能正生[16]，以正众生。夫保始之征[17]，不惧之实。勇士一人，雄入于九军[18]。将求名而能自要者，而犹若是，而况官天地[19]，府万物[20]，直寓六骸[21]，象耳目[22]，一知之所知[23]，而心未尝死者乎[24]！彼且择日而登假[25]，人则从是也。彼且何肯以物为事乎！”

[注释]

[1] 兀（wù）：通“介”，断足之人。王骀（tái）：虚拟人物。 [2] 从之游者：跟随他的门徒。相若：相等。 [3] 常季：孔子的弟子。 [4] 无形而心成：指潜移默化之功。 [5] 直：只，特。后：落后。 [6] 奚假：何但，岂止。 [7] 王：通“旺”，

胜。 [8] 庸：常人。 [9] 遗：遗落。 [10] 审：处。无假：无所假借，即无所待。 [11] 命物之化：即顺任事物的变化。守其宗：执守事物的枢纽。 [12] 不知耳目之所宜：指不知耳目宜于声色是非。 [13] 物视其所一而不见其所丧：把万物看成一体，则不感到有什么遗失。 [14] 以下四句的句读应作“以其知得其心，以其心得其常心，物何为最之哉”。用他的智慧去领悟“心”，再根据这个“心”返回到“常心”。常心，原始本然之心，此心无分别、无好恶作用，领悟道的真谛。最，聚集，归依。 [15] 唯止能止众止：唯有静止之物，才能止住一切求静止者。 [16] 正生：即正性，指尧、舜自正性命。 [17] 保始之征：保全本始的征验。保，守。征，信，诺言。 [18] 九军：天子六军加上诸侯三军，合为九军。这里泛指千军万马。 [19] 官：主宰。 [20] 府：包藏万物。 [21] 直寓六骸：把六骸视为旅舍。 [22] 象耳目：把耳目看作是迹象。 [23] 一知之所知：天赋的智慧烛照所知的境域。 [24] 心未尝死者：心中未尝有死生变化的观念。死，丧失。 [25] 择日：指日。登假：升于高远，指达到超尘绝俗的精神世界。假，通“遐”，远，高远。

[点评]

庄子提出了“游心”“常心”的概念，他基于“万物皆一”的观点，在开阔的思想视野下，对宇宙作根源性的探索，超越具体感知而使心灵畅游于宇宙的奇妙的和谐境地。“游心”是一种艺术境界的审美心胸，“常心”是认识论上的探索永恒规律的心思。达到“游心”“常心”境界的人，可以在错综复杂的社会中生存自如，实现一种超凡脱俗的高超境界。

申徒嘉[1]，兀者也，而与郑子产同师于伯昏无人[2]。子产谓申徒嘉曰："我先出则子止，子先出则我止。"其明日，又与合堂同席而坐。子产谓申徒嘉曰："我先出则子止，子先出则我止。今我将出，子可以止乎，其未邪？且子见执政而不违[3]，子齐执政乎？"申徒嘉曰："先生之门，固有执政焉如此哉？子而说子之执政而后人者也[4]？闻之曰：'鉴明则尘垢不止，止则不明也。久与贤人处则无过。'今子之所取大者[5]，先生也，而犹出言若是，不亦过乎！"子产曰："子既若是矣，犹与尧争善，计子之德不足以自反邪？"申徒嘉曰："自状其过以不当亡者众[6]，不状其过以不当存者寡。知不可奈何而安之若命，唯有德者能之。游于羿之彀中[7]。中央者，中地也[8]；然而不中者，命也。人以其全足笑吾不全足者多矣，我怫然而怒[9]；而适先生之所，则废然而反[10]。不知先生之洗我以善邪[11]？吾与夫子游十九年矣，而未尝知吾兀者也。今子与我游于形骸之内[12]，而子索我于形骸之外，不亦过乎！"子产蹴然改容更貌曰[13]："子无乃称[14]！"

［注释］

[1] 申徒嘉：姓申徒，名嘉，郑国贤人。 [2] 伯昏无人："昏"是道家所崇尚的一种人生境界，以"无人"为名，可见是庄子寓托。 [3] 执政：子产为郑国执政大臣，故自称执政。不违：不避。 [4] 后人：看不起人。 [5] 所取大者：谓求广见识，培养德性。取，求。大，指学问德性。 [6] 自状其过以不当亡者众：为自己的过错进行辩解，以为不应当残形的人很多。 [7] 彀（gòu）中：张弓弩射程之内。一说喻刑网。 [8] 中地：箭矢射中的地方，喻在刑网之中。 [9] 怫（fú）然：脸上变色的样子。 [10] 废然而反：怒气全消。 [11] 洗我以善：即以善洗我，指用善道来教导我。洗，犹教育。 [12] 以下两句是说，现在你和我交往于德的修养之中，但你却在形貌上来衡量我。形骸之内，形体之内的精神世界。形骸之外，外貌，指断足之身。 [13] 蹴（cù）然：惊异不安的样子。 [14] 子无乃称：你别再说了。乃称，犹复言。乃，读为"仍"，复，再。

［点评］

在这一节，庄子写出了统治者与知识分子两种完全不同的人格形态与价值取向。申徒嘉与上文的王骀受到当道者的惩罚而成为"兀者"，追求的是内在生命的充实。子产身居要职，所追求的是功名、利禄、权势、尊位，他待同门申徒嘉以貌取人、以势压人，以形式上的"德"来要求别人，正是"游于形骸之内"而"索于形骸之外"。

鲁有兀者叔山无趾[1]，踵见仲尼[2]。仲尼曰："子不谨，前既犯患若是矣。虽今来，何及矣！"无趾曰："吾唯不知务而轻用吾身，吾是以亡足。今吾来也，犹有尊足者存[3]，吾是以务全之也。夫天无不覆，地无不载，吾以夫子为天地，安知夫子之犹若是也！"孔子曰："丘则陋矣。夫子胡不入乎，请讲以所闻！"无趾出。孔子曰："弟子勉之！夫无趾，兀者也，犹务学以复补前行之恶，而况全德之人乎[4]！"无趾语老聃曰："孔丘之于至人，其未邪？彼何宾宾以学子为[5]？彼且蕲以諔诡幻怪之名闻[6]，不知至人之以是为己桎梏邪？"老聃曰："胡不直使彼以死生为一条，以可不可为一贯者，解其桎梏，其可乎？"无趾曰："天刑之[7]，安可解！"

[注释]

[1] 叔山无趾：虚构的人物。叔山是字，遭刖足，脚趾被切断，所以称号为"无趾"。 [2] 踵（zhǒng）见：用脚跟行走去求见。踵，脚后跟。 [3] 犹有尊足者存：还有比脚更尊贵的东西存在。尊足，谓"尊于足者"，犹言贵于足。 [4] 全德：谓道德完美、内德充足。 [5] 彼何宾宾以学子为：他为什么经常来请您指教呢？宾宾，犹频频、缤缤。以，而。学子，学于子。 [6] 蕲：求。諔（chù）

诡幻怪：奇异怪诞。 [7] 以下两句是说，这是天然加给他的刑罚，怎么可以解除呢？天刑之，天然刑罚，指孔子天生根器如此。

［点评］

叔山无趾认为孔子的道德说教不符合人的自然天性，老子则更深刻地指出孔子这样是由于没有广阔的视野，不懂得顺乎自然的道理。从道家的观点来看，儒家对问题不能作整体观，不能从多面性、多元性去观察，只知一味地以礼仪规范的条条框框束缚自己。这种不同的着眼点，造成了儒道两家截然对立的价值观。

鲁哀公问于仲尼曰：“卫有恶人焉[1]，曰哀骀它[2]。丈夫与之处者，思而不能去也。妇人见之，请于父母曰‘与为人妻宁为夫子妾’者，十数而未止也。未尝有闻其唱者也，常和人而已矣。无君人之位以济乎人之死[3]，无聚禄以望人之腹。又以恶骇天下，和而不唱，知不出乎四域[4]，且而雌雄合乎前[5]。是必有异乎人者也。寡人召而观之，果以恶骇天下。与寡人处，不至以月数，而寡人有意乎其为人也；不至乎期年，而寡人信之。国无宰，寡人传国焉。闷然而后应，氾（而）若辞[6]。寡人丑乎[7]，卒授之国。无几何也，去

庄子写形体丑，是为了强调心灵的美。内在生命充实圆满的人，外形如何是无关紧要的。哪怕“恶骇天下”，也不会妨害其德行之美，这就叫作“德有所长而形有所忘”。

寡人而行，寡人卹焉若有亡也[8]，若无与乐是国也[9]。是何人者也？”

[注释]

[1] 恶人：指形貌丑陋的人。 [2] 哀骀它：虚构的人名。哀骀，形容貌丑。 [3] 以下两句是说，他没有权位去救济别人的灾难，没有钱财去养饱别人的肚子。望，如月望，饱满的样子。 [4] 不出乎四域：不超出人世。 [5] 雌雄：指男女。 [6] 氾：漫不经心的样子。 [7] 寡人丑乎：喻鲁哀公感自愧不如。丑，惭愧。 [8] 卹（xù）焉：忧闷的样子。 [9] 若无与乐是国也：即“是国若无与乐也”，好像国中再也没人与我共欢乐似的。是，此，指鲁国。

仲尼曰：“丘也尝使于楚矣，适见㹠子食于其死母者[1]，少焉眴若皆弃之而走[2]。不见己焉尔，不得类焉尔[3]。所爱其母者，非爱其形也，爱使其形者也[4]。战而死者[5]，其人之葬也不以翣资；刖者之屦[6]，无为爱之；皆无其本矣。为天子之诸御[7]，不爪翦[8]，不穿耳；取妻者止于外，不得复使。形全犹足以为尔，而况全德之人乎！今哀骀它未言而信，无功而亲，使人授己国，唯恐其不受也，是必才全而德不形者也[9]。”

[注释]

[1] 豘（tún）子：小猪。 [2] 眴（shùn）若：惊慌的样子。 [3] 不得类焉尔：不同一类，意指不像活着的样子。 [4] 使其形：主宰它的形体，指精神。 [5] 以下两句是说，在战场埋葬死者无棺，则不用棺饰送葬。翣（shà），古时棺材上的饰物，形如扉。资，送，给。 [6] 以下两句是说，刖者无足，无须爱屦。刖（yuè），古代砍足的刑罚。屦（jù），鞋。 [7] 诸御：宫女。 [8] 不爪翦：不剪指甲。翦，同“剪”。 [9] 才全：才质完备。德不形：内德不外露。

哀公曰：“何谓才全？”仲尼曰：“死生存亡，穷达贫富，贤与不肖毁誉，饥渴寒暑，是事之变，命之行也[1]；日夜相代乎前，而知不能规乎其始者也[2]。故不足以滑和[3]，不可入于灵府[4]。使之和豫[5]，通而不失于兑[6]；使日夜无郤而与物为春[7]，是接而生时于心者也。是之谓才全。”“何谓德不形？”曰：“平者，水停之盛也[8]。其可以为法也，内保之而外不荡也。德者，成和之修也[9]。德不形者，物不能离也。”哀公异日以告闵子曰[10]：“始也吾以南面而君天下，执民之纪而忧其死，吾自以为至通矣[11]。今吾闻至人之言，恐吾无其实，轻用吾身而亡其国。吾与

“德者，成和之修也”，正是说“德”的最高境界就是达到人与自然、人与人的和谐修养的境界，这是呼应首章“游心乎德之和”而提出的。“内保之而外不荡也”，着重强调对内在生命充实圆满的追求，而不看重外在的表现形式，这种最完美的“德”是《德充符》的主旨，也是道家所崇尚的人格形象。

孔丘，非君臣也，德友而已矣。”

[**注释**]

[1] 命：天命，自然。 [2] 知：同“智”。规：读作“揆”，揆度。 [3] 滑和：扰乱本性的平和。滑，乱。 [4] 灵府：指心灵。 [5] 和：和柔之性。豫：安适。 [6] 通：通畅。兑：悦。 [7] 日夜无郤：日夜都不间断，意指经常保持愉悦的心情。与物为春：与万物同游于春和之中，谓万物欣欣向荣之意。 [8] 盛：至，极。 [9] 成和之修：完满纯和的修养。 [10] 闵子：孔子弟子，姓闵，名损，字子骞。 [11] 至通：非常通达，指明于治道。

[**点评**]

“才全而德不形”说到才性的保全和德的不外露，关键处还在于心的修养。人生的旅程中，总会遭遇到种种的变故和价值的纠结（比如生死存亡、穷达富贵、贤愚毁誉、饥渴寒暑），这都是事物的变化、运命的流行。生命中的种种际遇，有的纠结，可以经由主观的努力而获得改善；有的变故，则人力所无可奈何！最重要的还在于不能让它们扰乱自己平和的心境。

有关“才全”的谈话，有两个论点值得我们留意：其一是它有关“才”的议题的出现，其二是“灵府”的审美意趣。“才全”是讨论如何保全才性或才质的问题。“才”是战国诸子争鸣的一个议题，由才性的议题也可以看孟子和庄子的思路的异同。孟子所说“才”和“心”都属伦理性概念，而庄子此处言“才”归结到“心”则赋予审美意蕴。

“灵府”是庄子为了言及心的作用而创造的一个新的概念，庄子进而阐述了“灵府”的审美意趣——“使之和豫，通而不失于兑”，是谈审美主体或艺术创作主体首先要培养心灵的安然自在，有如《田子方》一则寓言写画家“解衣盘礴”所表露出艺术家的神采，宋代画论家郭熙说：“庄子说画史解衣般礴，此真得画家之法。人须养得胸中宽快，意思悦适。”（《画意》）艺术创作者“养得胸中宽快，意思悦适”，正是“使之和豫，通而不失于兑”的另一表述。

庄子笔下，常巧妙地把自然界拟人化，将自然界作为人的情感的对象化来反映；在庄子的世界里，人的情意与大自然联为一体，因而心神活动常反映出大自然的节奏，就像郭熙所说“春山烟云连绵，人欣欣；夏山嘉木繁阴，人坦坦”（《山水训》）。庄子所谓“喜怒通四时”，正是此意。

闉跂支离无脤说卫灵公[1]，灵公说之[2]；而视全人，其脰肩肩[3]。甕㼜大瘿说齐桓公[4]，桓公说之；而视全人，其脰肩肩。故德有所长而形有所忘，人不忘其所忘而忘其所不忘，此谓诚忘。故圣人有所游，而知为孽[5]，约为胶，德为接[6]，工为商[7]。圣人不谋，恶用知？不斲[8]，恶用胶？无丧，恶用德？不货，恶用商？四者，天鬻也[9]。

天鬻者，天食也[10]。既受食于天，又恶用人！有人之形，无人之情。有人之形，故群于人，无人之情，故是非不得于身。眇乎小哉[11]，所以属于人也！謷乎大哉，独成其天！

庄子对人之形与人之情的区分，说明人的精神可以作用于人的形体，使人在社会性的存在中保持个体的独立性。

［注释］

[1] 闉（yīn）跂支离无脤（chún）：虚拟人物。曲足、伛背、无唇，形容形残貌丑之人。说（shuì）：游说。 [2] 说之：喜欢他。说，同“悦”。 [3] 脰（dòu）：颈项。肩肩：形容细小的样子。 [4] 瓮盎大瘿：形容颈瘤如盆。 [5] 以下两句是说，以智巧为灾孽，以约束为胶漆。 [6] 德为接：以施惠为交接手段。德，小惠施人。接，交接。 [7] 工为商：工巧是商贾的行为。工，工巧。商，商贾的行为。 [8] 斵（zhuó）：同“斫”，砍削。 [9] 天鬻（yù）：大自然的养育。 [10] 天食：受自然的饲食。 [11] 以下四句是说，渺小啊，与人同类！伟大啊，和自然同体。謷（áo）乎，高大的样子。

惠子谓庄子曰：“人故无情乎？”庄子曰：“然。”惠子曰：“人而无情，何以谓之人？”庄子曰：“道与之貌，天与之形，恶得不谓之人？”惠子曰：“既谓之人，恶得无情？”庄子曰：“是非吾所谓情也。吾所谓无情者，言人之不以好恶内伤其身，常因自然而不益生也。”惠子曰：“不益生，何以有其身？”庄子曰：“道与之貌，天与之形，无以好恶内伤其身。今子外乎子之神，劳乎子之精，倚树而吟，据槁梧而瞑[1]。天选子之形[2]，子以坚白鸣[3]！”

[注释]

[1] 槁梧：枯槁的梧桐树。瞑：古“眠”字，睡眠。 [2] 天选：天授。 [3] 坚白鸣：即惠施提倡离坚白的观点，“坚白”之说见于《齐物论》，是战国时名家的著名论题。

[点评]

这一段庄子与惠子的讨论是承接上文“有人之形”“无人之情”而来。庄子“无情”的真正含义是不委情肆欲，不劳神焦思以至于斫伤性命、涂灭灵性。对外界的一切人事变化不加介意，放松自我，不作人为的增益，而是尽力净化人的情感和心灵。只有这种有德而无情的人，才能真正体悟到天地之大美，才能与天地并生，与万物为一。

[篇末评]

本篇塑造了六个特型人物，反复说明形残貌丑不足以影响道德纯美的价值。借许多残畸之人德行充足的验证，旨在破除外形残全的观念，重视生命内在价值的提升。“德充符”就是道德充实的体现，这里的“德”不同于儒家所讲的限于特定人伦关系的行为规范，而是由人际关系扩展到人与自然的关系，将人置于广大的宇宙自然之中，以体现宇宙的规律性、无限性以及人与自然之间的不可分割的整体性。这些外表丑怪的形象，在庄子笔下显现出美的光辉，他们不自废自弃，不让萎缩的残体侵蚀充实的心智，追求形体之外的更高价值，重视整体的人格生命，在崇高的生命中自然流露出一种吸引人的精神力量。

大宗师

知天之所为，知人之所为者，至矣。知天之所为者[1]，天而生也；知人之所为者，以其知之所知以养其知之所不知[2]，终其天年而不中道夭者，是知之盛也。虽然[3]，有患。夫知有所待而后当，其所待者特未定也[4]。庸讵知吾所谓天之非人乎[5]？所谓人之非天乎？

认识自然与人为的分际，以自己所具有的自然与人间的知识，对生命做出妥善的安排。

［注释］

[1] 以下两句是说，自然知道天的所为，是顺着自然而生的。 [2] 知之所知：智力所知道的。知之所不知：智力所不知道的，指一般智力所难知的自然深层次的规律及生死变化的道理。 [3] 以下两句是说，这种观点还有困难或还有问题。 [4] 所待：所待的对象。一说具备条件。 [5] 以下两句是说，怎么知道

我所说的天道自然不是属于人为呢？所谓的人为不是属于天道自然呢？

且有真人而后有真知。何谓真人？古之真人，不逆寡，不雄成，不谟士[1]。若然者，过而弗悔，当而不自得也。若然者，登高不慄，入水不濡，入火不热。是知之能登假于道者也若此[2]。古之真人，其寝不梦，其觉无忧，其食不甘，其息深深。真人之息以踵，众人之息以喉。屈服者，其嗌言若哇[3]。其耆欲深者[4]，其天机浅[5]。古之真人，不知说生[6]，不知恶死；其出不䜣[7]，其入不距[8]；翛然而往[9]，翛然而来而已矣。不忘其所始，不求其所终；受而喜之[10]，忘而复之，是之谓不以心捐道[11]，不以人助天。是之谓真人。若然者，其心志[12]，其容寂，其颡頯[13]；凄然似秋，煖然似春，喜怒通四时，与物有宜而莫知其极[14]。

真人能与外物和四时相共情，与天地、万物相共在。

[注释]

[1] 谟士：“谋事”的同音借字。 [2] 登假：登至。 [3] 其嗌（ài）言若哇：谓言语吞吐，喉头好像受到阻碍一般。 [4] 耆：同“嗜”。 [5] 天机：天然的根器。 [6] 说：同“悦”。 [7] 䜣：

古“欣”字。[8] 距：同“拒”。[9] 翛（xiāo）然：无拘束的样子。[10] 以下两句是说，接受自然赋予的生命而欣然自得，忘却生死的变化而复归于自然。之，指自然。[11] 捐：多认为应是“损”字的坏字，读本字亦通。[12] 志：褚伯秀、林云铭等诸家以为当作“忘”。[13] 頯（kuí）：淳厚质朴的样子。[14] 极：指痕迹。

［点评］

“真知”是主体透过他对宇宙、人生的深刻体验后所表现出来的，只有具备开放的心灵、开阔的视野、超脱的心胸的“真人”才能具备这种主体性之知，了解万物流转的真相。庄子对“真人”的描述对历代修道者产生了极大的启发。

故圣人之用兵也，亡国而不失人心；利泽施乎万世，不为爱人。故乐通物，非圣人也；有亲，非仁也；天时，非贤也；利害不通，非君子也；行名失己，非士也；亡身不真，非役人也[1]。若狐不偕、务光、伯夷、叔齐、箕子、胥余、纪他、申徒狄[2]，是役人之役，适人之适[3]，而不自适其适者也。

［注释］

[1] 役：役使、驱遣。[2] 狐不偕、务光、伯夷、叔齐、箕子、

胥余、纪他、申徒狄：皆人名，传说中远古时代的贤人。狐不偕不愿接受尧让天下，投河而死。务光，汤让天下而不受，负石沉水。伯夷、叔齐隐于首阳山，不食周粟而死。箕子为躲避纣的迫害而佯狂。胥余忠谏不从，抉眼而死。纪他，听说汤让天下于务光，恐及于己，陷水而死。申徒狄听说后也投河。 [3] 适人之适：使别人安适。 本段是别处错入，应删去。闻一多认为这段文字与上下词指不类，疑系错简。

古之真人，其状义而不朋[1]，若不足而不承；与乎其觚而不坚也[2]，张乎其虚而不华也；邴邴乎其似喜乎[3]！崔乎其不得已乎[4]！滀乎进我色也[5]，与乎止我德也[6]；厉乎其似世乎[7]！謷乎其未可制也[8]；连乎其似好闭也[9]，悗乎忘其言也[10]。以刑为体[11]，以礼为翼，以知为时，以德为循。以刑为体者，绰乎其杀也；以礼为翼者，所以行于世也；以知为时者，不得已于事也；以德为循者，言其与有足者至于丘也；而人真以为勤行者也。故其好之也一[12]，其弗好之也一。其一也一[13]，其不一也一。其一与天为徒，其不一与人为徒。天与人不相胜也，是之谓真人。

[注释]

[1] 义而不朋：巍峨而不畏缩。 [2] 与乎：容与，从容闲舒的样子。觚（gū）：特立不群。坚：固执。 [3] 邴（bǐng）邴乎其似喜乎：谓真人之精神开朗，似有喜色。 [4] 崔乎其不得已乎：意思是说举动出于不得已。 [5] 滀（chù）乎进我色也：形容内心充实而面色可亲。 [6] 与乎止我德也：宽厚的德行，令人归依。 [7] 厉乎其似世乎：谓真人精神之广，如世界之广。厉，严厉、严肃的意思。崔本作“广”。 [8] 謷乎其未可制也：高迈傲放而不可制止。 [9] 连乎：形容沉默不语。 [10] 悗（mèn）乎忘其言也：形容无心而忘言。 [11]“以刑为体”至“而人真以为勤行者也”，主张“以刑为体，以礼为翼”，其思想与庄子极不相类，亦与《大宗师》主旨相违。 [12] 以下两句是说，天和人是合而为一的，无论人们的喜好或者不喜好，他们都是合而为一的。 [13] 以下两句是说，无论人们认为天和人事合一或不合一，他们都是合而为一的。

[点评]

庄子描写的“真人”实现了“天人合一”的崇高人生境界。在这段话的最后庄子指出“天与人不相胜也”，首次提出了“天人合一”的概念，这是中国哲学史上很独特的一个命题。天与人是一个整体，人可以突破自我形体的拘限，与他人、他物相感通，人的精神空间可以无限地扩张，和外在宇宙产生同一感、和谐感。

死生，命也[1]，其有夜旦之常，天也[2]。人之有所不得与[3]，皆物之情也。彼特以天为父[4]，在庄子看来，生死如同昼夜，其变化是不以人的意志为转移的。面对沧桑之变的生死来归，庄子提出两个观点——“忘”和“化”。“忘”是与外界适然融合而无心，“化”是参与大化流行而安于所化，这种“生死一如”的坦然心境是心灵活动达到的最高境界。

而身犹爱之，而况其卓乎[5]！人特以有君为愈乎己，而身犹死之，而况其真乎[6]！泉涸，鱼相与处于陆，相呴以湿[7]，相濡以沫[8]，不如相忘于江湖。与其誉尧而非桀也，不如两忘而化其道[9]。夫大块载我以形[10]，劳我以生，佚我以老，息我以死。故善吾生者[11]，乃所以善吾死也。夫藏舟于壑，藏山于泽[12]，谓之固矣[13]。然而夜半有力者负之而走[14]，昧者不知也[15]。藏小大有宜[16]，犹有所遯[17]。若夫藏天下于天下而不得所遯，是恒物之大情也[18]。特犯人之形而犹喜之[19]。若人之形者，万化而未始有极也，其为乐可胜计邪！故圣人将游于物之所不得遯而皆存。善妖善老[20]，善始善终，人犹效之，又况万物之所系，而一化之所待乎[21]！

[注释]

[1] 命：自然而不可免者。 [2] 天：自然的规律。 [3] 与：参与，干预。 [4] 彼：人。特：独，仅。 [5] 卓：独化卓越，指道。 [6] 真：真宰，指道。 [7] 呴（xū）：嘘吸。 [8] 濡（rú）：湿润。 [9] 化其道：同化于大道。 [10] 大块：大地，泛指天地。载我以形：倒装句，读为“以形载我”，“劳我以生”以下三句句法同此。载，托载，寄托。 [11] 善吾生：把我的出生视为

善事。[12]山：一说当作“汕”，渔网。[13]固：牢靠。[14]夜半：半夜，引申为不知不觉的意思。[15]昧者：愚昧的人。一说“昧”通“寐”，睡。[16]藏小大：藏小于大。[17]遯：同“遁”，亡失。[18]恒物之大情：万物普遍的至理，指天地万物与道混而为一，不去区分。[19]犯：通“范”，铸造。一说“犯”，犹遇也，遭也。[20]妖：通“夭”，少，指生命短。[21]所系、所待：皆指道。系，从属，系属。待，依赖。一化：一切变化，大化。

［点评］

“相濡以沫”“相忘于江湖”，如今都已成为家喻户晓的成语。在这段论说中，庄子起笔就呈现一个自然灾变的景象：泉水干涸，池塘枯竭，鱼儿一起困处在陆地上，相互嘘吸湿气。庄子借鱼来描绘人间的困顿以及困境中相互救助的情景。然而“相濡以沫”之处困，毕竟还不如彼此“相忘于江湖”，人间的道理和自然界的法则是相通的。所以说与其是非相争、互不相让，倒不如用大道来化除彼此的争执对立。

夫道[1]，有情有信，无为无形；可传而不可受[2]，可得而不可见；自本自根，未有天地，自古以固存；神鬼神帝[3]，生天生地；在太极之先而不为高[4]，在六极之下而不为深，先天地生而不为久[5]，长于上古而不为老。狶韦氏得之[6]，以挈天地[7]；伏戏氏得之，以袭气母[8]；维斗得之[9]，终古不忒[10]；日月得之，终古不息；堪坏得之[11]，以袭昆仑；冯夷得之[12]，以游大川；肩吾得之[13]，以处大山；黄帝得之[14]，以登云天；颛顼得之[15]，以处玄宫；禺强得之[16]，立乎北极；西王母得之[17]，坐乎少广，莫知其始，莫知其终；彭祖得之，上及有虞，下及五伯[18]；傅说得之[19]，以相武丁，奄有天下[20]，乘东维[21]，骑箕尾[22]，而比于列星。

[**注释**]

[1] 以下两句是说，道是真实有信验的。 [2] 以下两句是说，道可以心传而不可以口授，可以心得而不可目见。 [3] 神鬼神帝：生鬼生帝。神，生，引出。 [4] 以下两句是说，道弥宇内，无所不在。太极，指天地未形成以前，阴阳未分的那股元气，这里当指天。六极，即六合。 [5] 以下两句是说，道贯古今，无时不在（陈启天说）。 [6] 狶（xī）韦氏：传说中的远古时代的帝王。 [7] 挈（qiè）：提挈，含有统领、驾驭的含意。以下至“而比于列星”这段话疑为后人添加。 [8] 袭：合。气母：元气之母。 [9] 维斗：北斗星。 [10] 忒（tè）：差错。 [11] 堪坏：传说中人面兽身的昆仑山神。 [12] 冯夷：传说中的河神。 [13] 肩吾：传说中的泰山之神。 [14] 黄帝：即轩辕氏，传说中的古代帝王，中原各族的始祖。 [15] 颛顼（zhuān xū）：黄帝之孙，即帝高阳。颛顼又称玄帝，即北方之帝，玄为黑色，为北方之色，所以下句说“处玄宫”。 [16] 禺强：传说中人面鸟身的北海之

神。[17]西王母：古代神话中的女神，居于少广山。[18]五伯：指夏伯昆吾，殷伯大彭、豕韦，周伯齐桓、晋文。[19]傅说（yuè）：殷商时代的贤才，辅佐高宗武丁，成为武丁的相。传说傅说死后成了星精，故下句有“乘东维，骑箕尾”之说。[20]奄：覆盖、包括。[21]东维：星名，在箕星、尾星之间。[22]箕、尾：星名，为二十八宿中的两个星座。

南伯子葵问乎女偊曰[1]：“子之年长矣，而色若（孺）[孺]子[2]，何也？”曰：“吾闻道矣。”南伯子葵曰：“道可得学邪？”曰：“恶！恶可！子非其人也。夫卜梁倚有圣人之才而无圣人之道[3]，我有圣人之道而无圣人之才，吾欲以教之，庶几其果为圣人乎！不然，以圣人之道告圣人之才，亦易矣。吾犹守而告之[4]，参日而后能外天下[5]；已外天下矣，吾又守之，七日而后能外物[6]；已外物矣，吾又守之，九日而后能外生[7]；已外生矣，而后能朝彻[8]；朝彻，而后能见独[9]；见独，而后能无古今；无古今，而后能入于不死不生。杀生者不死，生生者不生[10]。其为物[11]，无不将也，无不迎也；无不毁也，无不成也。其名为撄宁[12]。撄宁也者，撄而后成者也。”南

“外天下”“外物”“外生”，用丹麦哲学家祁克果的话说就是“无限的舍弃”，世间许多东西，不必执着，不必介怀，使心灵从俗情杂念的团团围困中透脱出来。

伯子葵曰："子独恶乎闻之？"曰："闻诸副墨之子[13]，副墨之子闻诸洛诵之孙[14]，洛诵之孙闻之瞻明[15]，瞻明闻之聂许[16]，聂许闻之需役[17]，需役闻之於讴[18]，於讴闻之玄冥[19]，玄冥闻之参寥[20]，参寥闻之疑始[21]。"

[注释]

[1] 南伯子葵：庄子虚构的人物，"伯"是尊称。《齐物论》有南郭子綦，《人间世》有南伯子綦。女偊（yǔ）：寓托的得道之士。 [2] 孺子：孩童。 [3] 卜梁倚：虚构的人物。卜梁，姬姓。 [4] 守：修守，修持。 [5] 外天下：忘掉天下。外，遗忘。 [6] 外物：指忘事。 [7] 外生：指忘身、忘我。 [8] 朝彻：形容心境清明洞彻。 [9] 见独：洞见独立无待的道。 [10] 杀生者、生生者：都是指大道，大道本身就是不生不死的。 [11] 以下五句是说，作为万物主宰者的道，无时不在送走什么，无时不在迎来什么；无时不在毁灭什么，无时不在成就什么。指就整体宇宙而言，万物无时不在生成往来的变化运动当中。将，送。 [12] 撄（yīng）宁：扰乱中保持安宁。撄，扰动。 [13] 闻诸副墨之子：意为闻道于文字之流传。 [14] 洛诵：指诵读的意思。洛，"络"，同音借字。 [15] 瞻明：指见解洞彻。瞻，见。 [16] 聂许：目聂而心许。 [17] 需役：践行，实践。需，须。役，行。 [18] 於讴（ōu）：咏叹歌吟。 [19] 玄冥：深远幽寂。 [20] 参寥：空旷。 [21] 疑始：迷茫之始。

［点评］

《庄子》言“虚”既有涤除贪欲与成见的意涵，但更重要的是强调主体心境的灵动涵容的积极作用。《庄子》用“天府”“灵府”来形容“虚”心，前者形容心灵涵量广大；后者如清周济所说的“空则灵气往来”（《周济词集辑校》），形容心灵生机蓬勃。《庄子》内篇言“虚”不言“静”，但“坐忘”之坐姿已含静定工夫。犹如本段另一词语——“撄宁”，即在万物纷繁变化的烦扰中保持内心的安宁。

子祀子舆子犁子来四人相与语曰[1]：“孰能以无为首，以生为脊，以死为尻[2]，孰知死生存亡之一体者，吾与之友矣！”四人相视而笑，莫逆于心[3]，遂相与为友。俄而子舆有病，子祀往问之。曰：“伟哉夫造物者[4]，将以予为此拘拘也[5]！曲偻发背[6]，上有五管，颐隐于齐，肩高于顶，句赘指天。”阴阳之气有沴[7]，其心闲而无事，跰䠯而鉴于井[8]，曰：“嗟乎！夫造物者又将以予为此拘拘也！”子祀曰：“女恶之乎？”曰：“亡，予何恶！浸假而化予之左臂以为鸡[9]，予因以求时夜；浸假而化予之右臂以为弹，予因以求鸮炙[10]；浸假而化予之尻以为轮，以神为马，

子祀、子舆、子犁、子来四人莫逆之交，对生命有共同的领会——“死生存亡之一体”。庄子提倡以“安时而处顺”的态度来看待生死存亡的变化，人的得生乃是适时，死去乃是顺应，超越生死，这是体道的终极意义。

予因以乘之，岂更驾哉！且夫得者，时也，失者，顺也；安时而处顺，哀乐不能入也。此古之所谓县解也[11]，而不能自解者，物有结之[12]。且夫物不胜天久矣，吾又何恶焉！”俄而子来有病，喘喘然将死，其妻子环而泣之。子犁往问之，曰：“叱！避！无怛化[13]！”倚其户与之语曰：“伟哉造化！又将奚以汝为[14]，将奚以汝适[15]？以汝为鼠肝乎？以汝为虫臂乎？”子来曰：“父母于子[16]，东西南北，唯命之从。阴阳于人，不翅于父母[17]；彼近吾死而我不听[18]，我则悍矣，彼何罪焉！夫大块载我以形，劳我以生，佚我以老，息我以死。故善吾生者，乃所以善吾死也。今（之）大冶铸金[19]，金踊跃曰‘我且必为镆铘[20]’，大冶必以为不祥之金。今一犯人之形[21]，而曰‘人耳人耳’，夫造化者必以为不祥之人。今一以天地为大炉，以造化为大冶，恶乎往而不可哉！”成然寐[22]，蘧然觉[23]。

［注释］

[1] 子祀、子舆、子犁、子来：皆为虚构的人物。相与语：相互交谈。 [2] 尻（kāo）：脊椎骨末端，取尾、终之意。 [3] 莫

逆于心：心意相通，内心相契。 [4] 造物者：指“道”。 [5] 拘拘：形容曲屈不伸的样子。 [6] 以下五句话形容子舆腰弯背驼，五脏的穴位冲上，面颊缩在肚脐下，肩膀高过头顶，发髻朝天。曲偻（lóu）发背，形容弯腰驼背。颐隐于齐，面颊藏在肚脐下。齐，古“脐”字。句赘，发髻。 [7] 沴（lì）：天地四时之气反常引起伤害和破坏。 [8] 跰𨇤（pián xiān）：走路蹒跚的样子。 [9] 浸假：假使。 [10] 鸮炙：亦见《齐物论》。 [11] 县解：解其倒悬。 [12] 物有结之：指被阴阳之气所束缚。物，指阴阳二气。 [13] 无怛（dá）化：无须惊恐于生死的变化。怛，惊动。 [14] 又将奚以汝为：又将要把你变成何物。奚，何。 [15] 将奚以汝适：将要把你送到何处。适，往。 [16] 父母于子：即“子于父母”的倒装句。下“阴阳于人”也是倒装句。 [17] 不翅：不啻，不止。 [18] 彼：指阴阳、造化。近：迫，使。 [19] 大冶：冶金工匠，喻造化。 [20] 镆铘：也写作“莫邪”，良剑名。 [21] 今一犯人之形：现在造化者刚开始范铸人的形体。犯，通“范”，铸造。 [22] 成然寐：酣睡。 [23] 蘧然：自适的样子。

子桑户孟子反子琴张三人相与友[1]，曰：“孰能相与于无相与[2]，相为于无相为？孰能登天游雾[3]，挠挑无极[4]；相忘以生，无所终穷？”三人相视而笑，莫逆于心，遂相与为友。莫然有间而子桑户死[5]，未葬。孔子闻之，使子贡往侍事焉[6]。或编曲，或鼓琴，相和而歌曰：“嗟来桑户乎[7]！嗟来桑户乎！而已反其真[8]，而我

“游乎天地之一气”的“气”指的是“道”的原质。《知北游》篇说“通天下一气耳”，人的生死是“气”的聚散，既不必悦生，也不必惧死，悠哉游哉而来，逍遥自在而去。

犹为人猗[9]！”子贡趋而进曰[10]：“敢问临尸而歌，礼乎？”二人相视而笑曰：“是恶知礼意！”子贡反，以告孔子，曰：“彼何人者邪？修行无有，而外其形骸，临尸而歌，颜色不变[11]，无以命之[12]。彼何人者邪？”孔子曰：“彼，游方之外者也[13]；而丘，游方之内者也。外内不相及，而丘使女往吊之，丘则陋矣。彼方且与造物者为人[14]，而游乎天地之一气[15]。彼以生为附赘县疣[16]，以死为决疣溃痈[17]，夫若然者，又恶知死生先后之所在！假于异物[18]，托于同体；忘其肝胆，遗其耳目；反复终始，不知端倪；芒然彷徨乎尘垢之外，逍遥乎无为之业。彼又恶能愦愦然为世俗之礼[19]，以观众人之耳目哉[20]！”子贡曰：“然则夫子何方之依？”孔子曰：“丘，天之戮民也。虽然，吾与汝共之。”子贡曰：“敢问其方。”孔子曰：“鱼相造乎水，人相造乎道。相造乎水者，穿池而养给；相造乎道者，无事而生定[21]。故曰，鱼相忘乎江湖，人相忘乎道术[22]。”子贡曰：“敢问畸人[23]。”曰：“畸人者，畸于人而侔于天[24]。故曰，天之小人，人之君子；人之君子，天之小人也。”

［注释］

[1] 子桑户、孟子反、子琴张：方外之士，三人均为寓言人物。相与友：相交为朋友。 [2] 以下两句是形容相交而出于自然，相助而不着形迹。 [3] 登天游雾：形容精神超然物外。 [4] 挠挑无极：跳跃于无极。 [5] 莫然有间：谓三人寂漠无言而有顷也。 [6] 侍事：帮助料理丧事。 [7] 嗟来：嗟乎，感叹之声。 [8] 而已反其真：谓你已返归自然。 [9] 我犹为人猗（yī）：我们还是做凡人的事。 [10] 趋：快步走。 [11] 颜色：面色。 [12] 无以命之：无以名之。命，名，称，形容。 [13] 方之外：方域之外，形容超脱礼教之外，不受礼教的束缚。 [14] 为人：犹为偶，为友。 [15] 天地之一气：指万物之初的原始混沌状态，亦即大道的浑一状态。 [16] 附赘：附生的多余的肉疖。县疣（yóu）：悬生的肉瘤。 [17] 疣（huàn）：痈疽一类的恶疮。痈（yōng）：毒疮。 [18] 以下两句是说，借着不同的原质，聚合而成一个形体。 [19] 愦（kuì）愦然：烦乱的样子。 [20] 观：示，炫耀。 [21] 生定：性分静定而安乐。生，通“性”。 [22] 道术：大道的修养，大道。 [23] 畸人：奇异之人，不合于俗的人。 [24] 侔：顺合。

颜回问仲尼曰：“孟孙才[1]，其母死，哭泣无涕，中心不戚，居丧不哀[2]。无是三者，以善处丧盖鲁国[3]。固有无其实而得其名者乎？回壹怪之[4]。”仲尼曰：“夫孟孙氏尽之矣，进于知矣[5]。唯简之而不得[6]，夫已有所简矣。孟孙氏不知所以生，不知所以死；不知就先，不知就后[7]；若化为物，以待其所不知之化已乎[8]！且方将化，恶知不化哉？方将不化，恶知已化哉？吾特与汝，其梦未始觉者邪！且彼有骇形而无损心，有旦宅而无情死[9]。孟孙氏特觉[10]，人哭亦哭，是自其所以乃[11]。且也相与吾之耳矣，庸讵知吾所谓吾之乎？且汝梦为鸟而厉乎天[12]，梦为鱼而没于渊。不识今之言者，其觉者乎，其梦者乎？造适不及笑[13]，献笑不及排[14]，安排而去化[15]，乃入于寥天一[16]。”

[注释]

[1] 孟孙才：姓孟孙，名才，鲁国人。 [2] 居丧：守丧期间。 [3] 盖：覆盖。 [4] 壹：语助词，表强调。 [5] 进于知：超过知道服丧礼仪的人。进，胜过。 [6] 唯：想。简之：简化繁琐的服丧礼仪。之，指丧礼。 [7] 先、后：均针对生死而言，指生前死后。 [8] 以待其所不知之化已乎：以应付那不可知的变化。 [9] 旦宅：取身形的变化之意。 [10] 特觉：独觉。 [11] 是自其所以乃：这就是他所以这个样子的缘故。 [12] 厉：到达。 [13] 造适不及笑：形容内心达到最适意的境界。 [14] 献笑不及排：形容内心适意自得而露出笑容。 [15] 安排而去化：任听自然的安排而顺任变化。 [16] 寥天：指寂寥虚空的天道。一：混为一体。

意而子见许由[1]。许由曰："尧何以资汝[2]？"意而子曰："尧谓我：'汝必躬服仁义而明言是非[3]。'"许由曰："而奚来为轵[4]？夫尧既已黥汝以仁义[5]，而劓汝以是非矣[6]，汝将何以游夫遥荡恣睢转徙之涂乎[7]？"意而子曰："虽然，吾愿游于其藩[8]。"许由曰："不然。夫盲者无以与乎眉目颜色之好，瞽者无以与乎青黄黼黻之观[9]。"意而子曰："夫无庄之失其美[10]，据梁之失其力[11]，黄帝之亡其知，皆在炉捶之间耳[12]。庸讵知夫造物者之不息我黥而补我劓，使我乘成以随先生邪[13]？"许由曰："噫！未可知也。我为汝言其大略。吾师乎[14]！吾师乎！整万物而不为义[15]，泽及万世而不为仁，长于上古而不为老，覆载天地刻雕众形而不为巧。此所游已。"

"覆载天地刻雕众形而不为巧"是道家心目中的"大宗师"形象。道家把人的心灵提升到一个宇宙的规模来体认人的存在和活动，体味天地大美，通达万物之理，实现自由而和谐的人生境界。

［注释］

[1] 意而子：假托的寓言人物。 [2] 资：资助，教益。 [3] 躬服：亲自实践，身体力行。明言：明辨。 [4] 而奚来为轵（zhǐ）：倒装句，读为"而为奚来轵"。而，通"尔"，你。轵，通"只"，语助词。 [5] 黥（qíng）：古代先用刀刺割犯人的额颊等处，然后再涂上墨的一种刑罚。 [6] 劓（yì）：古代割下犯人鼻子的一种刑罚。 [7] 遥荡恣睢转徙：指逍遥放荡、无拘无束的变化境

界。遥荡，逍遥放荡。恣睢，放纵不拘。转徙，变化。 [8] 藩：藩篱，门户。 [9] 黼黻（fǔ fú）：古代礼服上所绣的花纹。黑与白相间叫黼，黑与青相间叫黻。观：华丽。 [10] 无庄：古时美人。 [11] 据梁：古时力士。 [12] 炉捶：陶冶锻炼。 [13] 乘成：使形体完全。成，全，完整。 [14] 吾师乎：庄子以“道”为宗师，所以称“道”为吾师。 [15] 韲（jī）万物而不为义：调和万物而不以为义。

颜回曰：“回益矣[1]。”仲尼曰：“何谓也？”曰：“回忘仁义矣。”曰：“可矣，犹未也。”他日，复见，曰：“回益矣。”曰：“何谓也？”曰：“回忘礼乐矣。”曰：“可矣，犹未也。”他日，复见，曰：“回益矣。”曰：“何谓也？”曰：“回坐忘矣[2]。”仲尼蹴然曰：“何谓坐忘？”颜回曰：“堕肢体，黜聪明[3]，离形去知，同于大通[4]，此谓坐忘。”仲尼曰：“同则无好也[5]，化则无常也[6]。而果其贤乎[7]！丘也请从而后也。”

[注释]

[1] 益：增益，指修炼得到提高。 [2] 坐忘：通过静坐而达到忘怀一切的虚无境界，与大道浑然一体。忘，达于安适的心境。 [3] 黜（chù）：废除，抛弃。 [4] 大通：大道。 [5] 同则无好：和同万物就没有偏好。 [6] 化则无常：参与变化而不执

滞。 [7] 以下两句是说，你果真成为贤人了，我愿意追随在你的身后。

［点评］

“心斋”和“坐忘”都是讲“道”的境界。“坐忘”的修养工夫则使心境向外放——由忘仁义、忘礼乐而超越形体的拘限、超越智巧的束缚，层层外放，通向大道的境界（“同于大通”）。“坐忘”提示人的精神通往无限广大的生命境界。如何达到“大通”的道境，这里指出了三个主要的进程：首先是心境上求超越内在的规范（“忘仁义”），其次求超越外在的规范（“忘礼乐”），再则求破除身心内外的束缚（“离形去知”）。可见“坐忘”的修养方法，要在超功利、超道德，超越自己的耳目心意的束缚，而达到精神上的自由境界。

“坐忘”挥发着人的丰富想象力，游心于无穷之境，物我两忘而融合在道的境界中，这也正是“坐忘”工夫而达于“同于大通”的最高境界。李白诗中所描绘的“陶然共忘机”，正是庄子笔下达于安适足意、自由无碍的心境。刘勰《文心雕龙·神思》谓：“寂然凝虑，思接千载；悄焉动容，视通万里。”所谓“寂然凝虑”，可说如“心斋”之内视，而“视通万里”，则如坐忘之“同于大通”。“心斋”的工夫，开辟自我的内在精神领域；“坐忘”的工夫，则由个我走向宇宙的大我。

子舆与子桑友[1]，而霖雨十日[2]。子舆曰：

“子桑殆病矣[3]！”裹饭而往食之。至子桑之门，则若歌若哭，鼓琴曰：“父邪！母邪！天乎！人乎！”有不任其声而趋举其诗焉[4]。子舆入，曰：“子之歌诗，何故若是？”曰：“吾思夫使我至此极者而弗得也。父母岂欲吾贫哉？天无私覆，地无私载，天地岂私贫我哉？求其为之者而不得也。然而至此极者，命也夫！”

[注释]

[1] 子桑：虚构的人物。 [2] 霖雨：连续几天不停的雨。凡雨自三日以上为霖。 [3] 病：指饥饿。 [4] 不任其声：形容心力疲惫，发出的歌声极其微弱。趋举其诗：诗句急促，不成调子。

[点评]

末节写得极为沉痛，子桑贫病交困中若歌若哭，是在万般无奈的困境中以一种安然的心态去接受坎坷的命运。百姓的艰苦、人间的不平，和着一种无可奈何的“安命”，与“求其为之者而不得也”的矛盾、冲突，激荡着庄子追求宁静的心。

[篇末评]

本篇是描述宗大道为师的真人体道的境界。真人体现“道”的无限性、整体性和自由性，道无所不在，宇宙为一生生不息的大生命；宇宙整体就是道；道亦即是宇宙大生命所散发的万物之生命。世界上每个个体存在都与宇宙这一生生不息的大生命息息相关。

“天人合一”的自然观、“死生一如”的人生观、“安化”的人生态度、“相忘”的生活境界，是本篇的主题思想。庄子形象化地通过得道的“真人”，表达人对宇宙的亲和感、融合感，由“天与人不相胜”导出“天人合一”的观念，丰富了老子“道”的内涵，对汉代“天人合一”认识的成熟，起到了很大的影响。“真人”在大化流行中求生命的安顿，认为生来死归是自然变化的必然现象，应当以安命顺变的态度来面对人生困境。

应帝王

泰氏是庄子刻画的道家理想人物。有虞氏标榜仁义以要结人心，泰氏却心胸舒泰、德性纯真，是一个自由无碍的自然人。

啮缺问于王倪[1]，四问而四不知[2]。啮缺因跃而大喜，行以告蒲衣子[3]。蒲衣子曰："而乃今知之乎？有虞氏不及泰氏[4]。有虞氏，其犹藏仁以要人[5]；亦得人矣，而未始出于非人[6]。泰氏，其卧徐徐[7]，其觉于于；一以己为马[8]，一以己为牛；其知情信，其德甚真，而未始入于非人[9]。"

［注释］

[1] 啮缺、王倪：皆为虚拟人物。亦见《齐物论》。 [2] 四问而四不知：事见《齐物论》。 [3] 蒲衣子：寓言人物。 [4] 有虞氏：即舜。泰氏：传说中的上古帝王。舜为儒家构想的圣王天子，庄子则有意创造出另一种形态的人物，以破除世俗的政治

观。 [5] 要人：要结人心。 [6] 非人：指物，与人相对的外物。一说指“天”。 [7] 以下两句是形容泰氏睡时安闲舒缓，醒时安闲自得。徐徐，安闲，舒缓。于于，安闲自得的样子。 [8] 一：或，任或。 [9] 未始入于非人：意即从来没有受外物的牵累。

肩吾见狂接舆。狂接舆曰：“日中始何以语女[1]？”肩吾曰：“告我君人者以己出经式义度[2]，人孰敢不听而化诸[3]！”狂接舆曰：“是欺德也[4]；其于治天下也，犹涉海凿河而使蚉负山也。夫圣人之治也，治外乎[5]？正而后行[6]，确乎能其事者而已矣[7]。且鸟高飞以避矰弋之害[8]，鼷鼠深穴乎神丘之下以避熏凿之患[9]，而曾二虫之无知[10]！”

［注释］

[1] 日中始：虚拟人物。一说中始，人名；日，往日。女：同“汝”。 [2] 经式义度：皆谓法度。义，读为“仪”。 [3] 诸：句尾助词，犹“乎”。 [4] 欺德：虚伪不实的言行。 [5] 治外：指用“经式义度”绳之于外。 [6] 正而后行：自正而后化行天下。 [7] 确乎能其事者：指任人各尽其能。 [8] 矰弋（zēng yì）：捕鸟的器具，把箭系在生丝上。 [9] 鼷（xī）鼠：一种小老鼠。神丘：神坛。熏凿：谓烟熏和挖掘。 [10] 而曾二虫之无知：难道人还不如这两种虫子吗。

[点评]

治理国家必须厘定法律，但统治者不能仅凭自己的意愿及政治利益去制定法度，必须以人民的意愿为准则和依归，因任自然，顺应民性，不以我强人，自正而后行化。

天根游于殷阳[1]，至蓼水之上[2]，适遭无名人而问焉，曰："请问为天下。"无名人曰："去！汝鄙人也，何问之不豫也[3]！予方将与造物者为人[4]，厌，则又乘夫莽眇之鸟[5]，以出六极之外，而游无何有之乡，以处圹埌之野[6]。汝又何帠以治天下感予之心为[7]？"又复问。无名人曰："汝游心于淡，合气于漠[8]，顺物自然而无容私焉[9]，而天下治矣。"

[注释]

[1] 天根：和下文的"无名人"都是寓名。殷阳：殷山之阳，是庄子杜撰的地名。 [2] 蓼水：庄子自设的水名。 [3] 何问之不豫：言所问何其不当。不豫，不悦，不快。豫，适，谓妥当。 [4] 予方将与造物者为人：谓予方将与大道为友，即正要和大道同游的意思。 [5] 莽眇之鸟：像鸟般的轻盈虚渺之气，喻以清虚之气为鸟，游于太空。 [6] 圹埌（kuàng làng）之野：形容空旷辽阔，与"广莫之野"同义。 [7] 帠（yì）："臬"的坏字，读作"寱"，"呓"的本字。一说当为"叚"，为"暇"借字。 [8] 淡、

漠：皆指清静无为的境界。 [9] 无容私：不参以私意。

［点评］

“游心于淡”，游心于恬淡之境，或为古典美学“澄怀味象”之源头，“游”遍见于《庄子》全书，浏览其间，使人直觉着字里行间散发出清沁的艺术气氛。“游”之内涵，不仅反映着庄子的一种独特的生活方式，也呈现出一种独特的艺术情怀。在众多思想观念中，最能反映出庄子学说特点的，莫过于“游心”。“游心”不仅是精神自由的表现，更是艺术人格的流露。庄子“游心”所表达的自由精神、所洋溢着的生命智慧、所蕴含着的审美意蕴，成为境界哲学的重要成分，亦长期沉浸在文学艺术的创作心灵中。

阳子居见老聃[1]，曰：“有人于此，向疾强梁[2]，物彻疏明[3]，学道不倦。如是者，可比明王乎？”老聃曰：“是于圣人也，胥易技系[4]，劳形怵心者也[5]。且（曰）［也］虎豹之文来田[6]，猨狙之便执斄之狗来藉。如是者，可比明王乎？”阳子居蹴然曰：“敢问明王之治。”老聃曰：“明王之治：功盖天下而似不自己，化贷万物而民弗恃[7]；有莫举名[8]，使物自喜；立乎不测，而游于无有者也[9]。”

[注释]

[1] 阳子居：庄子寓名。历来多认为阳子居是主张“贵己”的杨朱，其实不相干。《庄子》所写阳子居的言行，与杨朱不仅不相同，甚至相反。 [2] 向疾强梁：敏捷果断。 [3] 物彻：观察事物透彻。疏明：疏通明敏。 [4] 胥易技系：意指胥吏治事为技能所系累。胥，有才智。易，治。一说“胥”为“大胥”之官，“易”为占卜之官。技系，被技术所束缚而不能脱身。 [5] 劳形怵心：形体劳累，内心担惊受怕。怵，惊惧。 [6] 以下两句是说，虎豹因为皮有纹而招来田猎，猿猴因为敏捷而被人捉来拴住。文，花纹。来，招来。田，田猎。便，灵便。藉，拘系。 [7] 化贷万物而民弗恃：施化普及于万物而民不觉有所依恃。贷，施。弗恃，不觉有所依赖。 [8] 有莫举名：有功德而不能用名称说出来。莫，无。举，显示，称说。 [9] 而游于无有者也：形容明王清净幽隐，游心于自然无为的境地。无有，指至虚之境。

[点评]

这段话发挥了老子“为而弗恃”“功成而弗居”的思想。在庄子看来，敏捷果敢、透彻明达、学道不倦之人均不能与明王比拟，明王之治是尽自己所为却不张扬，施化普及于万物而百姓不知帝力之所加，使人、物各得其所而能游心于自然无为之境。这样的明王，体现了道家的心胸博大舒展的精神，也是庄子理想中的为政者的形象。

郑有神巫曰季咸[1]，知人之死生存亡，祸福寿夭，期以岁月旬日[2]，若神。郑人见之，皆弃而走。列子见之而心醉[3]，归，以告壶子[4]，曰:“始吾以夫子之道为至矣，则又有至焉者矣。”壶子曰:“吾与汝既其文，未既其实，而固得道与[5]？众雌而无雄[6]，而又奚卵焉！而以道与世亢[7]，必信[8]，夫故使人得而相（女）[汝][9]。尝试与来，以予示之。”明日，列子与之见壶子。出而谓列子曰:“嘻！子之先生死矣！弗活矣！不以旬数矣[10]！吾见怪焉，见湿灰焉[11]。”列子入，泣涕沾襟以告壶子。壶子曰:“乡吾示之以地文[12]，萌乎不震不正[13]。是殆见吾杜德机也[14]。尝又与来。”明日，又与之见壶子。出而谓列子曰:“幸矣子之先生遇我也！有瘳矣[15]，全然有生矣！吾见其杜权矣[16]。”列子入，以告壶子。壶子曰:“乡吾示之以天壤[17]，名实不入，而机发于踵。是殆见吾善者机也[18]。尝又与来。”明日，又与之见壶子。出而谓列子曰:“子之先生不齐[19]，吾无得而相焉。试齐，且复相之。”列子入，以告壶子。壶子曰:“吾乡示之以太冲莫胜[20]。是殆见吾衡气机也[21]。鲵桓之审为渊[22]，止水之审为渊[23]，流水之审为渊。

渊有九名[24]，此处三焉[25]。尝又与来。”明日，又与之见壶子。立未定，自失而走。壶子曰：“追之！”列子追之不及。反，以报壶子曰：“已灭矣，已失矣，吾弗及已。”壶子曰：“乡吾示之以未始出吾宗[26]。吾与之虚而委蛇[27]，不知其谁何，因以为弟靡[28]，因以为波流[29]，故逃也。”然后列子自以为未始学而归，三年不出。为其妻爨，食豕如食人[30]。于事无与亲，雕琢复朴[31]，块然独以其形立[32]。纷而封哉[33]，一以是终[34]。

[注释]

[1] 神巫：精于巫术和相术的人。季咸：他的故事也见于《列子·黄帝篇》。 [2] 以下两句是说，预测年月旬日，准确如神。期，预测。 [3] 心醉：指迷恋、折服。 [4] 壶子：名林，号壶子，郑国人，是列子的老师，屡见于《列子》书中。 [5] 而：汝，你。固：岂，难道。与：通“欤”，语气词。 [6] 以下两句喻有文无实不能称为道。 [7] 道：指列子所学的表面之道。亢：同“抗”，较量。 [8] 信：伸。 [9] 使人得而相汝：让神巫窥测到你的心迹，从而要给你相面。 [10] 不以旬数：不能用旬来计算死期，死期不到十天了。旬，十天。 [11] 湿灰：喻毫无生气。 [12] 乡：通“向”，刚才。地文：大地寂静之象，形容心境寂静。 [13] 萌乎：犹“芒然”，喻昏昧的样子。萌，通“芒”。震：动。 [14] 杜：闭塞。德机：指生机。 [15] 有瘳：疾病可以痊愈。 [16] 杜权：闭塞中有所变动。权，变，动。 [17] 天壤：指天地间一丝生气。

壤，地。 [18] 善者机：指生机。善，生意。 [19] 不齐：指神色变化不定，精神恍惚。 [20] 吾乡：当是“乡吾”的误倒。太冲莫胜：喻太虚而无征兆之象。 [21] 衡气机：谓气度持平的机兆。衡，平。 [22] 鲵（ní）：鲸鱼。桓：盘旋。 [23] 审：借为“沈”，深意。 [24] 渊有九名：九渊之名见于《列子·黄帝篇》：“鲵旋之潘为渊，止水之潘为渊，流水之潘为渊，滥水之潘为渊，沃水之潘为渊，氿水之潘为渊，雍水之潘为渊，汧水之潘为渊，肥水之潘为渊，是为九渊焉。” [25] 此处三焉：指鲵桓之水喻杜德机、止水喻善者机、流水喻衡气机。 [26] 出：显露。吾宗：我的大道根本。 [27] 虚：无所执着。委蛇（yí）：随顺应变的样子。 [28] 弟靡：茅草随风摆动，描写随顺应变之状。弟，读作“稊”，茅草类。 [29] 波流：形容一无所滞。 [30] 食（sì）豕：喂猪。 [31] 雕琢复朴：去雕琢，复归于素朴。 [32] 块然：如土块，形容去琢复朴之状。 [33] 纷而封哉：谓在纷乱的世事中持守真朴纯一大道。封，守。 [34] 一以是终：终身不变。

[点评]

神巫见壶子的故事在《列子·黄帝篇》也有记载，究竟是《庄子》文字错入《列子》，还是《列子》错入《庄子》，难以确定。壶子是庄子理想中的“应帝王”的形象，他虚己待物，因应变化，无为而化。“未始出吾宗”是这则故事的主要观念。王孝鱼解释说：“天下本来是一个整体，各不相外，其中的每一部分既各有其独立自主的一面，又各有其相互联系、相互依存的一面。所谓圣人就是本着这一整体精神，来治理天下，大小兼顾，巨细不遗地调整部分和部分之间以及部分和整体之间的相互关系，使之相得而益彰，并行而不悖，发挥出他们各自应尽的职能，致天下于长治久安。”（《庄子内篇新解》）在这个故事中，庄子用壶子精神的频繁变化比喻人间繁复纷杂的政事，通过壶子一次次的变化暴露出季咸只夸海口，不善治天下；只视局部，不见整体，没有宏观控制能力。

无为名尸[1]，无为谋府[2]；无为事任[3]，无为知主[4]。体尽无穷[5]，而游无朕；尽其所受乎天[6]，而无见得[7]，亦虚而已。至人之用心若镜，不将不迎[8]，应而不藏，故能胜物而不伤。

［注释］

[1] 无为名尸：不为名之主。尸，主。　[2] 无为谋府：勿为谋之府，犹言计策不可专由一人独定。　[3] 事任：担当事物的责任。　[4] 知主：以智巧为主，言不可主于智巧。　[5] 以下两句是说，体悟广大无边之道的境界而行所无事。　[6] 天：指自然。　[7] 无见得：不自现其所得，即不自我夸矜。见，同“现”。　[8] 不将不迎：物去不送，物来不迎，形容顺应自然。将，送。

［点评］

庄子十分形象地把至人的心比作镜子，能如实地反映外在客观的景象而无所隐藏，这就是中国文化哲学史上著名的心镜说。与“以明”一样，庄子强调要能如实地反映万物，不为私欲和成见所隐蔽。这一客观反映论的“认知心”，和“道德心”“审美心”的倡导同时出现，经稷下道家的阐发，而荀子、韩非一系亦多所申论，可谓先秦心学之另一新章。美国学者安乐哲（Roger Ames）与郝大维（David Hall）曾在《道不远人——比较哲学视域中的〈老子〉》一书中说：“道家思想既不消极被动，也非枯寂。水是生命之源；镜是一种光源；心是一种能够起改造作用的能量之源。像镜子那样去‘认知’，不是要重复这个世界，而是要将其投射于某种光亮中。”

南海之帝为儵，北海之帝为忽[1]，中央之帝为浑沌[2]。儵与忽时相与遇于浑沌之地，浑沌待之甚善。儵与忽谋报浑沌之德，曰：“人皆有七窍以视听食息[3]，此独无有，尝试凿之。”日凿一窍，七日而浑沌死。

“浑沌之死”，比喻有为之政给百姓和人间带来的灾害，庄子喻以表达其无治主义的思想。他在《人间世》和《至乐》篇反复提出这一告诫，透过爱马人和鲁侯养鸟的故事，庄子提出一个发人深省的问题——如果无视效果，而一味强调自己的愿望，这样的好心又能被谁所承认和接受呢？

［注释］

[1] 儵（shū）、忽：虚拟人物。儵，通“倏”。“倏”“忽”二字都含有神速之意，喻有为。 [2] 浑沌：虚拟人物。“浑沌”是纯朴自然的意思，喻无为。 [3] 七窍：一口、两耳、两目、两鼻孔。

［篇末评］

如果说《大宗师》是庄子的“内圣”之学，那么本篇便是其“外王”之道了。“内圣”指个人内心的一种人格修养，而“外王”则是指处理社会群体的事务。本篇主旨在说为政当无治，要因应自然，顺应民心，表达了庄子无治主义的思想。庄子的“外王”之道批判了儒家形态的德治和认知，反对以人来统治人，以道德来束缚人，认为人民应依照他们的自然性、自由性、自主性而生活，因此为政之道毋庸干涉，当顺人性之自然，以百姓的意志为意志。本篇主要针对春秋战国统治者的专政、专权来说的，具有强烈的时代性，是古代民主政治色彩极浓的一篇作品。

外篇

骈拇

骈拇枝指[1]，出乎性哉[2]！而侈于德[3]。附赘县疣[4]，出乎形哉！而侈于性。多方乎仁义而用之者[5]，列于五藏哉！而非道德之正也[6]。是故骈于足者，连无用之肉也；枝于手者，树无用之指也；多方骈枝于五藏之情者[7]，淫僻于仁义之行，而多方于聪明之用也。

是故骈于明者，乱五色[8]，淫文章[9]，青黄黼黻之煌煌非乎[10]？而离朱是已[11]。多于聪者，乱五声[12]，淫六律[13]，金石丝竹黄钟大吕之声非乎[14]？而师旷是已。枝于仁者，擢德塞性以收名声[15]，使天下簧鼓以奉不及之法非乎[16]？而曾史是已[17]。骈于辩者，累瓦结绳窜句[18]，游心于坚白同异之间[19]，而敝跬誉无用之言非乎[20]？而杨墨是已。故此皆多骈旁枝之道，非天下之至正也[21]。

［注释］

[1] 骈（pián）拇：足拇趾连第二趾。骈，并。拇，足大趾。枝指：旁生的手指。　[2] 出乎性哉：出于本性吗？　[3] 侈：多，剩余。德：通“得”。　[4] 附赘县疣：附悬的赘疣。亦见《大宗师》。　[5] 多方：多生枝节。　[6] 正：有自然、本然的意思。　[7] 多方：依焦竑、宣颖等诸家之说当删除。　[8] 五色：青、黄、赤、白、黑。　[9] 淫文章：耽溺于文采。青与赤为文，赤与白为章。　[10] 黼黻：见于《大宗师》。煌煌：形容光耀眩目。　[11] 而：通“如”。离朱：《孟子》作“离娄”。《淮南子·原道训》称“离朱之明，察箴末于百步之外”。　[12] 五声：指古乐中的五个音节，即宫、商、角、徵、羽。　[13] 六律：古乐中的六个谐音，即黄钟、大吕、姑洗、蕤宾、无射、夹钟。　[14] 金石丝竹：都是乐器，指钟、磬、琴、箫。　[15] 擢德塞性：炫耀德性，蔽塞本性。擢，当读为“耀”。　[16] 簧鼓：笙簧鼓动，意指喧嚷。　[17] 曾史：曾参和史鰌。曾参，字子舆，是孔子的弟子；史鰌，字子鱼，是卫灵公的大臣。　[18] 累瓦结绳：聚无用之语，

如瓦之累，绳之结。 [19] 游心：心思游荡。 [20] 跬（kuǐ）誉：一时的名誉。 [21] 至正：本然之理或至道正理。

彼正正者[1]，不失其性命之情。故合者不为骈，而枝者不为跂[2]；长者不为有余，短者不为不足。是故凫胫虽短[3]，续之则忧；鹤胫虽长，断之则悲。故性长非所断，性短非所续，无所去忧也[4]。意仁义其非人情乎[5]！彼仁人何其多忧也？

凫自适于其短胫，鹤自适于其长胫，本性长短不一，各保有它的差异性，不能强用某一标准去规范。

且夫骈于拇者，决之则泣；枝于手者，龁之则啼[6]。二者，或有余于数，或不足于数，其于忧一也。今世之仁人，蒿目而忧世之患[7]；不仁之人，决性命之情而饕贵富[8]。故意仁义其非人情乎！自三代以下者，天下何其嚣嚣也[9]？

［注释］

[1] 正正：依褚伯秀说应作“至正”。 [2] 跂（qí）：多出的脚趾。 [3] 凫胫（fú jìng）：野鸭小腿。 [4] 无所去忧也：没有什么可忧虑的。 [5] 意：作“噫”，嗟叹之声。 [6] 龁（hé）：咬断。 [7] 蒿：借为“眊”，《说文》称：眊，目少精。 [8] 决性命之情而饕（tāo）贵富：溃乱性命实情而贪图富贵。决，溃乱。饕，贪。 [9] 嚣嚣：喧嚣，嘈杂。

［点评］

“仁义其非人情乎！”仁义之操，本是出于至情至性，发自内心，但倡导日久，则成虚文，矫情伪性，违失生命的本质。庄子反对儒者将道德绝对化，认为仁义道德本应合人情顺人性，倡导人情调剂之必须，方能免除人性受道德僵固化、形式化的束缚。庄子进而提出“任其性命之情”，展现生命的力量，这一思想对后代文学艺术有深远影响，成为重振文化生命力的解药。

且夫待钩绳规矩而正者[1]，是削其性者也；待绳约胶漆而固者[2]，是侵其德者也；屈折礼乐[3]，呴俞仁义[4]，以慰天下之心者，此失其常然也。天下有常然。常然者，曲者不以钩，直者不以绳，圆者不以规，方者不以矩，附离不以胶漆[5]，约束不以纆索。故天下诱然皆生而不知其所以生，同焉皆得而不知其所以得。故古今不二，不可亏也。则仁义又奚连连如胶漆纆索而游乎道德之间为哉[6]，使天下惑也！

［注释］

[1] 钩：曲。绳：直。规：圆。矩：方。 [2] 以下两句是说，要等待绳索胶漆来固着，却是侵蚀了事物的本然。约，束缚。固，牢。侵，伤。德，真智。 [3] 屈折：周旋。屈，曲。折，

截。［4］呴俞：爱抚。［5］以下两句是说，粘的不用胶漆，捆缚的不用绳索。离，依。纆（mò），绳索。［6］奚：何。连连：接续的样子。

夫小惑易方[1]，大惑易性。何以知其然邪？自虞氏招仁义以挠天下也，天下莫不奔命于仁义，是非以仁义易其性与？故尝试论之，自三代以下者，天下莫不以物易其性矣。小人则以身殉利，士则以身殉名，大夫则以身殉家，圣人则以身殉天下。故此数子者，事业不同，名声异号，其于伤性以身为殉，一也。臧与谷[2]，二人相与牧羊而俱亡其羊。问臧奚事，则挟筴读书[3]；问谷奚事，则博塞以游[4]。二人者，事业不同，其于亡羊均也。伯夷死名于首阳之下，盗跖死利于东陵之上[5]，二人者，所死不同，其于残生伤性均也，奚必伯夷之是而盗跖之非乎！天下尽殉也。彼其所殉仁义也，则俗谓之君子；其所殉货财也，则俗谓之小人。其殉一也，则有君子焉，有小人焉；若其残生损性，则盗跖亦伯夷已，又恶取君子小人于其间哉！

作者在本段中表达了自己的史观："自三代以下者，天下莫不以物易其性矣。"作者不仅指出贵族政治的礼乐文化之危害性，而且还透视了世俗对"君子""小人"的社会偏见。从"残生伤性"的观点，否定传统是非的论断和君子小人之分，导出一个新的价值判断。

[**注释**]

[1] 小惑易方：小的迷惑就会错乱方向。惑，迷。方，四方。 [2] 臧：古时候北方的风俗，娶婢女的男仆叫臧。谷：童仆。 [3] 挟筴：执卷的意思。 [4] 博塞：如掷骰子。 [5] 盗跖（zhí）：春秋时代的大盗。《庄子》杂篇有《盗跖》篇。东陵：陵名，在今山东济南。

且夫属其性乎仁义者，虽通如曾史，非吾所谓臧也[1]；属其性于五味，虽通如俞儿[2]，非吾所谓臧也；属其性乎五声，虽通如师旷，非吾所谓聪也；属其性乎五色，虽通如离朱，非吾所谓明也。吾所谓臧者，非仁义之谓也，臧于其德而已矣；吾所谓臧者，非所谓仁义之谓也，任其性命之情而已矣；吾所谓聪者，非谓其闻彼也，自闻而已矣；吾所谓明者，非谓其见彼也，自见而已矣。夫不自见而见彼，不自得而得彼者，是得人之得而不自得其得者也，适人之适而不自适其适者也[3]。夫适人之适而不自适其适，虽盗跖与伯夷，是同为淫僻也。余愧乎道德，是以上不敢为仁义之操，而下不敢为淫僻之行也。

[注释]

[1] 臧：善。 [2] 俞儿：古时善于识味的人。 [3] 适人之适而不自适其适者也：意思是适于别人的安适而不自求安适的人。亦见《大宗师》。

[篇末评]

本篇取篇首二字为篇名，“骈拇”指并生的足趾。全篇主旨在于阐扬人的行为要合于自然，顺人情之常。全文一面力辟“淫僻于仁义之行”“多方于聪明之用”，为生命之歧出，是削性侵德的行为；一面阐扬“任其性命之情”，强调遵从事物自然本性。整体而言，外、杂篇尤其注重联系心与性、情、命等人性诸概念，完整地探讨人性的议题。作为庄子后学的论述焦点，人性的议题自本篇起便贯穿于《庄子》外、杂篇的始末。曹础基注释本篇时也提示到，“这是一篇道家的人性论”（《庄子浅注》）。

马　蹄

马，蹄可以践霜雪，毛可以御风寒，龁草饮水[1]，翘足而陆[2]，此马之真性也。虽有义台路寝[3]，无所用之。及至伯乐[4]，曰："我善治马。"烧之[5]，剔之[6]，刻之[7]，雒之[8]，连之以羁馽[9]，编之以皁栈[10]，马之死者十二三矣；饥之，渴之，驰之，骤之，整之，齐之，前有橛饰之患[11]，而后有鞭筴之威[12]，而马之死者已过半矣。陶者曰："我善治埴[13]，圆者中规，方者中矩。"匠人曰："我善治木，曲者中钩，直者应绳。"夫埴木之性，岂欲中规矩钩绳哉？然且世世称之曰"伯乐善治马而陶匠善治埴木”，此亦治天下者之过也。

［注释］

[1] 龁：咬嚼。亦见《骈拇》。 [2] 陆：跳跃。 [3] 义台路寝：高台大殿。义，借为“巍”，高。路，大。 [4] 伯乐：姓孙，名阳，伯乐为字，秦穆公时人，相传善于识马。 [5] 烧之：指烧红铁器灼炙马毛。 [6] 剔之：指剪剔马毛。 [7] 刻之：指削马蹄。 [8] 雒（luò）之：印烙。 [9] 羁馽（jī zhí）：络首曰羁，络足曰馽。 [10] 皁：槽枥。栈：马床。 [11] 橛（jué）：马嚼子。饰：加饰于马镳。 [12] 鞭筴：带皮曰鞭，无皮曰筴。两者都是马杖。 [13] 埴（zhí）：黏土。

［点评］

此段可与《至乐》“鲁侯养鸟”相参看。马霜雪风寒不以为苦，吃草饮水不以为劳，但当伯乐以烧刻治马，马就失其真性了。作者以伯乐驭马比喻掌权者驱民从己，拂民常性。

吾意善治天下者不然。彼民有常性，织而衣，耕而食，是谓同德[1]；一而不党[2]，命曰天放[3]。故至德之世，其行填填，其视颠颠[4]。当是时也，山无蹊隧[5]，泽无舟梁；万物群生，连属其乡；禽兽成群，草木遂长。是故禽兽可系羁而游[6]，鸟鹊之巢可攀援而窥。

“天放”，形容至德之世中百姓依常性而生活，逍遥自适于自然的生活中，素朴无华，没有机心，不受“规矩钩绳”束缚。“天放”的生活情态，一如《击壤歌》描绘的“日出而作，日入而息，凿井而饮，耕田而食，帝力何有于我哉！”

[注释]

[1] 同德：共同的本能。 [2] 一而不党：浑然一体而不偏私。 [3] 命：名。天放：自然放任。 [4] 填填、颠颠：均形容自在得意的神态。 [5] 蹊隧：小径和隧道。 [6] 系羁而游：可以牵引着游玩。

夫至德之世，同与禽兽居，族与万物并，恶乎知君子小人哉！同乎无知[1]，其德不离；同乎无欲，是谓素朴；素朴而民性得矣。及至圣人，蹩躠为仁，踶跂为义[2]，而天下始疑矣；澶漫为乐[3]，摘僻为礼[4]，而天下始分矣。故纯朴不残[5]，孰为牺尊[6]！白玉不毁，孰为珪璋[7]！道德不废[8]，安取仁义！性情不离，安用礼乐！五色不乱，孰为文采！五声不乱，孰应六律！夫残朴以为器，工匠之罪也；毁道德以为仁义，圣人之过也。

[注释]

[1] 以下五句是说，大家都不用智巧，本性就不至离失；大家都无贪欲，所以都纯真朴实；纯真朴实便能保持人民的本性了。 [2] 蹩躠（bié xiè）、踶跂（zhì qǐ）：形容勉强力行的样子。 [3] 澶（dàn）漫：纵逸。 [4] 摘僻：繁琐。 [5] 纯朴：全木。不残：未雕。 [6] 牺尊：酒器。 [7] 珪璋：玉器。 [8] 以下两

句见《老子》第十八章：“大道废，有仁义。”

夫马，陆居则食草饮水，喜则交颈相靡[1]，怒则分背相踶[2]。马知已此矣。夫加之以衡扼[3]，齐之以月题[4]，而马知介倪闉扼鸷曼诡衔窃辔[5]。故马之知而态至盗者[6]，伯乐之罪也。

[注释]

[1] 靡：通作“摩”，亲顺之意。 [2] 踶（dì）：踢。 [3] 衡扼：横木颈轭。 [4] 月题：即马额上的佩饰。 [5] 而马知介倪闉扼鸷曼诡衔窃辔：马就知道折毁车輗，曲颈脱轭，抗击车盖，吐出口勒，啮断笼头。介倪，折毁车輗。闉，曲。扼，通“轭”。鸷曼，抗击车盖。鸷，抵。诡衔，吐出衔，即吐出口勒。窃，借为“啮”。辔，笼头。 [6] 知：同“智”。盗：与人抗敌的意思。

夫赫胥氏之时[1]，民居不知所为，行不知所之，含哺而熙[2]，鼓腹而游，民能以此矣[3]。及至圣人，屈折礼乐以匡天下之形，县跂仁义以慰天下之心[4]，而民乃始踶跂好知[5]，争归于利，不可止也。此亦圣人之过也。

《骈拇》篇也说：“屈折礼乐，呴俞仁义，以慰天下之心者，此失其常然也。”这就是人的异化。人为物役，这就是“倒置之民”（《缮性》）。

[注释]

[1] 赫胥氏：俞樾以为可能是《列子》书中所称“华胥氏”。

盖为假托的古代人物。 [2] 熙：同“嬉”。 [3] 民能以此矣：人民能安然自适地生活。 [4] 县跂：高揭而提起的意思。县，通“悬”。 [5] 踶跂好知：相竞相高，逞其私智。

[篇末评]

本篇取篇首二字为篇名。全篇有感于现实政治的酷烈和社会的贪欲，假托于理想中的“至德之世”，描绘人们无所矫饰、没有机心、不相戕贼的自由自在的生活情态，庄子称之为“天放”。《列子·汤问篇》中也有相似的描述：在一个不知名的国度里，人民性情和婉不爱争斗，人们整日开心地歌唱，饿了就饮用泉水度日，人我之间没有上下贵贱的分别，一派宁静祥和。《列子》和《庄子》以简单自足的物质生活，具体呈现和乐的理想乌托邦，以人性的纯真质朴为基础，营造出理想的乐园。这种解消对立、返璞归真的生活形态，可说是陶渊明《桃花源记》的滥觞。

胠 箧

将为胠箧探囊发匮之盗而为守备[1]，则必摄缄縢[2]，固（扃）[扃]鐍[3]，此世俗之所谓知也。然而巨盗至，则负匮揭箧担囊而趋[4]，唯恐缄縢扃鐍之不固也。然则乡之所谓知者[5]，不乃为大盗积者也？

[注释]

[1] 胠（qū）：从旁边打开。箧（qiè）：箱子。探囊：掏布袋子。发匮：开柜子。匮，同“柜”。 [2] 摄：结，缠绕。 [3] 固：坚固。扃鐍（jiōng jué）：关钮和锁钥。 [4] 揭：举起。趋：逃走。 [5] 乡：通“向”，指前面所说。

故尝试论之，世俗之所谓知者，有不为大盗

积者乎？所谓圣者，有不为大盗守者乎？何以知其然邪？昔者齐国邻邑相望[1]，鸡狗之音相闻，罔罟之所布[2]，耒耨之所刺[3]，方二千余里。阖四竞之内[4]，所以立宗庙社稷[5]，治邑屋州闾乡曲者[6]，曷尝不法圣人哉！然而田成子一旦杀齐君而盗其国[7]。所盗者岂独其国邪？并与其圣知之法而盗之。故田成子有乎盗贼之名，而身处尧舜之安；小国不敢非，大国不敢诛，十二世有齐国。则是不乃窃齐国[8]，并与其圣知之法以守其盗贼之身乎？

[注释]

[1] 以下两句见《老子》第八十章："邻国相望，鸡犬之声相闻。" [2] 罔罟之所布：罔罟所及之处，指水上的面积。罔，通"网"。 [3] 耒（lěi）：犁。耨（nòu）：锄头。刺：插入。 [4] 阖（hé）：合。四竟：四境。 [5] 宗庙：祭祀祖先的地方。社稷：指祭祀土地神和五谷神的场所。 [6] 邑屋州闾乡曲：都是古代大小不同的地方行政区域。 [7] 田成子：齐国大夫陈恒。鲁哀公十四年（前 481）杀齐简公，夺取齐国。 [8] 以下两句批评田成子不仅窃取了齐国，并且把齐国圣智的法制也一起盗取了去保护他那盗贼之身。

尝试论之，世俗之所谓至知者，有不为大盗

积者乎？所谓至圣者，有不为大盗守者乎？何以知其然邪？昔者龙逢斩，比干剖[1]，苌弘胣[2]，子胥靡[3]，故四子之贤而身不免乎戮。故跖之徒问于跖曰："盗亦有道乎？"跖曰："何适而无有道邪！"夫妄意室中之藏[4]，圣也；入先[5]，勇也；出后，义也；知可否，知也；分均，仁也。五者不备而能成大盗者，天下未之有也。由是观之，善人不得圣人之道不立，跖不得圣人之道不行；天下之善人少而不善人多，则圣人之利天下也少而害天下也多。故曰，唇竭则齿寒[6]，鲁酒薄而邯郸围[7]，圣人生而大盗起。掊击圣人，纵舍盗贼[8]，而天下始治矣。夫川竭而谷虚，丘夷而渊实。圣人已死，则大盗不起，天下平而无故矣。

圣人以圣、勇、义、知、仁为五德，但大盗却标举圣智以济其私，手持符玺，口倡仁义，以法度利器来维护权位。圣人所立的圣法，反为大盗窃国开了方便之门。

[注释]

[1] 龙逢、比干：见《人间世》。 [2] 苌弘：春秋末期周灵王的贤臣，被国君杀害。见《左传》哀公三年。胣（chǐ）：车裂之刑。一说刳肠。 [3] 子胥靡：伍子胥向吴王夫差诤谏遭杀，尸首糜烂于江中。 [4] 妄意：猜测。 [5] 以下八句是说，带头先进去，这就是勇；最后出来，这就是义；酌情判断能不能下手，这就是智；分赃平均，这就是仁。 [6] 竭：一说"竭"作"揭"，唇竭即反

举其唇向上。一说“竭”与“亡”义通，唇亡则唇缺，唇缺则齿寒。两种说法均可通。 [7] 鲁酒薄而邯郸围：有两种说法。一说是：楚宣王会合诸侯，鲁恭公后到，而所献的酒也淡薄。楚宣王就不高兴，想侮辱他。鲁恭公说：“我是周公的后代，行天子的礼乐，现在我送酒已经失礼了，还要怪我的酒不好，这不是太过分了吗？”于是不告而别。楚宣王生气，遂出兵攻打鲁国。以前梁惠王一直就想攻打赵城邯郸，但是恐怕楚国援救而迟迟不敢出兵，现在正逢楚国和鲁国相争，梁惠王就趁机围攻赵城邯郸。另一种说法是：楚国会同诸侯，鲁国和赵国都献酒给楚王。鲁国的酒淡薄而赵国的酒浓。楚国管酒的人向赵国讨酒，赵国不给他，于是管酒的人就把赵国的好酒和鲁国的薄酒相调换，楚王因赵国的酒淡薄，就围攻邯郸。 [8] 纵舍：释放。

圣人不死，大盗不止。虽重圣人而治天下，则是重利盗跖也[1]。为之斗斛以量之[2]，则并与斗斛而窃之；为之权衡以称之[3]，则并与权衡而窃之；为之符玺以信之[4]，则并与符玺而窃之；为之仁义以矫之，则并与仁义而窃之。何以知其然邪？彼窃钩者诛[5]，窃国者为诸侯，诸侯之门而仁义存焉，则是非窃仁义圣知邪？故逐于大盗[6]，揭诸侯[7]，窃仁义并斗斛权衡符玺之利者，虽有轩冕之赏弗能劝[8]，斧钺之威弗能禁[9]。此重利盗跖而使不可禁者，是乃圣人之过也。

［注释］

[1]重利：增益其利。 [2]斛（hú）：量器，可容五斗。 [3]权：秤锤。衡：秤杆。 [4]符：符契。玺（xǐ）：印。 [5]以下两句见《盗跖》"小盗者拘，大盗者为诸侯"。钩，指腰带环。 [6]逐：随。于：为。 [7]揭诸侯：举帜立为诸侯。 [8]轩冕：高车冠冕。 [9]斧钺（yuè）之威：指死刑的威吓。钺，大斧。

故曰："鱼不可脱于渊[1]，国之利器不可以示人。"彼圣人者[2]，天下之利器也，非所以明天下也。故绝圣弃知，大盗乃止；擿玉毁珠[3]，小盗不起；焚符破玺，而民朴鄙[4]；掊斗折衡[5]，而民不争；殚残天下之圣法[6]，而民始可与论议。擢乱六律[7]，铄绝竽瑟[8]，塞瞽旷之耳[9]，而天下始人含其聪矣[10]；灭文章[11]，散五采[12]，胶离朱之目，而天下始人含其明矣；毁绝钩绳而弃规矩，攦工倕之指[13]，而天下始人有其巧矣。故曰："大巧若拙。"削曾史之行，钳杨墨之口，攘弃仁义，而天下之德始玄同矣[14]。彼人含其明，则天下不铄矣[15]；人含其聪，则天下不累矣[16]；人含其知，则天下不惑矣；人含其德，则天下不僻矣。彼曾、史、杨、墨、师旷、工倕、离朱，皆外立其德而以爚乱天下者也[17]，法之所无用也[18]。

[注释]

[1] 以下两句见《老子》第三十六章。利器，权势禁令、仁义圣智等。 [2] 圣人：当作“圣知”。 [3] 擿（zhì）：掷。 [4] 朴：敦厚朴实。鄙：固陋无知。 [5] 掊（pǒu）：破，打碎。 [6] 殚（dān）残：尽毁。 [7] 擢（zhuó）：借为“搅”。 [8] 铄（shuò）绝：烧断。竽瑟：两种古乐器之名，这里泛指乐器。 [9] 瞽旷：即师旷。 [10] 含：保全。 [11] 文章：文彩，花纹。 [12] 五采：即五色。 [13] 攦（lì）：折断。工倕（chuí）：古时以巧艺称著者。 [14] 玄同：即玄妙齐同。 [15] 不铄：不炫耀。 [16] 累：忧患。 [17] 爚（yuè）乱：同上文“擢乱”。 [18] 法：这里指圣智之法。一说“法”即“大道”。

至德之世，人们逍遥自适于自然的生活中，安然自乐。

子独不知至德之世乎？昔者容成氏、大庭氏、伯皇氏、中央氏、栗陆氏、骊畜氏、轩辕氏、赫胥氏、尊卢氏、祝融氏、伏牺氏、神农氏[1]，当是时也，民结绳而用之，甘其食，美其服，乐其俗，安其居，邻国相望[2]，鸡狗之音相闻，民至老死而不相往来。若此之时，则至治已。今遂至使民延颈举踵曰，“某所有贤者”，赢粮而趣之[3]，则内弃其亲而外去其主之事，足迹接乎诸侯之境，车轨结乎千里之外。则是上好知（也）［之］过也。

［注释］

[1] 容成氏、大庭氏、伯皇氏、中央氏、栗陆氏、骊畜氏、轩辕氏、赫胥氏、尊卢氏、祝融氏、伏牺氏、神农氏：这十二人为传说中的古代帝王。 [2] 以下几句引自《老子》第八十章。 [3] 赢：担负。趣：通作“趋”。

上诚好知而无道，则天下大乱矣。何以知其然邪？夫弓弩毕弋机变之知多[1]，则鸟乱于上矣；钩饵罔罟罾笱之知多[2]，则鱼乱于水矣；削格罗落罝罘之知多[3]，则兽乱于泽矣；知诈渐毒颉滑坚白解垢同异之变多[4]，则俗惑于辩矣。故天下每每大乱，罪在于好知。故天下皆知求其所不知而莫知求其所已知者，皆知非其所不善而莫知非其所已善者，是以大乱。故上悖日月之明[5]，下烁山川之精，中堕四时之施；惴耎之虫[6]，肖翘之物[7]，莫不失其性。甚矣夫好知之乱天下也！自三代以下者是已，舍夫种种之民而悦夫役役之佞[8]，释夫恬淡无为而悦夫哼哼之意[9]，哼哼已乱天下矣！

［注释］

[1] 弩（nǔ）：带有机关的弓。毕：捕鸟网。弋：箭。 [2] 罾（zēng）：渔网。笱（gǒu）：捕鱼的竹篓子。 [3] 削格罗落：都指捕兽的机槛。罝罘（jū fú）：捕兽网。 [4] 渐毒：欺诈。颉滑：机巧，狡黠。解垢：诡曲之词。 [5] 以下三句是说，上而隐蔽了日月的光明，下而销毁了山川的精华，中而破坏了四时的运行。烁，销毁。堕（huī）同“隳”，破坏。 [6] 惴耎（ruǎn）之虫：蠕动的小虫。 [7] 肖翘之物：微小的飞虫。 [8] 种种：淳厚。役役：形容奔走钻营的样子。 [9] 哼（zhūn）哼：多言。

［篇末评］

本篇写出圣智礼法的创设，本用以防盗制贼，却反被盗贼所窃，用作护身的名器，张其恣肆之欲，为害民众。因此作者继承老子思想，主张绝弃圣智。王夫之说：“法固可窃，强有力者胜矣。”（《庄子解》）法律本身是不会说话的，强有力者却盗而为用。权势的舞台上，一言以蔽之，权谋诡诈为其内容，仁义圣智为其外表。“圣人生而大盗起”“圣人不死，大盗不止”“窃钩者诛，窃国者为诸侯”等激愤之言，极具反讽意义。

在　宥

闻在宥天下[1]，不闻治天下也[2]。在之也者，恐天下之淫其性也[3]；宥之也者，恐天下之迁其德也。天下不淫其性，不迁其德，有治天下者哉！昔尧之治天下也，使天下欣欣焉人乐其性，是不恬也；桀之治天下也，使天下瘁瘁焉人苦其性[4]，是不愉也。夫不恬不愉，非德也。非德也而可长久者，天下无之。

［注释］

[1] 在宥（yòu）：自在宽容。在，悠游自在。宥，宽容自得。[2]治：统驭。[3]淫：扰乱。[4]瘁（cuì）瘁焉：身劳神疲。

人大喜邪[1]？毗于阳；大怒邪？毗于阴。阴阳并毗，四时不至，寒暑之和不成，其反伤人之形乎！使人喜怒失位，居处无常，思虑不自得，中道不成章[2]，于是乎天下始乔诘卓鸷[3]，而后有盗跖曾史之行[4]。故举天下以赏其善者不足，举天下以罚其恶者不给[5]，故天下之大不足以赏罚。自三代以下者，匈匈焉终以赏罚为事[6]，彼何暇安其性命之情哉！

[注释]

[1] 以下八句是说，人们过度欢乐，就会伤害阳气；过于愤怒，就会伤害阴气。阴阳之气相互侵害，四时不顺行，寒暑不调和，岂不反而伤害人体么！毗（pí），伤。 [2] 成章：有条理。 [3] 乔诘卓鸷：矫拂悖戾的意思，形容不和之意。 [4] 而后有盗跖曾史之行：后文有“下有桀跖，上有曾史”之句。 [5] 不给：不足。 [6] 匈匈：喧嚣。

[点评]

“天下脊脊焉人苦其性”，“匈匈焉终以赏罚为事”，诸侯国之间的兼并，往往借“治天下”之名，在厮杀与荼毒中“乱天下”，正如《史记·秦始皇本纪》所言“天下共苦，战斗不休”。这是自孟庄以来一直延续的时代背景，也是儒道两家迫切检讨的时代问题。对于庄子后学而言，这种乱局、苦境的最深刻流弊莫过于加剧人心的动荡不安、人性的搅扰不宁。

而且说明邪[1]？是淫于色也；说聪邪？是淫于声也；说仁邪？是乱于德也；说义邪？是悖于理也；说礼邪？是相于技也[2]；说乐（也）[邪]？是相于淫也；说圣邪？是相于艺也；说知邪？是相于疵也[3]。天下将安其性命之情，之八者，存可也，亡可也；天下将不安其性命之情，之八者，乃始脔卷獊囊而乱天下也[4]。而天下乃始尊之惜之，甚矣天下之惑也！岂直过也而去之邪！乃齐戒以言之[5]，跪坐以进之，鼓歌以儛之[6]，吾若是何哉！

[注释]

[1] 说：同“悦”。 [2] 相于技也：有助于技巧。相，助。 [3] 疵：流弊。 [4] 脔卷：不申舒的状态，拘束的样子。獊囊：犹“抢攘”，多事的样子。 [5] 齐戒：斋戒。齐，繁体为“齊”，乃“斋”之繁体“齋”之误。 [6] 儛（wǔ）：“舞”之俗字。

[点评]

“安其性命之情”主要谈性命之情的安顿，庄子正视人“与世俗处”的群体性生活，期盼一种既能保有个体生命特质，同时又能兼容多元生命面貌的群己关系。而这种群己关系的面向，正是庄子“安情”说的关注视野。不过，“安情”说提出的直接语境是政治问题，庄子站在“安其性命之情”的立场上揭示出不当之治所产生的弊害。仁义穷而刑罚用，仁义圣智呼嚷于桎梏之间，又再而成为刑戮的工具。圣智成为窃国的道具，仁义成为暴君的名器，曾参、史鳍成了桀纣的向导，唯有彻底抛弃统治者规范的价值，天下人民才能“安其性命之情”。

故君子不得已而临莅天下，莫若无为。无为也而后安其性命之情。故贵以身于为天下[1]，则可以托天下；爱以身于为天下，则可以寄天下。故君子苟能无解其五藏[2]，无擢其聪明[3]；尸居而龙见[4]，渊默而雷声[5]，神动而天随[6]，从容无为而万物炊累焉[7]。吾又何暇治天下哉！

［注释］

[1] 以下四句见《老子》第十三章。 [2] 解：放开，含有放纵之意。 [3] 擢：显耀，自诩。 [4] 尸居而龙见：形容安居不动而神采奕奕。 [5] 渊默而雷声：形容沉静缄默而感人深切。 [6] 神动而天随：精神活动都合于自然。 [7] 万物炊累：形容万物的繁殖如炊气积累而升。炊累，犹动升。

崔瞿[1]问于老聃曰：“不治天下，安藏人心[2]？”

老聃曰：“女慎无撄人心。人心排下而进上[3]，上下囚杀[4]，淖约柔乎刚强[5]。廉刿雕琢[6]，其热焦火[7]，其寒凝冰。其疾俛仰之间而再抚四海之外[8]，其居也渊而静，其动也县而天。偾骄而不可系者[9]，其唯人心乎！

［注释］

[1] 崔瞿：虚拟的人名。 [2] 藏：同“臧”，善。 [3] 人心排下而进上：人心，压抑它就消沉，推进它就高举。 [4] 上下囚杀：形容心志向上趋下如同被拘囚、伤杀。 [5] 淖约：柔美。 [6] 廉刿（guì）雕琢：形容一个人饱受折磨。廉，通“劆”，刺。刿，割伤。 [7] 以下两句是形容人心急躁和战栗的情状。 [8] 俛仰之间：短暂时间。 [9] 偾骄：不可禁之势。偾，同“愤”。

［点评］

本段在一种差别性的情境中，细腻地刻画出人心近乎两极化的诸多样态。它们共同指向了人心的多变性：人心，压抑它就消沉，推进它就高举。心志的消沉和高举之间，犹如被拘囚、伤杀，柔美的心志表现可以柔化刚强。有棱角的人必遭折磨，使其性时而急躁如烈火，时而忧恐如寒冰。变化的迅速，顷刻之间像往来于四海之外，人心安稳时深沉而寂静，跃动时悬腾而高飞，强傲而不可羁制的，就是人心。

人心之所以不得安宁，人的性命之所以不得安顿，其根源即在于圣智礼法已沦为窃国诸侯的名器。

“昔者黄帝始以仁义撄人之心，尧舜于是乎股无胈[1]，胫无毛[2]，以养天下之形，愁其五藏以为仁义，矜其血气以规法度[3]。然犹有不胜也，尧于是放讙兜于崇山[4]，投三苗于三峗，流共工于幽都，此不胜天下也。夫施及三王而天下大骇矣。下有桀跖，上有曾史，而儒墨毕起。于是乎喜怒相疑[5]，愚知相欺，善否相非，诞信相讥，而天下衰矣；大德不同，而性命烂漫矣[6]；天下好知，而百姓求竭矣[7]。于是乎釿锯制焉，绳墨杀焉，椎凿决焉[8]。天下脊脊大乱[9]，罪在撄人心。故贤者伏处大山嵁岩之下[10]，而万乘之君忧慄乎庙堂之上。

［注释］

[1] 股无胈（bá）：大腿上没有肉。 [2] 胫无毛：小腿上不长毛。 [3] 矜其血气：苦费心血的意思。 [4] 以下四句是说，于是尧将讙兜放逐到崇山，将三苗投掷到三峗，将共工流配到幽都，这是未治好天下的证明。三峗，山名，在今甘肃天水一带。幽都，在今北京密云境内。 [5] 以下五句是说，于是喜怒相互猜忌，愚智互相欺侮，善与不善互相非议，荒诞与信实互相讥讽，天下风气从此衰颓了。形容种种自是而非他的心理与行为表现。 [6] 烂漫：散乱。 [7] 求竭：无以供其求。 [8] 釿锯、绳墨、椎凿：都指刑具。杀：当作“设”。 [9] 脊脊：犹“藉藉”，互相

践踏。 [10] 伏处：隐遁，潜居。嵁岩：深岩。

“今世殊死者相枕也[1]，桁杨者相推也[2]，刑戮者相望也，而儒墨乃始离跂攘臂乎桎梏之间[3]。意，甚矣哉！其无愧而不知耻也甚矣！吾未知圣知之不为桁杨椄槢也[4]，仁义之不为桎梏凿枘也[5]，焉知曾史之不为桀跖嚆矢也[6]！故曰‘绝圣弃知而天下大治’。”

［注释］

[1] 殊死：死刑。 [2] 桁（háng）杨：古时一种夹脚和颈的刑具。 [3] 离跂：翘足，形容用力的样子。 [4] 椄槢（jiē xí）：械楔。枷中横木即是楔。 [5] 凿枘：指固定桎梏的关键。 [6] 嚆矢：矢之鸣者，响箭，比喻先声。

黄帝立为天子十九年，令行天下，闻广成子在于空同之（上）［山］[1]，故往见之，曰：“我闻吾子达于至道，敢问至道之精。吾欲取天地之精[2]，以佐五谷，以养民人。吾又欲官阴阳[3]，以遂群生[4]，为之奈何？”

两“欲”字点出黄帝之治，有心而非自然，有其一己之目的性。

广成子曰：“而所欲问者[5]，物之质也[6]；而所欲官者，物之残也。自而治天下，云气不待族而雨[7]，草木不待黄而落，日月之光益以荒矣。而佞人之心翦翦者[8]，又奚足以语至道！”

黄帝退，捐天下[9]，筑特室，席白茅，闲居三月，复往邀之。

[注释]

[1] 广成子：体会自然无为之道的寓言人物。空同之山：杜撰的地名。空，空虚、空明的意思。同，含有混同、冥同的意思。 [2] 天地之精：天地自然的精气。 [3] 官阴阳：调和阴阳。官，掌管。 [4] 遂：成，成就。群生：万物。 [5] 而：汝，你。 [6] 质：原质，真质。 [7] 族：聚。 [8] 翦（jiǎn）翦：心地狭隘。 [9] 捐：抛弃。

[点评]

本节用黄帝与广成子的对话，否定“治”而申言“无治”，并进而谈“至道之精”，旨在无取治天下而谈治身。治者若能抱守精神，贵爱其身，无为自然，则人民自将趋于昌盛。

广成子南首而卧，黄帝顺下风膝行而进[1]，再拜稽首而问曰：“闻吾子达于至道，敢问，治身奈何而可以长久？”广成子蹶然而起，曰：“善哉问乎！来！吾语女至道。至道之精，窈窈冥冥[2]；至道之极，昏昏默默[3]。无视无听，抱神以静，形将自正。必静必清，无劳女形，无摇女精，乃可以长生。目无所见，耳无所闻，心无所知，女神将守形，形乃长生。慎女内[4]，闭女外[5]，多知为败。我为女遂于大明之上矣[6]，至彼至阳之原也；为女入于窈冥之门矣，至彼至阴之原也。天地有官[7]，阴阳有藏[8]，慎守女身，物将自壮。我守其一以处其和，故我修身千二百岁矣，吾形未常衰。”

黄帝再拜稽首曰：“广成子之谓天矣[9]！”

广成子曰：“来！余语女。彼其物无穷[10]，而人皆以为有终；彼其物无测，而人皆以为有极。得吾道者，上为皇而下为王；失吾道者，上见光而下为土[11]。今夫百昌皆生于土而反于土[12]，故余将去女，入无穷之门，以游无极之野。吾与日月参光，吾与天地为常。当我[13]，缗乎！远我，昏乎！人其尽死，而我独存乎！”

［注释］

[1] 顺下风：顺下方。　[2] 窈窈冥冥：深远暗昧。窈，微不可见。冥，深不可测。　[3] 昏昏默默：比喻深静。　[4] 慎女

内：不动其心。　[5] 闭女外：不使外物动吾心。　[6] 大明：指太阳。　[7] 天地有官：天地各官其官。官，职。　[8] 阴阳有藏：阴阳各居其所。藏，府。　[9] 天：和天合一。　[10] 彼其物：指道而言。　[11] 上见光而下为土：在上只能见到日月之光，在下则化为尘土。　[12] 百昌：百物昌盛。　[13] 以下四句是说，迎我而来，茫然无知；背我而去，昏暗不觉。

云将东游[1]，过扶摇之枝而适遭鸿蒙[2]。鸿蒙方将拊脾雀跃而游[3]。云将见之，倘然止[4]，贽然立[5]，曰："叟何人邪？叟何为此？"

鸿蒙拊脾雀跃不辍，对云将曰："游！"

云将曰："朕愿有问也。"

鸿蒙仰而视云将曰："吁！"

云将曰："天气不和，地气郁结，六气不调，四时不节。今我愿合六气之精以育群生，为之奈何？"

鸿蒙拊脾雀跃掉头曰："吾弗知！吾弗知！"

云将不得问。又三年，东游，过有宋之野而适遭鸿蒙。云将大喜，行趋而进曰："天忘朕邪[6]？天忘朕邪？"再拜稽首，愿闻于鸿蒙。

鸿蒙曰："浮游，不知所求；猖狂[7]，不知所往；游者鞅掌[8]，以观无妄[9]。朕又何知！”

云将曰：“朕也自以为猖狂，而民随予所往；朕也不得已于民，今则民之放也[10]。愿闻一言。”

鸿蒙曰：“乱天之经，逆物之情，玄天弗成[11]；解兽之群，而鸟皆夜鸣；灾及草木，祸及止虫。意，治人之过也！”

云将曰：“然则吾奈何？”

鸿蒙曰：“意，毒哉[12]！僊僊乎归矣。”

云将曰：“吾遇天难，愿闻一言。”

鸿蒙曰：“意！心养[13]。汝徒处无为，而物自化。堕尔形体[14]，吐尔聪明，伦与物忘[15]；大同乎涬溟，解心释神，莫然无魂。万物云云[16]，各复其根，各复其根而不知；浑浑沌沌[17]，终身不离；若彼知之，乃是离之。无问其名，无窥其情，物固自生。”

云将曰：“天降朕以德，示朕以默；躬身求之，乃今也得。”再拜稽首，起辞而行。

所谓“心养”，乃是“堕尔形体，吐尔聪明，伦与物忘”，指代所谓的体道工夫，或者向内的心灵修养。它和“心斋”（《人间世》）、“坐忘”（《大宗师》）的修养工夫相同。“大同乎涬溟”，即大同于自然的元气，亦即大同于宇宙根源性的存在。

[注释]

[1] 云将：云之主将，寓言人物。　[2] 扶摇：神木。鸿蒙：自然元气，此处用以寓托人物。　[3] 拊脾：拍打大腿。脾，即

“髀”。 [4] 倘然：惊疑的样子。 [5] 贽然立：形容站着不动的样子。 [6] 天：尊称鸿蒙。 [7] 猖狂：形容随心所欲，自由奔放。 [8] 游者鞅掌：游于举世纷纭众多的事物中。 [9] 无妄：真实，事物的真相。一说无妄为无穷之意。 [10] 民之放：为民仿效。 [11] 玄天弗成：自然之原状不能保全。 [12] 以下两句是说，毒害人啊！快回去。僊僊，轻举的样子。 [13] 心养：养心，如《人间世》“心斋”。 [14] 以下两句见《大宗师》“堕肢体，黜聪明”。 [15] 伦与物忘：泯没而与物相忘。伦，类，辈。此指本身。 [16] 以下两句是说，万物纷纷纭纭，各自返回到它的本根。见《老子》第十六章“夫物芸芸，各复归其根”。 [17] 浑浑沌沌：真朴自然的意思。

世俗之人，皆喜人之同乎己而恶人之异于己也。同于己而欲之，异于己而不欲者，以出乎众为心也。夫以出乎众为心者，曷常出乎众哉[1]！因众以宁所闻[2]，不如众技众矣。而欲为人之国者[3]，此揽乎三王之利而不见其患者也。此以人之国侥倖也，几何侥倖而不丧人之国乎！其存人之国也，无万分之一；而丧人之国也，一不成而万有余丧矣。悲夫，有土者之不知也[4]！

夫有土者，有大物也[5]。有大物者[6]，不可以物；物而不物[7]，故能物物。明乎物物者之非物也，岂独治天下百姓而已哉！出入六合，游乎九州[8]，独往独来，是谓独有[9]。独有之人，是谓至贵。

［注释］

[1] 曷常：即何尝。 [2] 以下两句是说，只因大众认同而得心安，其实不如众人的才智太多了。 [3] 以下两句是说，想要贪图国土的人，这是求取三代帝王的利益而没有看见他们的祸害。 [4] 有土者：拥有国土者，指当时诸侯。 [5] 大物：指广大的土地人民。 [6] 以下两句是说，有天下者，必超乎天下。 [7] 以下两句与《山木》中“物物而不物于物”同义。物而不物，即“为而不为”，意思是虽居其位，统管其事，然要能不侵占，任物自为。 [8] 九州：古代将中国分为九大行政区域，即：冀州、兖州、青州、徐州、豫州、扬州、荆州、梁州、雍州。古人将世界全体分为九部，谓：神州（东南）、次州（正南）、戎州（西南）、弇州（正西）、冀州（正中）、台州（西北）、泲州（正北）、薄州（东北）、阳州（正东）。 [9] 独有：意指拥有自己的内在人格世界，在精神上能特立独行。

大人之教[1]，若形之于影，声之于响。有问而应之，尽其所怀，为天下配[2]。处乎无响，行乎无方[3]。挈汝适复之挠挠[4]，以游无端；出入无旁[5]，与日无始[6]；颂论形躯[7]，合乎大同，大同而无己。无己，恶乎得有有[8]！睹有者，昔之君子；睹无者[9]，天地之友。

［注释］

[1] 大人：至人，即上文独有之人。　[2] 配：对，问者为主，应者为配。　[3] 无方：没有固定方向。　[4] 挈汝适复之挠挠：意指引导纷杂的人群。　[5] 出入无旁：独来独往，无所依傍。　[6] 与日无始：与日俱新。　[7] 以下两句是说，容貌形体，合于天地自然。　[8] 有有：有形相，意指执着形相。　[9] 无：即《老子》第一章中“无名天地之始”的“无”，指道。

贱而不可不任者[1]，物也；卑而不可不因者[2]，民也；匿而不可不为者，事也；粗而不可不陈者[3]，法也[4]；远而不可不居者，义也；亲而不可不广者[5]，仁也；节而不可不积者[6]，礼也；中而不可不高者[7]，德也；一而不可不易者，道也；神而不可不为者，天也。故圣人观于天而不助，成于德而不累，出于道而不谋，会于仁而不恃[8]，薄于义而不积[9]，应于礼而不讳[10]，接于事而不辞，齐于法而不乱，恃于民而不轻，因于物而不去[11]。物者莫足为也，而不可不为。不明于天者，不纯于德；不通于道者，无自而可；不明于道者，悲夫！

[注释]

[1] 任：任凭，听任。 [2] 因：顺应，依随。 [3] 陈：陈述。 [4] 法：效法，这里指可以效法的言论。 [5] 以下两句是说，亲近容易形成偏爱，扩大了亲近的范围也就成为“仁”。广，扩大、推展的意思。 [6] 节：礼仪。积：增多。 [7] 中：顺。一说获得的意思。 [8] 会：合符。恃：依靠。 [9] 薄：通“迫”，接近、靠拢的意思。 [10] 讳：回避。 [11] 因：循，遵从。

[点评]

清人宣颖说：“此一段意肤文杂，与本篇之义不甚切，且其粗浅，全不似庄子之笔。”（《南华经解》）清刘凤苞也说：“上段已不类南华笔意……至此段则意浅词肤，绝无真气贯注其间，几于画蛇添足矣。”（《南华雪心编》）

何谓道？有天道，有人道。无为而尊者，天道也；有为而累者，人道也。主者，天道也；臣者，人道也。天道之与人道也，相去远矣，不可不察也。

常人各有职事，因其有为，而为身所系。君主居于尊位得天之道，以无为治天下。

[篇末评]

“在宥”，自在宽宥的意思，本篇取首句二字为篇名。全篇主张各物自治而反对他治。落到最根本处，从人的本性上说，人心好自然而厌干涉。篇中“贱而不可不任者”以下与全篇主旨相违，亦于庄学精神不合，疑为黄老之作窜入，或为庄子后学染有黄老思想者所为。

天 地

天地虽大，其化均也；万物虽多，其治一也[1]；人卒虽众[2]，其主君也。君原于德而成于天[3]，故曰，玄古之君天下，无为也，天德而已矣[4]。

以道观言而天下之君正，以道观分而君臣之义明，以道观能而天下之官治，以道汎观而万物之应备[5]。故通于天地者，德也；行于万物者，道也；上治人者[6]，事也；能有所艺者，技也。技兼于事[7]，事兼于义，义兼于德，德兼于道，道兼于天。故曰，古之畜天下者，无欲而天下足[8]，无为而万物化，渊静而百姓定。记曰[9]：

老子一向以“道”为第一位，这里将“天”的排位提高到“道”之前，与老子稍有不同。

“通于一而万事毕[10]。无心得而鬼神服。”

[注释]

[1] 治：条理。 [2] 人卒：民众。见《秋水》《至乐》《盗跖》。 [3] 君原于德而成于天：君主任事是依据着德而成全于天然。德，自得。天，自然。 [4] 天德：体现天地自然理法的一种存在方式。 [5] 以道汎观而万物之应备：从道的观点广泛地看来，万物的对应都已齐备。 [6] 以下两句是说，上位的治理人民，是各任其事。 [7] 兼于：合于。 [8] 以下三句是说，不贪欲，天下便可富足；自然无为，万物便将自化；清静不扰，百姓便能安定。见《老子》第五十七章中“我无为而民自化，我好静而民自正，我无欲而民自朴”。 [9] 记：古书的记载，不指定某书。 [10] 以下两句是说，贯通于道而万事可成，无心获取而鬼神敬服。

夫子曰[1]：“夫道，覆载万物者也，洋洋乎大哉！君子不可以不刳心焉[2]。无为为之之谓天，无为言之之谓德，爱人利物之谓仁，不同同之之谓大，行不崖异之谓宽[3]，有万不同之谓富。故执德之谓纪，德成之谓立，循于道之谓备，不以物挫志之谓完。君子明于此十者，则韬乎其事心之大也[4]，沛乎其为万物逝也[5]。若然者，藏金于山，藏珠于渊，不利货财，不近贵富；不乐寿，

“刳心”一词仅见于此。“刳心”即洗心，洗去贪欲智巧之心，亦即洗去成心，去桎梏，破封闭，发挥灵照的积极作用。

不哀夭；不荣通，不丑穷；不拘一世之利以为己私分[6]，不以王天下为己处显。显则明，万物一府[7]，死生同状[8]。”

［注释］

[1] 夫子：这里指庄子。此乃门人记庄子之言。 [2] 刳（kū）心：剔去其知觉之心，去其私以入于自然。 [3] 崖异：乖异。 [4] 韬：宽，包容。事心：犹立心，是说立心之大。 [5] 为万物逝：任万物之自往。逝，往。 [6] 拘：借为“取”。 [7] 万物一府：即《德充符》的“府万物”。 [8] 死生同状：即《德充符》的“以死生为一条”。

夫子曰：“夫道，渊乎其居也，漻乎其清也[1]。金石不得[2]，无以鸣。故金石有声，不考不鸣[3]。万物孰能定之[4]！夫王德之人[5]，素逝而耻通于事[6]，立之本原而知通于神[7]。故其德广，其心之出[8]，有物采之。故形非道不生，生非德不明。存形穷生，立德明道，非王德者邪！荡荡乎！忽然出，勃然动，而万物从之乎！此谓王德之人。视乎冥冥，听乎无声。冥冥之中，独见晓焉；无声之中，独闻和焉。故深之又深而能物焉[9]，神之又神而能精焉[10]；故其与万物接也，至无而供其求[11]，时骋而要其宿[12]，大小，长短，修远。”

［注释］

[1]漻：清澈。 [2]金石：指古代乐器，如钟、磬等。 [3]考：击。 [4]万物孰能定之：意指万物的感应谁能确定它的性质。 [5]王德之人：盛德之人。 [6]素逝：抱朴而行。素，真。逝，往。耻通于事：不愿被事所牵。 [7]立之本原而知通于神：立身于本原，智慧可与神明相通。神，形容变化不测的境界。 [8]以下两句是说，他的心思起作用，乃是由于外物的交感。 [9]能物：物由此生，即能够生物。 [10]精：真实的本质。 [11]至无而供其求：指道体至虚却能供应万物的需求。 [12]时骋而要其宿：指道时出不穷却能使万物有所归宿。

黄帝游乎赤水之北[1]，登乎昆仑之丘而南望，还归，遗其玄珠[2]。使知索之而不得[3]，使离朱索之而不得，使喫诟索之而不得也[4]。乃使象罔[5]，象罔得之。黄帝曰：“异哉！象罔乃可以得之乎？”

［注释］

[1]赤水：杜撰的水名。 [2]玄珠：比喻道。 [3]知：同“智”，寓名。 [4]喫（kài）诟：言辩，寓名。 [5]象罔：无心的意思，比喻无形迹，亦寓名。象，即形迹。罔，同“忘”。

［**点评**］

黄帝游赤水登昆仑而遗失玄珠，寓言仅仅六十八字，文赅而意深。玄珠比喻玄奥的道，道不是客观的对象，以心智、眼目、言辩的感觉之知去索求，是无法得到的，这三者有时反而遮蔽了真性，越求越远。自然无为之道，应弃除心机智巧，于静默无心中理会。宋林希逸说："此段言求道不在于聪明，不在于言语，即佛经所谓'以有思惟心求大圆觉，如以萤火烧须弥山'。"（《庄子鬳斋口义校注》）

尧之师曰许由，许由之师曰啮缺，啮缺之师曰王倪，王倪之师曰被衣[1]。

尧问于许由曰："啮缺可以配天乎[2]？吾藉王倪以要之[3]。"

许由曰："殆哉圾乎天下[4]！啮缺之为人也，聪明睿知，给数以敏[5]，其性过人，而又乃以人受天[6]。彼审乎禁过[7]，而不知过之所由生。与之配天乎？彼且乘人而无天[8]，方且本身而异形[9]，方且尊知而火驰[10]，方且为绪使[11]，方且为物絯[12]，方且四顾而物应[13]，方且应众宜，方且与物化而未始有恒[14]。夫何足以配天乎？虽然，有族[15]，有祖，可以为众父[16]，而不可以为众父父。治，乱之率也，北面之祸也[17]，南面之贼也。”

［注释］

[1] 啮缺、王倪、被衣：三者都是求道之士，人名都是庄子杜撰的。 [2] 配天：为天子。 [3] 要：邀。 [4] 圾：又作“岌”，危。 [5] 给数以敏：机警敏捷。给数，捷速。数，通“速”。 [6] 乃：犹能。 [7] 彼审乎禁过：明于禁阻过失。 [8] 乘人而无天：依凭人为造作而摒弃自然。 [9] 本身而异形：以己身为本，令天下异形。即以自身为本位来区分人我。 [10] 尊知而火驰：尊尚知识而谋急用。 [11] 绪使：为细事所役。 [12] 物絯（gāi）：为外物所拘束。絯，拘束。 [13] 四顾而物应：顾盼四方而应接外物。 [14] 与物化而未始有恒：受到事物影响而未尝有定则。 [15] 以下两句是说，一族之聚必尊其祖，指有人群族聚则当有宗主人群之事者。 [16] 众父：族之祖，这里指百姓的官长。 [17] 以下两句是说，让他治国，将会导致人臣的祸患，君主的祸害。古时候帝王的座位向南，臣见君主都向北拜礼，因而以“南面”比喻君主，以“北面”比喻臣子。

尧观乎华[1]。华封人曰[2]：“嘻，圣人！请祝圣人。”

“使圣人寿。”尧曰：“辞。”“使圣人富。”尧曰：“辞。”“使圣人多男子。”尧曰：“辞。”

封人曰：“寿，富，多男子，人之所欲也。

女独不欲，何邪？”

尧曰：“多男子则多惧，富则多事，寿则多辱。是三者，非所以养德也，故辞。”

封人曰：“始也我以女为圣人邪，今然君子也[3]。天生万民，必授之职。多男子而授之职，则何惧之有！富而使人分之，则何事之有！夫圣人，鹑居而鷇食[4]，鸟行而无彰[5]；天下有道，则与物皆昌；天下无道，则修德就闲；千岁厌世[6]，去而上僊；乘彼白云，至于帝乡[7]；三患莫至[8]，身常无殃；则何辱之有！”

陶渊明《归去来辞》说：“富贵非吾愿，帝乡不可期……聊乘化以归尽，乐夫天命复奚疑？”正由此而来。

封人去之。尧随之，曰：“请问。”

封人曰：“退已！”

[注释]

[1] 华：地名，今陕西华州。 [2] 封人：守边疆的人。亦见《齐物论》。 [3] 今然君子也：现在竟然是个君子。然，借为“乃”。 [4] 鹑居：鹑鸟野处，居无定所，形容无心于奢靡。鷇食：形容无心于求食。 [5] 无彰：无迹。 [6] 厌世：尽世，一生已尽。 [7] 帝乡：天帝之乡，比喻幽远至虚的境界。 [8] 三患：指上文尧所说“多男子则多惧，富则多事，寿则多辱”。

尧治天下，伯成子高立为诸侯[1]。尧授舜，舜授禹，伯成子高辞为诸侯而耕。禹往见之，则耕在野。禹趋就下风[2]，立而问焉，曰："昔尧治天下，吾子立为诸侯。尧授舜，舜授予，而吾子辞为诸侯而耕，敢问，其故何也？"

子高曰："昔尧治天下，不赏而民劝，不罚而民畏。今子赏罚而民且不仁，德自此衰，刑自此立，后世之乱自此始矣。夫子阖行邪[3]？无落吾事[4]！"俋俋乎耕而不顾[5]。

[注释]

[1]伯成子高：伯成为复姓，或为杜撰的人物。 [2]趋就下风：意思是禹趋就下方，不敢居于上方，此自谦之词。下风，即下方，"风""方"古同音同义。 [3]阖：通"盍"，何不。 [4]无落吾事：不要耽误了我的耕作。 [5]俋俋：低首而耕的样子。

[点评]

伯成子高辞却高位退耕于野，禹去拜访他，他直言不讳批评禹政之失。庄派人物视统治者为糠秕，和儒家形成强烈的对照。

泰初有无[1]，无有无名[2]；一之所起[3]，有一而未形。物得以生，谓之德；未形者有分[4]，且然无间，谓之命；留动而生物[5]，物成生理[6]，谓之形；形体保神，各有仪则，谓之性。性修反德，德至同于初。同乃虚，虚乃大。合喙鸣[7]；喙鸣合，与天地为合。其合缗缗[8]，若愚若昏，是谓玄德，同乎大顺[9]。

［注释］

[1] 泰初有无：宇宙原始便是无。泰，太。初，始也。元气始萌，谓之太初。 [2] 无有无名：有两种解释，其一认为无有即无名，即没有“无”的名称。其二认为无有无名即没有“有”也没有“名”。 [3] 一：形容道在创生活动中向下落实一层的未分状态。 [4] 以下三句是说，没有形体时却有阴阳之分，犹且流行无间，称之为命。未形，未有形质。有分，分阴分阳。命，谓万物先天性的存在条件。 [5] 留动而生物：有两种解释，其一认为运动时稍时滞留便产生了物。其二认为流动的过程中产生了物。两种解释皆可通。 [6] 物成生理：万物生成，各具样态。 [7] 合喙鸣：混合无心之言。喙，鸟口。 [8] 缗缗：泯泯，没有痕迹。 [9] 大顺：即自然，同于《老子》第六十五章“乃至大顺”。

［点评］

本段对道的创造过程的论述，显然受到了老子宇宙生成论的影响。“泰初”是指宇宙的始源，“无”就是指最原始的道。这时的“道”还不能称为“有”，它是无形无名的。“一之所起”的“一”，相当于老子所说的“有”。这个“一”，已经蕴含了阴阳两种元素。在阳变阴合的浑然状态中，元气开始运动，产生万物。

夫子问于老聃曰[1]："有人治道若相放[2]，可不可[3]，然不然。辩者有言曰：'离坚白若县寓。'若是则可谓圣人乎？"

老聃曰："是胥易技系劳形怵心者也[4]。执留之狗成思[5]，猿狙之便自山林来。丘，予告若[6]，而所不能闻与而所不能言。凡有首有趾无心无耳者众[7]，有形者与无形无状而皆存者尽无[8]。其动，止也[9]；其死，生也；其废，起也[10]。此又非其所以也[11]。有治在人[12]，忘乎物，忘乎天，其名为忘己。忘己之人，是之谓入于天。"

老庄学派一贯反对令物效己，让人民效从于统治者，提出治道在于忘己，统治者首先要破除一己的专断，让人们的生活得以自然而然。

[注释]

[1] 夫子：孔子。 [2] 若相放：一说若相仿效。一说若相悖逆。依照文意，当从后说。 [3] 以下两句是说，以不可为可，不然为然。亦见《秋水》。 [4] 胥易技系劳形怵心者也：这样的人如同胥吏治事为技能所累，劳苦形骸扰乱心神。见《应帝王》。 [5] 以下两句是说，捕狸的狗被拘禁，猿猴因为灵敏才被人从山林里捉来。 [6] 以下两句是说，我告诉你，你所不能够听到和你所不能够说出的。 [7] 有首有趾：具体之人。无心无耳：无知无闻。 [8] 有形者：指人。无形无状：指道。 [9] 动、止：指起居。 [10] 废、起：指穷达。 [11] 此又非其所以也：指起居生死穷达皆有自然而然者。 [12] 有治在人：人事有治迹。

将闾葂见季彻曰[1]："鲁君谓葂也曰：'请受教。'辞不获命，既已告矣，未知中否，请尝荐之。吾谓鲁君曰：'必服恭俭，拔出公忠之属而无阿私，民孰敢不辑[2]！'"

季彻局局然笑曰[3]："若夫子之言，于帝王之德，犹螳蜋之怒臂以当车轶[4]，则必不胜任矣。且若是，则其自为处危[5]，其观台多，物将往，投迹者众。"

蒋闾葂覤覤然惊曰[6]："葂也汒若于夫子之所言矣[7]。虽然，愿先生之言其风也[8]。"

季彻曰："大圣之治天下也，摇荡民心[9]，使之成教易俗，举灭其贼心而皆进其独志[10]，若性之自为，而民不知其所由然。若然者，岂兄尧舜之教民[11]，溟涬然弟之哉？欲同乎德而心居矣[12]。"

"举灭其贼心"，即化除侵蚀、贼害他人的心念；"进其独志"，则是增进各自独特的人格、意志。

[注释]

[1] 将闾、季：姓。将，当作"蒋"。葂、彻：名。二者乃庄子寓托之名，不知何许人也。 [2] 辑：合。 [3] 局局然：笑的样子。 [4] 以下两句是说，如同螳螂奋臂来抗拒车轮，那就一定不胜任了。亦见《人间世》"怒其臂以当车辙，不知其不胜任

也”。轶，同“辙”。 [5] 以下四句，郭象的读法是“则其自为处危其观台，多物将往，投迹者众”，王先谦则读为“则其自为处危，其观台多物，将往投迹者众”。按：应从王说。处危，身处高危。观台多物，喻朝廷多事。观台，君所居地。 [6] 觑（xì）觑然：惊惧的样子。 [7] 汒若：茫然。 [8] 言其风：言其略。 [9] 摇荡：自由纵任之意。见《大宗师》中“遥荡”。 [10] 贼心：知巧之害心。独志：独特之志。 [11] 以下两句是说，何必要尊崇尧舜的教化，而茫然跟从他们呢？溟涬，无知盲从的样子。 [12] 心居：心安，安定的意思。

子贡南游于楚，反于晋，过汉阴[1]，见一丈人方将为圃畦[2]，凿隧而入井，抱瓮而出灌，搰搰然用力甚多而见功寡[3]。子贡曰：“有械于此，一日浸百畦，用力甚寡而见功多，夫子不欲乎？”

为圃者卬而视之曰[4]：“奈何？”曰：“凿木为机，后重前轻，挈水若抽，数如泆汤[5]，其名为槔。”为圃者忿然作色而笑曰：“吾闻之吾师，有机械者必有机事，有机事者必有机心。机心存于胸中，则纯白不备；纯白不备，则神生不定[6]；神生不定者，道之所不载也。吾非不知，羞而不为也。”

子贡瞒然惭[7]，俯而不对。

有间，为圃者曰："子奚为者邪？"

曰："孔丘之徒也。"

为圃者曰："子非夫博学以拟圣，於于以盖众[8]，独弦哀歌以卖名声于天下者乎？汝方将忘汝神气，堕汝形骸，而庶几乎[9]！而身之不能治，而何暇治天下乎！子往矣，无乏吾事[10]！"

子贡卑陬失色[11]，顼顼然不自得[12]，行三十里而后愈。

其弟子曰："向之人何为者邪？夫子何故见之变容失色，终日不自反邪？"

曰："始吾以为天下一人耳，不知复有夫人也。吾闻之夫子，事求可，功求成。用力少，见功多者，圣人之道。今徒不然[13]。执道者德全，德全者形全，形全者神全。神全者，圣人之道也。托生与民并行而不知其所之，汒乎淳备哉[14]！功利机巧必忘夫人之心。若夫人者，非其志不之，非其心不为。虽以天下誉之，得其所谓，謷然不顾[15]；以天下非之，失其所谓，傥然不受[16]。天下之非誉，无益损焉，是谓全德之人哉！我之谓风波之民[17]。"

反于鲁，以告孔子。孔子曰：“彼假修浑沌氏之术者也[18]；识其一[19]，不知其二；治其内[20]，而不治其外。夫明白入素，无为复朴，体性抱神，以游世俗之间者，汝将固惊邪？且浑沌氏之术，予与汝何足以识之哉！”

［注释］

[1] 汉阴：汉水之南。 [2] 丈人：老人，长者之称。圃畦：种菜之园曰圃，种稻之田曰畦，此处“圃畦”作动词用，谓方将种菜种稻。 [3] 搰（hú）搰然：流水声。 [4] 卬：音“仰”，一本作“仰”。 [5] 数如泆汤：疾速如汤沸溢。数，通“速”。 [6] 生：读作“性”。 [7] 瞒然：羞怍的样子。 [8] 於于：夸诞的样子。 [9] 而庶几乎：而后庶近于道。几，近。 [10] 乏：废。 [11] 卑陬（zōu）：愧惧、惭怍的样子。 [12] 顼顼然：自失的样子。 [13] 徒：但，乃。 [14] 汒乎：茫昧深远，无思虑分别的意思。 [15] 謷然：高大的神态。 [16] 傥然：无心之貌。 [17] 风波：为世故所役而不自定。 [18] 假修浑沌氏之术者也：修习浑沌氏道术的人。 [19] 以下两句是说，其心单纯，不用机心。识其一，所守纯一。不知其二，言心不分。 [20] 以下两句是说，浑沌之术在治其本，不治其表。即不求外炫，而求内无机巧之心。内，本心。外，外物。

［点评］

汉阴丈人的主要观念是去除功利机巧，保持淳和正朴。这是庄子学派的共同主张。庄子后学明确反对使用机械，认为有机械就会产生机心。时至今日，世界急速机械化，给人类生活带来无限的便利，也给人类带来无穷的灾害。汉阴丈人固然蔽陋，但我们也应当反省当前的机械化形成的社会问题。

谆芒将东之大壑[1]，适遇苑风于东海之滨[2]。苑风曰："子将奚之？"

曰："将之大壑。"

曰："奚为焉？"

曰："夫大壑之为物也，注焉而不满，酌焉而不竭；吾将游焉。"

苑风曰："夫子无意于横目之民乎[3]？愿闻圣治。"

谆芒曰："圣治乎？官施而不失其宜，拔举而不失其能，毕见其情事而行其所为[4]，行言自为而天下化，手挠顾指[5]，四方之民莫不俱至，此之谓圣治。"

"愿闻德人。"

曰："德人者，居无思，行无虑，不藏是非美恶。四海之内共利之之谓悦，共给之之为安[6]；怊乎若婴儿之失其母也[7]，傥乎若行而失其道也[8]。财用有余而不知其所自来，饮食取足而不知其所从，此谓德人之容。”

“愿闻神人。”

曰：“上神乘光[9]，与形灭亡[10]，此谓照旷。致命尽情，天地乐而万事销亡[11]，万物复情，此之谓混冥。”

这段话形容至上的神人乘驾光辉，不见形迹，照彻空旷，究极性命挥发性情，和天地共乐而万事不牵累，万物回复真情，这就是混同玄冥。

[注释]

[1] 谆芒：寓托人名，取意于前文“汒乎淳备哉”。大壑：海。 [2] 苑风：小风。 [3] 横目之民：指人，人之目横生于面。 [4] 毕见其情事而行其所为：明察事情而实行所当为的。 [5] 手挠顾指：手招目视的意思。挠，借为“招”。顾指，以目示意。 [6] 共利、共给：与人同乐、互利互惠之意。 [7] 怊乎若婴儿之失其母也：怅怅然好像婴儿失去母依。怊（chāo），怅。 [8] 傥：借为“怅”。 [9] 上神乘光：神人驾驭光明。 [10] 与形灭亡：不见形迹。 [11] 万事销亡：不受物累。

门无鬼与赤张满稽观于武王之师[1]。赤张满稽曰：“不及有虞氏乎！故离此患也[2]。”

门无鬼曰：“天下均治而有虞氏治之邪？其乱而后治之与？”

赤张满稽曰：“天下均治之为愿，而何计以有虞氏为！有虞氏之药疡也[3]，秃而施髢[4]，病正如同鱼在水中，不会感觉到水，人在空气中，不会感觉到空气，民风纯朴，相爱于自然。

而求医。孝子操药以修慈父[5]，其色燋然，圣人羞之。至德之世，不尚贤[6]，不使能；上如标枝[7]，民如野鹿；端正而不知以为义，相爱而不知以为仁，实而不知以为忠，当而不知以为信，蠢动而相使[8]，不以为赐。是故行而(为)[无]迹，事而无传。”

[注释]

[1] 门无鬼、赤张满稽：疑是寓言化人物。门，姓。无鬼，一作“无畏”，字。赤张，姓。满稽，名。 [2] 离：同“罹”，遭。 [3] 药疡：治头疮。 [4] 髢(dí)：假发。 [5] 以下三句是说，孝子拿药来治理他慈父的病，面色憔悴，圣人(为不能使父亲不生病)而感到耻辱。修，治。燋然，憔悴。 [6] 不尚贤：见《老子》第三章。 [7] 上如标枝：言树梢之枝无心在上。标，指树枝的末端。 [8] 蠢动：动作单纯。相使：相友助。

孝子不谀其亲，忠臣不谄其君，臣子之盛也。亲之所言而然，所行而善，则世俗谓之不肖子；君之所言而然，所行而善，则世俗谓之不肖臣。而未知此其必然邪？世俗之所谓然而然之，所谓善而善之，则不谓之道谀之人也[1]。然则俗故严于亲而尊于君邪[2]？谓己道人，则勃然作色；谓己谀人，则怫然作色。而终身道人也，终身谀人也，合譬饰辞聚众也，是终始本末不相坐。垂衣裳，设采色，动容貌，以媚一世，而不自谓道谀，与夫人之为徒，通是非，而不自谓众人，愚之至也。知其愚者，非大愚也；知其惑者，非大惑也。大惑者，终身不解；大愚者，终身不灵[3]。三人行而一人惑，所适者犹可致也，惑者少也；二人惑则劳而不至，惑者胜也。而今也以天下惑，予虽有祈向[4]，不可得也。不亦悲乎！

大声不入于里耳[5]，《折杨》《皇荂》[6]，则嗑然而笑[7]。是故高言不止于众人之心，至言不出，俗言胜也。以二缶钟惑[8]，而所适不得矣。而今也以天下惑，予虽有祈向，其庸可得邪！知其不可得也而强之，又一惑也，故莫若释之而不推。不推[9]，谁其比忧[10]！厉之人夜半生其子[11]，遽取火而视之，汲汲然唯恐其似己也。

[注释]

[1] 道谀：谄谀。 [2] 以下九句是说，然而，世俗果然比父母更可敬，比君主更可尊吗？有人说自己是谄媚的人，便勃然变色，说自己是阿谀的人，便忿然变容。然而终身谄媚人，终身阿

谀人，譬喻修辞来邀众，却始终认不出过错。故，同“固”。严，敬。道人，谄人。合譬饰辞，譬喻修辞。 [3] 灵：晓，知。 [4] 祈向：向导，引导之意。 [5] 大声：伟大的声音，高雅的音乐。里：同“俚”。 [6]《折杨》《皇荂》：古之俗中小曲。 [7] 嗑：笑声。 [8] 以下两句是说，要是两个人迷惑而裹足不前，那么要去的地方达不到了。缶钟，一作“垂踵”，裹足不前。 [9] 不推：不推究。 [10] 谁其比忧：忧患谁与。比，与。 [11] 厉之人：丑病人。

[点评]

前面的段落批评的重点都在统治者，而最后两段文字却用反讽的手法来批判忠臣孝子的言行。作者将忠孝的臣子称之为无节操无特识的“阿谀之人”，美其言辞取媚于权势。饰词浮伪充盈满溢，俗言胜而高言不为人所接受。

百年之木，破为牺尊[1]，青黄而文之[2]，其断在沟中。比牺尊于沟中之断，则美恶有间矣，其于失性一也。跖与曾史[3]，行义有间矣，然其失性均也。且夫失性有五：一曰五色乱目，使目不明；二曰五声乱耳，使耳不聪；三曰五臭薰鼻[4]，困惾中颡[5]；四曰五味浊口，使口厉爽[6]；五曰趣舍滑心[7]，使性飞扬。此五者，皆生之害也。而杨墨乃始离跂自以为得[8]，非吾所谓得也。夫得者困，可以为得乎？则鸠鸮之在于笼也[9]，亦可以为得矣。且夫趣舍声色以柴其内[10]，皮弁鹬冠搢笏绅修以约其外，内支盈于柴栅[11]，外重纆缴[12]，睆睆然在纆缴之中而自以为得[13]，则是罪人交臂历指而虎豹在于囊槛[14]，亦可以为得矣。

［注释］

[1] 牺尊：祭祀用的酒器。亦见《马蹄》。 [2] 青黄而文之：用青黄两色来修饰。文，文饰，修饰。 [3] 跖、曾史：见《在宥》。 [4] 五臭（xiù）：膻、薰、香、腥、腐称为五臭。臭，气味。 [5] 困惾（zōng）：堵塞不通。中颡：自鼻通至于额。 [6] 疠爽：病伤。 [7] 趣舍：取舍。滑心：乱心。滑，作迷乱讲，和《齐物论》“滑疑之耀”与《徐无鬼》“颉滑有实”的“滑”同义。 [8] 离跂：翘足，形容用力想出人头地。 [9] 鸠鸮：《齐物论》有“鸮炙”。 [10] 以下两句是说，况且好恶声色充塞心中，冠冕服饰拘束体外。柴其内，塞在心中。皮弁（biàn）鹬（yù）冠，古时的冠冕。搢笏绅修，古时的上朝的装束。 [11] 内支盈于柴栅：内心如同塞满了栅栏。支，塞。盈，满。柴，与“栈”通，谓积木围护四周。 [12] 纆缴：绳索，和《骈拇》的“纆索”同义。 [13] 睆（huǎn）睆然：极目远望的样子。 [14] 交臂历指：反手困缚。囊槛：圈槛。

［篇末评］

“天地”，指天和地而言，取篇首二字为篇名。全篇讥讽当政者和忠臣孝子，主张他们保持真朴，不要导谀盲从。天地的演化运作本于自然，人君也应遵循自然行无为之事。篇中还描述了道的创造历程。本篇与《天道》《天运》从文体和内容上，常被视作同性质的一组作品，主要阐述自然无为的意旨。

天 道

天道运而无所积[1]，故万物成；帝道运而无所积，故天下归；圣道运而无所积，故海内服。明于天，通于圣，六通四辟于帝王之德者[2]，其自为也，昧然无不静者矣[3]。圣人之静也，非曰静也善，故静也；万物无足以铙心者[4]，故静也。水静则明烛须眉，平中准，大匠取法焉。水静犹明，而况精神！圣人之心静乎[5]！天地之鉴也，万物之镜也。夫虚静恬淡寂漠无为者[6]，天地之平而道德之至[7]，故帝王圣人休焉[8]。休则虚[9]，虚则实，实者伦矣。虚则静，静则动，动则得矣。静则无为，无为也则任事者责矣[10]。无为则俞

“天道”就是自然的规律。万物在自然规律的运行中生育成长：日月的光照，雨露的滋润，四时的运转，万物生生不息。自然规律对万物是虚静无为、不加干预的。

俞[11]，俞俞者忧患不能处，年寿长矣。夫虚静恬淡寂漠无为者，万物之本也。明此以南乡[12]，尧之为君也；明此以北面，舜之为臣也。以此处上，帝王天子之德也；以此处下，玄圣素王之道也。以此退居而闲游江海，山林之士服；以此进为而抚世，则功大名显而天下一也。静而圣，动而王，无为也而尊，朴素而天下莫能与之争美。

夫明白于天地之德者，此之谓大本大宗，与天和者也；所以均调天下，与人和者也。与人和者[13]，谓之人乐；与天和者，谓之天乐。

［**注释**］

[1] 天道运而无所积：自然规律的运行是不停顿的。 [2] 六通四辟：六合通达，四时顺畅。 [3] 昧然：冥然，不知不觉的意思。 [4] 铙：与“挠”同。 [5]“圣人之心静乎”以下三句，后来禅家开悟的境地——“明镜止水”一观念，即源于此。 [6] 虚静：见《老子》第十六章。寂漠：见《老子》第二十五章的“寂寥”。 [7] 至：与“质”同，实。 [8] 休焉：休虑息心。 [9] 以下三句是说，心神休静便空明，空明便得充实，充实便是完备。 [10] 责：指各尽其责。 [11] 俞俞：犹“愉愉”。 [12] 南乡：通“南向”，即南面。 [13] 以下四句是说，与人冥合的，称为人乐；与天冥合的，称为天乐。

庄子曰："吾师乎[1]！吾师乎！鳌万物而不为戾，泽及万世而不为仁，长于上古而不为寿，覆载天地刻雕众形而不为巧，此之谓天乐。故曰：'知天乐者，其生也天行[2]，其死也物化。静而与阴同德，动而与阳同波[3]。'故知天乐者，无天怨，无人非，无物累，无鬼责。故曰[4]：'其动也天，其静也地，一心定而王天下；其鬼不祟，其魂不疲，一心定而万服物。'言以虚静推于天地，通于万物，此之谓天乐。天乐者，圣人之心，以畜天下也[5]。"

"天乐"，有自身的修养境界和施爱于百姓两个层面。圣人通过虚静的工夫，摒弃智巧杂念，解除内心的种种蔽障，使心灵至于澄静空明之境，此空灵明觉之心，可以"推于天地，通于万物"。圣人自由因任，解除人民的桎梏，使百姓得以充分自由的生长发展，圣人任自然，百姓安然自在，这也是"天乐"。

［注释］

[1] 以下几句也见于《大宗师》。吾师乎，指道。 [2] 天行：顺乎自然而运行。 [3] 同波：同流。 [4] 以下七句是说，所以说，动时如天运转，静时如地寂然，一心安定而天地正位；形体没有病患，精神不会疲乏，一心安定而万物归服。其魂不疲，精神不倦，也见于《刻意》。 [5] 畜：养。

［点评］

庄子将人类与大本大宗的天地和谐对应的态度，称为"天和"；将人类与天地万物共存并生所呈现出的和乐情境，称为"天乐"。这和乐情境落实到人间，治世的艺术在于"人和"；在消解族群对立的国度里所呈现的和谐欢愉之气氛，是为“人乐”。《天道》篇由“人和”谈到“人乐”，由“天和”谈到“天乐”，勾勒出一幅天人和乐的美好景象。

夫帝王之德，以天地为宗，以道德为主，以无为为常。无为也，则用天下而有余[1]；有为也[2]，则为天下用而不足。故古之人贵夫无为也。上无为也，下亦无为也，是下与上同德，下与上同德则不臣；下有为也，上亦有为也，是上与下同道，上与下同道则不主。上必无为而用天下，下必有为为天下用，此不易之道也。故古之王天下者[3]，知虽落天地[4]，不自虑也；辩虽雕万物[5]，不自说也；能虽穷海内，不自为也。天不产而万物化[6]，地不长而万物育，帝王无为而天下功。故曰莫神于天，莫富于地，莫大于帝王。故曰帝王之德配天地[7]。此乘天地，驰万物，而用人群之道也。

［注释］

[1] 有余：闲暇。 [2] 有为：汲汲用物而恐不足。 [3] 古之王天下者：指古时统治天下之人。 [4] 知虽落天地：智慧即使笼络天地。 [5] 辩虽雕万物：宏辩如流，雕饰万物。 [6] 以

下两句是说，天无情于生产而万物化生，地无心于长成而万物成育。 [7] 配：合。

本在于上，末在于下；要在于主[1]，详在于臣[2]。三军五兵之运[3]，德之末也；赏罚利害，五刑之辟[4]，教之末也；礼法度数[5]，形名比详[6]，治之末也；钟鼓之音，羽旄之容[7]，乐之末也；哭泣衰绖，隆杀之服，哀之末也。此五末者，须精神之运，心术之动，然后从之者也。

[注释]

[1] 要：纲要。 [2] 详：繁多。 [3] 运：动。 [4] 辟：法。 [5] 礼法：五礼之法。度：丈尺。数：计算。 [6] 形名比详：容仪名讳的校当和审定。 [7] 羽旄之容：用羽毛、旄旗装饰的舞蹈仪容。

[点评]

本段首次出现了"心术"的概念，所谓"须精神之运，心术之动，然后从之者也"。不少学者以为这一段落与庄周之学不类，然而，我们却不能排除庄子后学浸染黄老思想的可能性。只是这里的"心术"还仅专注于心灵内修的层面，未如《管子·心术上》一般直接地以"主术"界定"心术"，所谓"心术者，无为而制窍者也"。

末学者，古人有之，而非所以先也[1]。君先而臣从，父先而子从，兄先而弟从，长先而少从，男先而女从，夫先而妇从。夫尊卑先后，天地之行也，故圣人取象焉。天尊，地卑，神明之位也；春夏先，秋冬后，四时之序也。万物化作，萌区有状[2]；盛衰之杀，变化之流也。夫天地至神，而有尊卑先后之序，而况人道乎[3]！宗庙尚亲，朝廷尚尊，乡党尚齿[4]，行事尚贤，大道之序也。语道而非其序者[5]，非其道也；语道而非其道者，安取道！

［**注释**］

[1] 先：根本。 [2] 萌区有状：萌兆区分，各有形状。 [3] 人道：人伦之道。 [4] 齿：年龄。 [5] 以下四句是说，谈论大道却非议其秩序，不是尊崇大道；谈论大道却非议大道，怎能获得大道！

是故古之明大道者[1]，先明天而道德次之，道德已明而仁义次之，仁义已明而分守次之，分守已明而形名次之，形名已明而因任次之，因任已明而原省次之[2]，原省已明而是非次之，是非已明而赏罚次之。赏罚已明而愚知处宜[3]，贵贱履位[4]；仁贤不肖袭情[5]，必分其能，必由其名。以此事上[6]，以此畜下，以此治物，以此修身，知谋不用，必归其天，此之谓大平，治之至也。

［注释］

[1] 明：通晓。 [2] 原省：恕免废除。 [3] 愚知处宜：愚钝与聪颖都能相处合宜。 [4] 贵贱履位：尊贵卑贱各安其位。 [5] 袭：袭用。 [6] 以：用。

故书曰[1]："有形有名。"形名者，古人有之，而非所以先也。古之语大道者，五变而形名可举，九变而赏罚可言也。骤而语形名[2]，不知其本也；骤而语赏罚，不知其始也。倒道而言[3]，迕道而说者[4]，人之所治也，安能治人！骤而语形名赏罚，此有知治之具，非知治之道；可用于天下，不足以用天下，此之谓辩士，一曲之人也[5]。礼法数度，形名比详，古人有之，此下之所以事上，非上之所以畜下也。

［注释］

[1] 书：古书。 [2] 骤：唐突。 [3] 倒道而言：把道理倒过

来讨论。 [4] 迕：悖逆。 [5] 一曲之人也：只能认识事物一隅的浅薄之人。

［点评］

从“夫帝王之德”到此段，文义与庄周不类。清王夫之说：“盖秦汉间学黄老之术、以干人主者之所作也。”（《庄子解》）钱穆也说：“此皆晚世儒生语耳，岂诚庄生之言哉！”（《庄子纂笺》）

昔者舜问于尧曰：“天王之用心何如[1]？”

尧曰：“吾不敖无告[2]，不废穷民，苦死者[3]，嘉孺子而哀妇人[4]。此吾所以用心已。”

舜曰：“美则美矣，而未大也。”

尧曰：“然则何如？”

“天德”概念以及“云行而雨施”也见于《周易》。

舜曰：“天德而出宁，日月照而四时行，若昼夜之有经，云行而雨施矣。”

尧曰：“胶胶扰扰乎[5]！子，天之合也；我，人之合也。”

夫天地者，古之所大也，而黄帝尧舜之所共美也。故古之王天下者，奚为哉？天地而已矣。

［注释］

[1] 天王：犹天子。 [2] 敖：侮慢。无告：无所告诉，无所依靠。 [3] 苦：悲悯。 [4] 嘉：喜爱。 [5] 胶胶：形容扰乱。

孔子西藏书于周室。子路谋曰："由闻周之征藏史有老聃者[1]，免而归居，夫子欲藏书，则试往因焉。"

孔子曰："善。"

往见老聃，而老聃不许，于是繙十二经以说[2]。

老聃中其说[3]，曰："大谩[4]，愿闻其要。"

孔子曰："要在仁义。"

老聃曰："请问，仁义，人之性邪？"

孔子曰："然。君子不仁则不成，不义则不生。仁义，真人之性也，又将奚为矣？"

老聃曰："请问，何谓仁义？"

孔子曰："中心物恺[5]，兼爱无私，此仁义之情也。"

老聃曰："意，几乎后言[6]！夫兼爱，不亦迂乎！无私焉，乃私也。夫子若欲使天下无失其牧乎？则天地固有常矣，日月固有明矣，星辰固有列矣，禽兽固有群矣，树木固有立矣。夫子亦放德而行[7]，循道而趋，已至矣；又何偈偈乎揭仁义[8]，若击鼓而求亡子焉[9]？意，夫子乱人之性也！”

［注释］

[1] 征藏史：掌管储藏典籍的史官。征藏，即书库，犹今图书馆。 [2] 繙（fān）：同“翻”。十二经：《诗》《书》《礼》《乐》《易》《春秋》六经加六纬，合称十二经。一说指《春秋》十二公经。一说《易经》上下加上十翼为十二经。 [3] 中其说：中间打断他的话。 [4] 大谩：太冗长。 [5] 物：一说为“易”之讹。一说为“和”字之误，两说皆可通。恺：乐。 [6] 几乎：危殆。后言：指后面说的这些话。 [7] 放德：依仿自然之德。 [8] 偈（jié）偈乎：形容用力的样子。 [9] 亡子：迷失的人。

［点评］

这一节老聃与孔子的对话，要在重道德而轻仁义。道德之性，无为自然。天地顺其自然无为，而仁义则为有为之迹。

士成绮见老子而问曰[1]：“吾闻夫子圣人也，吾固不辞远道而来愿见，百舍重趼而不敢息[2]。今吾观子，非圣人也。鼠壤有余蔬[3]，而弃妹之者[4]，不仁也，生熟不尽于前[5]，而积敛无崖。”

老子漠然不应。

士成绮明日复见，曰：“昔者吾有刺于子，今吾心正卻矣[6]，何故也？”

老子曰：“夫巧知神圣之人，吾自以为脱焉[7]。昔者子呼我牛也而谓之牛，呼我马也而谓之马。苟有其实[8]，人与之名而弗受，再受其殃。吾服也恒服[9]，吾非以服有服。”

士成绮雁行避影[10]，履行遂进而问[11]：“修身若何？”

老子曰：“而容崖然[12]，而目冲然[13]，而颡頯然[14]，而口阚然[15]，而状义然[16]，似系马而止也。动而持[17]，发也机[18]，察而审[19]，知巧而睹于泰[20]，凡以为不信[21]。边竟有人焉[22]，其名为窃。”

［注释］

[1] 士成绮：姓士，字成绮，虚拟人物。 [2] 百舍重趼（jiǎn）：形容走了很长远的路，脚跟长了厚厚的茧。百舍，三千里，言路途遥远。舍，古代三十里为一舍。趼，同“茧”，脚跟厚皮。 [3] 鼠壤有余蔬：鼠穴有余粮。鼠壤，鼠穴土中。蔬，指谷物。 [4] 弃妹：不知惜物。妹，同“昧”，轻蔑。 [5] 生熟：指生物熟物。 [6] 今吾心正卻矣：今天我心里有所觉悟而除去了前嫌。正卻，正在开

窍，意即有觉悟。郤，通“隙”。 [7] 脱：避免。 [8] 以下三句是说，若实有此事，人以讥我而我乃拒之，是两种罪过。 [9] 以下两句是说，我接受（别人给的名称）常常是顺其自然地接受，并不是（有心）接受才去接受。服，服从，接受。 [10] 雁行避影：像雁斜行，侧身避影，形容侧身行走的样子。 [11] 履行遂进：踵步向前，形容蹑足渐行渐近的样子。 [12] 而：你。崖然：容态高傲，自命不凡的样子。 [13] 冲然：鼓目突视的样子。 [14] 頯然：形容宽大高亢的样子。 [15] 阚然：张口欲言的样子。 [16] 义然：形容巍峨的样子。 [17] 动而持：欲动而矜持。 [18] 发也机：发动如放弩矢。 [19] 察而审：好明察而又精审。 [20] 知巧而睹于泰：智巧而见于骄态之色。 [21] 凡以为不信：意指这些都不是真实的本性。 [22] 竟：同“境”。

［点评］

这里描绘了士成绮和老子两种不同的人格形态：老子从容而无心；士成绮矜持骄泰，机心太重。士成绮对老子的评价真实反映出老子人格心态的特别之处。“积敛无崖”正是形容老子开放的心灵，吸取储积，虚心向学。

夫子曰：“夫道，于大不终[1]，于小不遗，故万物备。广广乎其无不容也，渊乎其不可测也。形德仁义[2]，神之末也，非至人孰能定之！夫至人有世[3]，不亦大乎[4]！而不足以为之累。天下奋棅而不与之偕[5]，审乎无假而不与利迁，极物之真，能守其本，故外天地，遗万物，而神未尝有所困也。通乎道，合乎德，退仁义，宾礼乐[6]，至人之心有所定矣。”

［注释］

[1] 终：穷。 [2] 形德：刑德，赏罚。形，乃“刑”的借字。 [3] 有世：有天下。 [4] 不亦大乎：（责任）不是很大吗？ [5] 以下两句是说，天下奋争权柄却不为心动，出于无待却不为利诱。奋棅，奋争权柄。棅，同“柄”，权柄。审乎无假，出于无待。无假，无所假借。 [6] 宾：同“摈”，即弃。

世之所贵道者书也，书不过语，语有贵也[1]。语之所贵者意也[2]，意有所随。意之所随者[3]，不可以言传也，而世因贵言传书。世虽贵之，我犹不足贵也，为其贵非其贵也。故视而可见者，形与色也；听而可闻者，名与声也。悲夫，世人以形色名声为足以得彼之情[4]！夫形色名声果不足以得彼之情，则知者不言[5]，言者不知，而世岂识之哉！

［注释］

[1] 贵：可贵。 [2] 以下两句是说，语言所可贵的是意义，意义有所指向。 [3] 以下两句与《外物》中“得鱼而忘荃”“得兔而忘蹄”的意义相通。 [4] 世人以形色名声为足以得彼之情：

世人以为从形色和名声就可以得到事象的实情。 [5] 以下两句见《老子》第五十六章。

［点评］

这里提出了“言”和“意”的关联问题。语言文字是否能传达真意，是语意学上值得讨论的一个问题，庄子学派认为书不尽言，言不尽意，后来这一问题也成为魏晋清谈和佛学禅宗的一个主要问题。魏晋玄学的言意之辨和禅宗的“不立文字”，都是从这一思路发展出来的。

桓公读书于堂上。轮扁斫轮于堂下[1]，释椎凿而上[2]，问桓公曰：“敢问，公之所读者何言邪？”

公曰：“圣人之言也。”

曰：“圣人在乎？”

公曰：“已死矣。”

曰：“然则君之所读者，古人之糟魄已夫[3]！”

桓公曰：“寡人读书，轮人安得议乎！有说则可，无说则死。”

轮扁曰：“臣也以臣之事观之。斫轮，徐则甘而不固[4]，疾则苦而不入。不徐不疾[5]，得之于手而应于心，口不能言，有数存焉于其间。臣不能以喻臣之子，臣之子亦不能受之于臣，是以行年七十而老斫轮。古之人与其不可传也死矣，然则君之所读者，古人之糟魄已夫！”

［注释］

[1] 轮扁：制造车轮的人，名扁。 [2] 释：放下。 [3] 糟魄：即“糟粕”。 [4] 以下两句是说，宽则甘滑易入而不坚，紧则涩而难入。甘，滑。苦，涩。 [5] 以下四句是说，不慢不快，得心应手，口里说不出来，有奥妙的技术存在于其间。数，术。

［点评］

轮扁笑桓公所读为“古人之糟魄”，意既然不可言传，则语言文字是否能把握前人的真精神是个问题，如若不能，我们咀嚼前人的文字只是糟粕而已。轮扁的话题值得深思，只有保持自我思索才不会为书所役而不自知。

［篇末评］

本篇取篇首二字为篇名，“天道”即自然的规律，因此篇中主要阐述自然之义，论述自然规律运行不辍，万物自动自为，人应退仁义，摈礼乐，体会“天乐”，顺自然而行，与万化同流。

天　运

“天其运乎[1]？地其处乎？日月其争于所乎？孰主张是[2]？孰维纲是？孰居无事推而行是？意者其有机缄而不得已邪[3]？意者其运转而不能自止邪？云者为雨乎？雨者为云乎？孰隆施是[4]？孰居无事淫乐而劝是[5]？风起北方，一西一东，有上彷徨，孰嘘吸是[6]？孰居无事而披拂是[7]？敢问何故？”

巫咸祒曰[8]：“来！吾语女。天有六极五常[9]，帝王顺之则治，逆之则凶。九洛之事[10]，治成德备，监照下土，天下戴之，此谓上皇。”

文中将天动地静、风吹雨降、日月放光等等自然现象归结于“六极五常”的作用，可以说是一种朴素的科学态度，它完全扫除了神力的作用，从万物的自生来寻找答案。

[注释]

[1] 天其运乎：与《天道》中“其动也天，其静也地”义同。天运指日月星辰运转、风吹云飘雨降的现象。 [2] 主张：主宰而施张。 [3] 意者：或者。 [4] 隆：兴。一说当作“降”。 [5] 淫乐：追求欢乐。劝是：劝勉，助成之意。 [6] 嘘吸：呼吸。 [7] 披拂：吹动。 [8] 巫咸：神巫名咸。祒：借为“招”，招呼。 [9] 六极：六合，东西南北上下。五常：五行，金木水火土。 [10] 九洛之事：一说九州聚落之事。一说《洛书》九畴之事。九畴指九类大法：五行、五事、八政、五纪、皇极、三德、稽疑、庶征、五福六极（《尚书·洪范》）。

商大宰荡问仁于庄子[1]。庄子曰：“虎狼，仁也。”

曰：“何谓也？”

庄子曰：“父子相亲，何为不仁？”

曰：“请问至仁。”

庄子曰：“至仁无亲[2]。”

大宰曰：“荡闻之，无亲则不爱，不爱则不孝。谓至仁不孝，可乎？”

庄子曰：“不然。夫至仁尚矣，孝固不足以言之。此非过孝之言也，不及孝之言也。夫南行者至于郢[3]，北面而不见冥山[4]，是何也？则去之远也。故曰：以敬孝易，以爱孝难；以爱孝易，

仁心流溢，爱心普施，无所偏颇，没有亲疏之别，人人沐浴在相互亲爱的环境中，那么孝悌仁义自然就没有标举的必要。一样东西，当它最欠缺的时候，也是最急需最期求的时候，充分享有时，便舒适而不牵挂起意，如鱼相忘于江湖。

以忘亲难[5]；忘亲易，使亲忘我难；使亲忘我易，兼忘天下难；兼忘天下易，使天下兼忘我难。夫德遗尧舜而不为也[6]，利泽施于万世，天下莫知也，岂直大息而言仁孝乎哉[7]！夫孝悌仁义，忠信贞廉，此皆自勉以役其德者也[8]，不足多也[9]。故曰，至贵，国爵并焉[10]；至富，国财并焉；至愿[11]，名誉并焉。是以道不渝。”

[**注释**]

[1] 商：即宋。周朝封殷代后裔为宋，所以称宋为商。大宰：官号。荡：此人的字。 [2] 至仁无亲：即至仁无私，谓至仁者一视同仁，无所偏爱。 [3] 郢（yǐng）：楚国都邑，在今湖北江陵。 [4] 冥山：山名，寓设。 [5] 忘：形容心境到适度的一种境界。 [6] 夫德遗尧舜而不为也：忘怀尧舜而无为。遗，蔑视的意思。 [7] 大息而言：嗟叹自夸，忧心的表现。 [8] 役其德：劳役其性。德，真性。 [9] 不足多：不足尚。 [10] 并：读为“屏”，弃。 [11] 以下三句是说，最显荣的，任何名誉可以舍弃。这乃是依道而行的缘故。渝，变。

北门成问于黄帝曰[1]：“帝张《咸池》之乐于洞庭之野[2]，吾始闻之惧，复闻之怠，卒闻之而惑；荡荡默默[3]，乃不自得[4]。”

帝曰：“汝殆其然哉！吾奏之以人，征之以

天，行之以礼义，建之以大清[5]。夫至乐者，先应之以人事，顺之以天理，行之以五德，应之以自然，然后调理四时，太和万物。四时迭起，万物循生；一盛一衰，文武伦经；一清一浊，阴阳调和，流光其声；蛰虫始作，吾惊之以雷霆；其卒无尾，其始无首；一死一生，一偾一起[6]；所常无穷[7]，而一不可待[8]。汝故惧也。

“吾又奏之以阴阳之和，烛之以日月之明；其声能短能长，能柔能刚；变化齐一，不主故常[9]；在谷满谷，在坑满坑；涂郤守神[10]，以物为量[11]。其声挥绰[12]，其名高明[13]。是故鬼神守其幽，日月星辰行其纪。吾止之于有穷，流之于无止。予欲虑之而不能知也，望之而不能见也，逐之而不能及也；傥然立于四虚之道[14]，倚于槁梧而吟[15]。目知穷乎所欲见[16]，力屈乎所欲逐，吾既不及已夫！形充空虚，乃至委蛇[17]。汝委蛇，故怠。

“吾又奏之以无怠之声，调之以自然之命[18]，故若混逐丛生[19]，林乐而无形[20]；布挥而不曳[21]，幽昏而无声。动于无方[22]，居于窈冥[23]；

或谓之死，或谓之生；或谓之实，或谓之荣；行流散徙，不主常声。世疑之，稽于圣人。圣也者，达于情而遂于命也。天机不张而五官皆备，此之谓天乐，无言而心说。故有焱氏为之颂曰[24]：‘听之不闻其声，视之不见其形，充满天地，苞裹六极。’汝欲听之而无接焉，而故惑也。

“乐也者[25]，始于惧，惧故祟；吾又次之以怠，怠故遁；卒之于惑，惑故愚；愚故道，道可载而与之俱也。”

［注释］

[1] 北门成：姓北门，名成，黄帝之臣。黄帝与北门成对话系寓设。 [2] 咸池：古代乐章名称。洞庭之野：广莫之野。 [3] 荡荡默默：摇摇昏昏。荡荡，精神散。 [4] 不自得：内心空虚疑惑，不知所以然。 [5] 大清：天道。 [6] 偾：仆倒。 [7] 所常无穷：其所对应的变化无穷。常，与“当”通。 [8] 一不可待：皆不可待。 [9] 不主故常：不拘泥于固定。 [10] 涂：借为“杜”，即杜塞的意思。郤：通“隙”，指七窍。 [11] 以物为量：顺应外物为原则。 [12] 挥绰：悠扬越发。 [13] 名：作节奏讲。 [14] 四虚之道：四方没有际限的大道。 [15] 倚于槁梧而吟：见《德充符》“倚树而吟，据槁梧而瞑”。 [16] 以下三句是说，眼睛穷竭力于所要见到的，精力穷竭力于所要追逐的，你追赶不上我了。 [17] 委蛇：随顺应变。亦见《应帝王》。 [18] 命：借为“令”，节奏。 [19] 混逐丛生：混然相逐，丛然并生。 [20] 林

乐：比喻众乐齐奏。[21]布挥：形容声乐的散播震扬。[22]方：限定的意思。[23]窈冥：见《老子》第二十一章，亦见《在宥》。[24]有焱氏：神农。[25]以下几句是说，这种乐章，开始时感到惊惧，惊惧便以为是祸患；我又演奏使人心松弛的声调，心情松弛，所以惊惧之情遁灭；终于觉得迷惑，迷惑才淳和无识；心灵淳和无识才合于道，到达这种境地，可与道会通融合。

[点评]

庄子借“乐”明“道”。听闻道乐，在心灵上产生三种变化，始而惊惧（惧），继而松弛平和，惊惧之情怠息（怠），终而入迷（惑）。闻乐三变，如同《大宗师》女偊论道的进境，也像《大宗师》颜回忘礼乐、忘仁义而达于坐忘的境界一样。其所经历的内心状态，其实正是主体心灵在修道过程中的三种境界。《咸池》之乐的演奏遵循着自然的法式，体现着道体的混沌，正如“征之以天”“建之以大清”“烛之以日月之明”“调之以自然之命”，所以能够用以描摹道体，并且作为沟通心与道的媒介。刘凤苞在《南华雪心编》中就评论说“句句传出乐的精神，却处处窥见道的真际”。

孔子西游于卫。颜渊问师金曰[1]：“以夫子之行为奚如？”

师金曰：“惜乎，而夫子其穷哉！”

颜渊曰：“何也？”

复礼是孔子哲学的重要观点。礼，从广义上说，不仅是道德规范，也指生活仪式、典章制度与社会习俗。

师金曰："夫刍狗之未陈也[2]，盛以箧衍[3]，巾以文绣[4]，尸祝齐戒以将之[5]。及其已陈也，行者践其首脊，苏者取而爨之而已[6]；将复取而盛以箧衍，巾以文绣，游居寝卧其下，彼不得梦，必且数眯焉。今而夫子，亦取先王已陈刍狗，聚弟子游居寝卧其下[7]。故伐树于宋[8]，削迹于卫[9]，穷于商周[10]，是非其梦邪？围于陈蔡之间，七日不火食，死生相与邻，是非其眯邪[11]？

"夫水行莫如用舟，而陆行莫如用车。以舟之可行于水也而求推之于陆，则没世不行寻常[12]。古今非水陆与？周鲁非舟车与？今蕲行周于鲁，是犹推舟于陆也，劳而无功，身必有殃。彼未知夫无方之传[13]，应物而不穷者也。

"且子独不见夫桔槔者乎[14]？引之则俯，舍之则仰。彼，人之所引，非引人也，故俯仰而不得罪于人。故夫三皇五帝之礼义法度[15]，不矜于同而矜于治。故譬三皇五帝之礼义法度，其犹柤梨橘柚邪[16]！其味相反而皆可于口。

"故礼义法度者，应时而变者也。今取猨狙而衣以周公之服[17]，彼必龁啮挽裂，尽去而后慊[18]。观古今之异，犹猨狙之异乎周公也。故西施病心而矉其里[19]，其里之丑人见之而美之，归亦捧心而矉其里。其里之富人见之，坚闭门而不出，贫人见之，挈妻子而去走。彼知矉美而不知矉之所以美。惜乎，而夫子其穷哉！”

师金用六个譬喻来讥讽孔子：刍狗、舟车、桔槔、柤梨橘柚、猨狙、妍丑。师金认为孔子抱残守缺、食古不化，不能看清时代变动的大势，徒守古人的成迹，强引人遵守僵化而不合时宜的规范。

［**注释**］

[1] 师金：鲁国太师，名金。 [2] 刍狗：用草扎成的狗，作为祭祀时使用。见《老子》第五章“天地不仁，以万物为刍狗”。 [3] 箧：即竹箱。衍：笥，小方竹箱。 [4] 巾：用巾帛包裹。 [5] 将：送。 [6] 苏者：取草烧饭的人。 [7] 寝卧其下：见《逍遥游》。 [8] 伐树于宋：孔子周游到宋国境内，和弟子们歇在一棵大树下，孔子叫弟子们温习所学过的礼节。正在演习的时候，宋国的司马桓魋派人把大树砍倒了，还想杀孔子，孔子随即带着弟子逃退。据说桓魋是个很奢侈的人，他要造一个石椁造了三年都没有造好，工匠们都病倒了。这事曾被孔子严厉批评，所以结怨于桓魋。 [9] 削迹于卫：孔子到卫国，卫灵公对他不放心，派了公孙余假监视孔子。孔子不得不离开卫国。孔子离开卫国时，经过一个叫匡的地方（这地方被卫灵公驱逐的一个贵族公孙戍所占领）。匡城人把孔子误认为阳虎，原来阳虎曾经带兵扰乱这个地方，于是孔子被困起来，围困了五天，才被放出来。孔子被放出来的时候，占据匡城的公孙戍警告他不许再到卫国来。 [10] 穷：不得志。商：殷地。周：当指宋与卫。 [11] 眯：梦魇。 [12] 寻常：指短距离。 [13] 无方之传：没有限定的转化。 [14] 桔槔：汲水的器具。 [15] 以下两句是说，因而

三皇五帝的礼仪法度，不贵于相同，而贵于能使天下太平。三皇，一说天皇、地皇、人皇。一说燧人、伏羲、神农。五帝，一说黄帝、颛顼、帝喾、尧、舜。一说少昊、颛顼、高辛、尧、舜。矜，尚。 [16] 柤梨橘柚：亦见《人间世》。 [17] 猨狙：猿猴。 [18] 慊：满足。 [19] 矉（pín）：同“颦”，蹙额。

孔子行年五十有一而不闻道，乃南之沛见老聃[1]。

老聃曰：“子来乎？吾闻子，北方之贤者也，子亦得道乎？”孔子曰：“未得也。”

老子曰：“子恶乎求之哉？”

曰：“吾求之于度数[2]，五年而未得也。”

老子曰：“子又恶乎求之哉？”

曰：“吾求之于阴阳，十有二年而未得。”

老子曰：“然。使道而可献，则人莫不献之于其君；使道而可进，则人莫不进之于其亲；使道而可以告人，则人莫不告其兄弟；使道而可以与人，则人莫不与其子孙。然而不可者，无佗也[3]，中无主而不止[4]，外无正而不行[5]。由中出者，不受于外，圣人不出；由外入者，无主于中，圣人不隐。名，公器也，不可多取。仁义，先王之蘧庐也[6]，止可以一宿而不可久处，觏而多责[7]。

“古之至人，假道于仁，托宿于义，以游逍遥之虚，食于苟简之田，立于不贷之圃。逍遥，无为也；苟简[8]，易养也；不贷，无出也[9]。古者谓是采真之游[10]。

“以富为是者[11]，不能让禄；以显为是者，不能让名；亲权者，不能与人柄。操之则慄，舍之则悲，而一无所鉴[12]，以窥其所不休者，是天之戮民也。怨恩取与谏教生杀，八者，正之器也，唯循大变无所湮者为能用之。故曰，正者[13]，正也。其心以为不然者，天门弗开矣[14]。”

“采真之游”比喻逍遥无为，苟简易养，描绘出一片真境。儒者沉湎于功名和权势，“操之则慄，舍之则悲”，不知采真之乐。

［注释］

[1] 沛：今江苏沛县。 [2] 度数：制度名数。 [3] 无佗也：没有其他的因素。 [4] 中无主而不止：心中不自得则道不停留。 [5] 正：证。 [6] 蘧庐：旅舍。 [7] 觏：见。 [8] 苟简：简略。 [9] 无出：不费力，无费于我。 [10] 采真：探求内真。 [11] 以下六句是说，以富为追求对象的，便不能给人利禄；以荣显为追求对象的，便不会给人名誉；迷恋权势的，便不肯给人权柄。 [12] 以下两句是说，他们心中一无明见，以反视自己所不停追逐的。 [13] 以下两句是说，自正的人才能正人。 [14] 天门：心。《老子》第十章有“天门开阖”。

孔子见老聃而语仁义。老聃曰："夫播穅眯目[1]，则天地四方易位矣；蚊虻噆肤，则通昔不寐矣[2]。夫仁义憯然乃愦吾心[3]，乱莫大焉。吾子使天下无失其朴，吾子亦放风而动[4]，总德而立矣[5]，又奚杰然若负建鼓而求亡子者邪[6]？夫鹄不日浴而白，乌不日黔而黑[7]。黑白之朴，不足以为辩；名誉之观，不足以为广。泉涸[8]，鱼相与处于陆，相呴以湿，相濡以沫，不若相忘于江湖！"

孔子见老聃归，三日不谈。弟子问曰："夫子见老聃，亦将何规哉？"

孔子曰："吾乃今于是乎见龙！龙，合而成体，散而成章，乘云气而养乎阴阳[9]。予口张而不能嗋[10]，予又何规老聃哉！"

子贡曰："然则人固有尸居而龙见[11]，雷声而渊默，发动如天地者乎？赐亦可得而观乎？"遂以孔子声见老聃。

老聃方将倨堂而应[12]，微曰："予年运而往矣[13]，子将何以戒我乎[14]？"

子贡曰："夫三王五帝之治天下不同，其系

声名一也。而先生独以为非圣人，如何哉？”

老聃曰：“小子少进[15]！子何以谓不同？”

对曰：“尧授舜，舜授禹，禹用力而汤用兵，文王顺纣而不敢逆，武王逆纣而不肯顺，故曰不同。”

老聃曰：“小子少进！余语汝三皇五帝之治天下。黄帝之治天下，使民心一，民有其亲死不哭而民不非也。尧之治天下，使民心亲，民有为其亲杀其杀而民不非也。舜之治天下，使民心竞，民孕妇十月生子，子生五月而能言，不至乎孩而始谁[16]，则人始有夭矣。禹之治天下，使民心变，人有心而兵有顺[17]，杀盗非杀，人自为种而天下耳[18]，是以天下大骇，儒墨皆起。其作始有伦，而今乎妇女[19]，何言哉！余语汝，三皇五帝之治天下，名曰治之，而乱莫甚焉。三皇之知，上悖日月之明[20]，下睽山川之精，中堕四时之施。其知憯于蠆蚤之尾[21]，鲜规之兽[22]，莫得安其性命之情者，而犹自以为圣人，不可耻乎，其无耻也？”

子贡蹴蹴然立不安。

本段在罗列三皇五帝的治理模式时，更以一种递减或者下降的排序方法，暗示了对于黄帝治天下的认可与推崇。

[注释]

[1]播穅眯目：簸糠进入眼睛。穅，同"糠"。 [2]昔：通"夕"。 [3]憯(cǎn)：同"惨"。 [4]放：依。 [5]总：执。 [6]杰然：用力的样子。负建鼓：打大鼓。 [7]黔：染黑。 [8]以下五句见《大宗师》。 [9]养：借为"翔"。 [10]嗋(xié)：合。 [11]以下两句亦见《在宥》"尸居而龙见，渊默而雷声"。 [12]倨：踞。 [13]予年运而往矣：老子自谦，吾老矣，年驰而事去矣。运，时。 [14]戒：同"诫"。 [15]小子少进：年轻人上前来。 [16]不至乎孩而始谁：未至于孩提而区别自己与他人。 [17]人有心而兵有顺：人人各有私心，以用兵为顺事。 [18]人自为种而天下耳：自以为独尊而奴役天下的人。种，本。 [19]以下两句句读应为"而今乎妇，女何言哉"。意思是说，言其始作也尚有伦序，而今则废也。妇，古"否"字通假。 [20]以下三句见《胠箧》"上悖日月之明，下烁山川之精，中堕四时之施"。 [21]蠆虿(lì chài)：蝎子的别称，毒虫类。 [22]鲜规之兽：小兽。

孔子谓老聃曰："丘治《诗》《书》《礼》《乐》《易》《春秋》六经，自以为久矣，孰知其故矣[1]；以奸者七十二君[2]，论先王之道而明周召之迹[3]，一君无所钩用[4]。甚矣夫！人之难说也，道之难明邪？"

老子曰："幸矣子之不遇治世之君也！夫六经，先王之陈迹也，岂其所以迹哉！今子之所言，犹迹也。夫迹，履之所出，而迹岂履哉！

夫白鹢之相视[5]，眸子不运而风化[6]；虫，雄鸣于上风[7]，雌应于下风而风化；类自为雌雄，故风化。性不可易[8]，命不可变，时不可止，道不可壅。苟得于道，无自而不可；失焉者，无自而可。”

孔子不出三月，复见曰：“丘得之矣。乌鹊孺[9]，鱼傅沫[10]，细要者化[11]，有弟而兄啼[12]。久矣夫丘不与化为人[13]！不与化为人，安能化人！”

老子曰：“可。丘得之矣！”

［注释］

[1] 孰：同“熟”。故：典故。 [2] 奸者：读为“干诸”，意思是向某人求取俸禄。干，求也。诸，之于。 [3] 周召：指周公、召公，都是武王的弟弟。 [4] 钩：取。 [5] 白鹢（yì）：水鸟的一种。 [6] 不运：定睛注视。风化：生物的意思。 [7] 以下两句是说，雄虫鸣于上方，雌虫在下方应合而感化生子。 [8] 以下四句是说，本性不可改易，命运不可变更，时间不可止留，道不可闭塞。 [9] 乌鹊孺：鸟雀孵化而生。孺，孚乳而生。 [10] 鱼傅沫：谓鱼濡沫而生。傅，同“付”。 [11] 细要：指蜂。要，即腰。 [12] 有弟而兄啼：有了弟弟，哥哥因失爱而痛哭。 [13] 与化为人：与造化为友。

［点评］

迹从履出，但迹并不等于履。“所以迹”和“迹”是本与末的关系。道家以万物自然的本性为“所以迹”，六经不过是先王的陈迹而已。孔子不务本，不求万物的真性，徒以古人陈迹推行今世，如同削足适履，其道之不行，是必然的事。

［篇末评］

“天运”即自然的运转，篇名取首句二字。本篇阐述宇宙万物的自然运行，并借师金与颜渊的对话、老聃与孔子的对话来批评孔子的复礼，强调古今之异，认为礼义法度应循时而变，不当率今以同古，并以北门成与黄帝论乐、老聃谈道描述采真之游及道的境界。篇中反对复古主义的思想颇有见地。

刻 意

刻意尚行[1]，离世异俗，高论怨诽[2]，为亢而已矣[3]；此山谷之士，非世之人[4]，枯槁赴渊者之所好也[5]。语仁义忠信[6]，恭俭推让[7]，为修而已矣；此平世之士[8]，教诲之人，游居学者之所好也。语大功，立大名，礼君臣，正上下，为治而已矣；此朝廷之士，尊主强国之人，致功并兼者之所好也[9]。就薮泽[10]，处闲旷，钓鱼闲处，无为而已矣[11]；此江海之士，避世之人，闲暇者之所好也。吹呴呼吸[12]，吐故纳新[13]，熊经鸟申[14]，为寿而已矣；此道引之士[15]，养形之人，彭祖寿考者之所好也。

若夫不刻意而高，无仁义而修，无功名而治，无江海而闲，不道引而寿，无不忘也，无不有也，澹然无极而众美从之[16]。此天地之道，圣人之德也。

［注释］

[1] 刻意：雕砺心志，即砺志。 [2] 怨诽：议论世事无道。 [3] 亢：高傲。 [4] 非世：议论世事是非。 [5] 枯槁赴渊者：指刻苦自砺、牺牲自我的人。 [6] 仁义忠信：见《孟子·告子上》。 [7] 恭俭推让：见《论语·学而》"恭俭让"。 [8] 平世之士：平时治世之士。 [9] 并兼：兼并敌国领土。 [10] 薮泽：山泽。 [11] 无为：无所为，悠闲自在的意思。 [12] 吹呴呼吸："吹呴"与"呼吸"同，指一出一入地吞吐空气。 [13] 吐故纳新：吐故气纳新气。 [14] 熊经鸟申：若熊之攀树而引气，类似鸟飞空而伸脚。这是一种健身操，形容动作如熊吊颈如鸟舒展。 [15] 道引：导通气血。 [16] 澹然无极而众美从之：恬淡无极而众美会聚。

［点评］

本篇开首写出人世五类人格形态：慷慨愤激之士、游学教化之士、功名政术之士、江湖避世之士、导引养形之士。这五类人可说略尽世间品流。还有一类人，"澹然无极而众美从之"，超越透脱，达于天地境界，这就是"圣人之德"。

故曰，夫恬惔寂漠虚无无为[1]，此天地之平而道德之质也。故曰，圣人休休焉则平易矣，平易则恬惔矣。平易恬惔，则忧患不能入，邪气不能袭，故其德全而神不亏。

故曰，圣人之生也天行[2]，其死也物化；静而与阴同德，动而与阳同波；不为福先，不为祸始；感而后应，迫而后动，不得已而后起。去知与故[3]，循天之理。故无天灾[4]，无物累，无人非，无鬼责。其生若浮，其死若休。不思虑，不豫谋。光矣而不耀，信矣而不期。其寝不梦[5]，其觉无忧。其神纯粹，其魂不罢[6]。虚无恬惔，乃合天德。

故曰，悲乐者[7]，德之邪；喜怒者，道之过；好恶者，德之失。故心不忧乐，德之至也；一而不变，静之至也；无所于忤，虚之至也；不与物交[8]，惔之至也；无所于逆，粹之至也。故曰，形劳而不休则弊，精用而不已则劳，劳则竭。

“恬惔寂漠虚无无为”，乃就圣人人格的纯素面而说的，侧重描写圣人的精神意象。

本节强调身体护养和精神保养的重要性。司马谈引用为“神大用则竭，形大劳则敝”，养神犹如用干越之剑，宝爱深藏。养神贵精，生命内涵的修养就是贵养精神。

［注释］

[1] 以下两句是说，恬惔寂漠虚无无为乃是天地的本原和道德的极致。语出《天道》。 [2] 以下四句是说，圣人存在时顺自

然而行，死亡时和外物融化；静时与阴气同隐寂，动时和阳气同波流。语出《天道》。 [3] 故：犹巧。 [4] 以下四句是说，没有天灾，没有外物牵累，没有人非薄，没有鬼神责罚。语出《天道》。 [5] 以下两句见《大宗师》。 [6] 其魂不罢:《天道》作“其魂不疲”。 [7] 以下六句是说，悲乐是德的邪僻；喜怒是道德过错；好恶是内心的失误。 [8] 以下四句是说，不和外物交接，乃是恬淡的极致；无所违逆，乃是纯粹的极致。

水之性，不杂则清，莫动则平；郁闭而不流，亦不能清；天德之象也[1]。故曰，纯粹而不杂，静一而不变，惔而无为，动而以天行，此养神之道也。夫有干越之剑者[2]，柙而藏之，不敢用也，宝之至也。精神四达并流，无所不极，上际于天，下蟠于地[3]，化育万物，不可为象，其名为同帝[4]。

纯素之道，唯神是守；守而勿失，与神为一；一之精通，合于天伦[5]。野语有之曰：“众人重利，廉士重名，贤人尚志，圣人贵精。”故素也者[6]，谓其无所与杂也；纯也者[7]，谓其不亏其神也。能体纯素，谓之真人。

“贵精”，神藏于精，仍是养神的意思。贵养精神，就是生命内涵的修养。

[注释]

[1]天德之象：即自然的现象。 [2]干越：吴、越两国。 [3]蟠：当读为“播”，布。 [4]同帝：功用同与天地。 [5]天伦：自然之理。

伦，理。 [6] 素：不含杂质。 [7] 纯：不损精神。

［篇末评］

“刻意”，是雕砺心志的意思。本篇主旨在于“养神”，也就是心神的保养。篇中既包含工夫层面的养神之道，也涵盖境界层面的圣人之德。就“一”的范畴而言，工夫层面的“一”有心志专一之意，是对“静”的具体阐释，譬如“一而不变，静之至也”；“纯粹而不杂，静一而不变，惔而无为，动而以天行，此养神之道也”。而境界层面的“一”则是指持守心神而不散失的状态，这正是体道的状态，所谓“纯素之道，唯神是守；守而勿失，与神为一；一之精通，合于天伦”。由此可见，“守一”从工夫与境界的交汇处串联了二者，它既是心灵内修的起点，也是其终点。

缮　性

缮性于俗[1]，俗学以求复其初；滑欲于俗[2]，思以求致其明；谓之蔽蒙之民。

古之治道者，以恬养知[3]；知生而无以知为也[4]，谓之以知养恬。知与恬交相养，而和理出其性。夫德[5]，和也；道，理也。德无不容，仁也；道无不理，义也；义明而物亲，忠也；中纯实而反乎情，乐也；信行容体而顺乎文，礼也。礼乐偏行，则天下乱矣。彼正而蒙己德[6]，德则不冒[7]，冒则物必失其性也。

“恬”具有洗涤的作用，洗净俗思俗学的蔽蒙，使心智的活动清明而不暗乱。但“恬”也会使生命的活动不外驰，不分歧。“知”不是俗儒之学，而要求主体的真知，不丧己于物，不遮蔽性灵。知恬交养，透过心的恬静涵养生命智慧。

[注释]

[1] 以下两句衍一“俗”字，当为“缮性于俗学，以求复其初”。

缮性，修治本性。 [2] 以下两句，焦竑以为当作“滑欲于俗思”，与上文“缮性于俗学”为对句。滑，乱。 [3] 以恬养知：以恬静涵养心知。 [4] 知生而无以知为也：不用智巧去为，即以恬静朴质自守。 [5]“夫德，和也”至“则天下乱矣”，疑为庄子后学染有黄老思想之文字。 [6] 蒙己德：即敛藏自己的德行。 [7] 不冒：即不炫露。

古之人，在混芒之中[1]，与一世而得澹漠焉[2]。当是时也，阴阳和静，鬼神不扰，四时得节，万物不伤，群生不夭，人虽有知，无所用之，此之谓至一[3]。当是时也，莫之为而常自然[4]。

逮德下衰，及燧人伏羲始为天下，是故顺而不一。德又下衰，及神农黄帝始为天下，是故安而不顺。德又下衰，及唐虞始为天下，兴治化之流，澆淳散朴[5]，离道以善[6]，险德以行，然后去性而从于心。心与心识知而不足以定天下，然后附之以文[7]，益之以博。文灭质，博溺心，然后民始惑乱，无以反其性情而复其初。

“文灭质，博溺心”，需要很高的人格操守才能持守心灵的宁静和恬淡，保持生活的真朴和淳和。

由是观之，世丧道矣，道丧世矣。世与道交相丧也，道之人何由兴乎世，世亦何由兴乎道哉！道无以兴乎世，世无以兴乎道，虽圣人不在山林之中，其德隐矣。

隐不自隐，乃是出于对时局的观察和把握，以保存生命为目的的一种选择。

隐，故不自隐。古之所谓隐士者，非伏其身而弗见也，非闭其言而不出也，非藏其知而不发也，时命大谬也[8]。当时命而大行乎天下，则反一无迹[9]；不当时命而大穷乎天下，则深根宁极而待[10]；此存身之道也。

［注释］

[1] 混芒：混沌芒昧，即晦藏不自露之意。 [2] 澹漠：同“淡漠”。 [3] 至一：完满纯一的境界。 [4] 莫之为而常自然：与《老子》第五十一章“莫之命而常自然”同义。意思是无所作为而让万物顺任自然。 [5] 澆淳散朴：谓浇薄淳厚、离散朴质。 [6] 以下三句是说，离开了道去作为，寡德行事，然后舍弃本性而顺从心机。 [7] 文：礼文。也指文饰。 [8] 时命大谬：时机大相悖谬。 [9] 反一无迹：反于至一而不见有为之迹。 [10] 深根宁极：深藏缄默。

古之行身者[1]，不以辩饰知，不以知穷天下，不以知穷德，危然处其所而反其性已[2]，又何为哉！道固不小行[3]，德固不小识[4]。小识伤德，小行伤道。故曰，正己而已矣。乐全之谓得志[5]。

古之所谓得志者，非轩冕之谓也，谓其无以

益其乐而已矣。今之所谓得志者，轩冕之谓也。轩冕在身，非性命也，物之傥来[6]，寄者也。寄之，其来不可圉[7]，其去不可止。故不为轩冕肆志[8]，不为穷约趋俗[9]，其乐彼与此同[10]，故无忧而已矣。今寄去则不乐，由(之)[是]观之，虽乐，未尝不荒也。故曰，丧己于物，失性于俗者，谓之倒置之民[11]。

[注释]

[1]行身：为求与上文一例，当作“存身”。 [2]危然：独立的样子。 [3]小行：指仁义礼乐的行为。 [4]小识：小知。 [5]得志：适志，自得。 [6]傥来：意外忽来。 [7]圉(yǔ)：与“御”通。 [8]不为轩冕肆志：不为荣华高位而恣从心志。 [9]不为穷约趋俗：不为穷困紧迫而趋附世俗。 [10]彼：指轩冕。此：指穷约。 [11]倒置：本末倒置。

[点评]

“丧己于物，失性于俗”，就是将自己的价值建立在权势高位之上，一旦外在价值失去，自己就成为一无所有的空心人，成为“倒置之民”。轩冕不过是生命的附加物，不可因此丧失本真。

[篇末评]

“缮性”，是修治本性的意思。本篇主旨是“以恬养知”，并从自然无为的观点，说“存身”“得志”，进而对“丧己于物”作了有力的批判，勉励人们“不为轩冕肆志，不为穷约趋俗”。

秋　水

秋水时至，百川灌河，泾流之大[1]，两涘渚崖之间[2]，不辨牛马[3]。于是焉河伯欣然自喜[4]，以天下之美为尽在己。顺流而东行，至于北海，东面而视，不见水端，于是焉河伯始旋其面目[5]，望洋向若而叹曰[6]：“野语有之曰[7]，‘闻道百以为莫己若者[8]’，我之谓也。且夫我尝闻少仲尼之闻而轻伯夷之义者，始吾弗信；今我睹子之难穷也，吾非至于子之门则殆矣，吾长见笑于大方之家[9]。”

北海若曰：“井鼃不可以语于海者[10]，拘于虚也[11]；夏虫不可以语于冰者，笃于时也[12]；

曲士不可以语于道者[13]，束于教也。今尔出于崖涘[14]，观于大海，乃知尔丑，尔将可与语大理矣。天下之水，莫大于海，万川归之，不知何时止而不盈；尾闾泄之[15]，不知何时已而不虚；春秋不变[16]，水旱不知。此其过江河之流，不可为量数。而吾未尝以此自多者，自以比形于天地而受气于阴阳[17]，吾在［于］天地之间，犹小石小木之在大山也，方存乎见少，又奚以自多！计四海之在天地之间也，不似礨空之在大泽乎[18]？计中国之在海内，不似稊米之在大仓乎？号物之数谓之万，人处一焉；人卒九州，谷食之所生，舟车之所通，人处一焉[19]；此其比万物也，不似豪末之在于马体乎？五帝之所连[20]，三王之所争，仁人之所忧，任士之所劳，尽此矣。伯夷辞之以为名，仲尼语之以为博，此其自多也，不似尔向之自多于水乎？”

［注释］

[1] 泾流：水流。泾，水脉。　[2] 两涘：两岸。渚崖：渚岸，即水洲岸边。水中可居曰渚。　[3] 不辨牛马：指的是水大崖远，见物模糊。形容河面广阔，远而见不明。　[4] 河伯：河神。伯，

长者之称。 [5] 始旋其面目：改变自得的脸色。 [6] 望洋：一种解释为仰视的样子。另一种看法认为“洋”当为“羊”，望羊即申远视之意。 [7] 野语：俗语。 [8] 百：古同“博”，形容多数。 [9] 大方：大道。 [10] 鼃：同“蛙”。 [11] 虚：同“墟”。 [12] 笃于时：拘限于时。笃，固，拘限之意。 [13] 曲士：曲知之士，曲见之士，偏执之人。曲，一部分之意。 [14] 今尔出于崖涘：指受河岸所拘束，比喻河伯的思想受生存环境所限。崖涘，河岸。 [15] 尾闾：泄海水之所，盖出于传说想象所杜撰的地名。 [16] 以下两句是说，春秋不变其多少，水旱不知其增减。 [17] 比形于天地：即寄形于天地。比，借为“庇”。 [18] 罍空：小穴，也指酒器，形容酒杯中之空隙处，其空不大。罍，音“垒”。空，音“孔”。 [19] 人处一焉：这里是以人类对万物而说的。 [20] 连：应作“运”，运筹的意思。

[点评]

河伯洋洋自得，以为天下盛美集于一身，有如《逍遥游》中小麻雀翱翔于蓬蒿之间而自得一方。当他顺流东行，至于北海，举目遥望，一片汪洋，回旋四顾不见水端。将地理空间无限放大的同时，也将思想的视野层层地开拓出来，河伯见大而自悟，虚心自省。

河伯曰：“然则吾大天地而小(毫)[豪]末，可乎？”

北海若曰：“否。夫物[1]，量无穷，时无止[2]，分无常，终始无故。是故大知观于远近，故小而

见大也不能忽小，见大还要穷大。

不寡，大而不多，知量无穷；证曏今故[3]，故遥而不闷[4]，掇而不跂[5]，知时无止；察乎盈虚，故得而不喜，失而不忧，知分之无常也；明乎坦涂[6]，故生而不说[7]，死而不祸，知终始之不可故也。计人之所知，不若其所不知；其生之时，不若未生之时；以其至小求穷其至大之域[8]，是故迷乱而不能自得也。由此观之，又何以知（毫）［豪］末之足以定至细之倪[9]！又何以知天地之足以穷至大之域！”

［注释］

[1] 以下两句是说，物不可得而量度，各有度量，没有穷尽。量，局量之大小。 [2] 以下三句是说，时序是没有止期的，得失是没有一定的，终始是没有不变的。 [3] 曏（xiàng）：明。今故：犹古今。 [4] 遥而不闷：对于遥远的并不感到纳闷。 [5] 掇：拾取，形容近。跂：求。 [6] 涂：同“途”。 [7] 以下两句，《大宗师》作“不知说生，不知恶死”。 [8] 以其至小求穷其至大之域：以有限之小智，求无穷之大境。至小，智。至大，境。 [9] 又何以知豪末之足以定至细之倪：又怎么知道毫毛的末端可以确定最小的限度。倪，端倪，限度。

［点评］

在有限的相对关系中，固然可以确定大小，但在无限的时空系统中，大小之分却没有固定性和绝对性。因此天地并不足以穷究最大的领域，毫末也不足以限定最小的限度。

河伯曰："世之议者皆曰：'至精无形[1]，至大不可围。'是信情乎[2]？"

北海若曰："夫自细视大者不尽，自大视细者不明。夫精，小之微也；垺[3]，大之殷也[4]；故异便。此势之有也。夫精粗者，期于有形者也；无形者，数之所不能分也；不可围者，数之所不能穷也。可以言论者，物之粗也；可以意致者，物之精也；言之所不能论，意之所不能察致者，不期精粗焉。

"是故大人之行[5]，不出乎害人，不多仁恩[6]；动不为利，不贱门隶；货财弗争，不多辞让；事焉不借人，不多食乎力，不贱贪污；行殊乎俗，不多辟异；为在从众，不贱佞谄；世之爵禄不足以为劝[7]，戮耻不足以为辱；知是非之不可为分，细大之不可为倪。闻曰：'道人不闻，至德不得，大人无己。'约分之至也[8]。"

［注释］

[1] 以下两句，与《则阳》“精至于无伦，大至于不可围”同，与《天下》“至大无外……至小无内”意近。 [2] 信情：信实。 [3] 垺：特大。 [4] 殷：大。 [5] 大人：无意而任自然的人。 [6] 多：主张，赞赏。 [7] 以下两句是说，人世的爵禄不足以作为劝勉，刑戮和侮辱不足以看作是羞耻。 [8] 约：依。分：限。“是故大人之行……约分之至也”，与上下文义不相干涉，显系他文错入或为后人窜入。

［点评］

大小精粗不过是有形的现象，从无穷的空间来看，就无所谓大小精粗的区别了。感官知觉的活动仅限于有形的世界，在无形的世界中，无迹可言，意不可致。

河伯曰：“若物之外，若物之内，恶至而倪贵贱[1]？恶至而倪小大？”

北海若曰：“以道观之，物无贵贱；以物观之，自贵而相贱；以俗观之，贵贱不在己。以差观之，因其所大而大之，则万物莫不大；因其所小而小之，则万物莫不小；知天地之为稊米也，知（毫）［豪］末之为丘山也，则差数睹矣。以功观之，因其所有而有之，则万物莫不有；因其所无而无之，则万物莫不无；知东西之相反而不可以相无，则功分定矣。以趣观之，因其所然而然之[2]，则万物莫不然；因其所非而非之，则万物莫不非；知尧桀之自然而相非[3]，则趣操睹矣[4]。

“昔者尧舜让而帝，之哙让而绝[5]；汤武争而王，白公争而灭[6]。由此观之，争让之礼，尧桀之行，贵贱有时，未可以为常也。梁丽可以冲城[7]，而不可以窒穴，言殊器也；骐骥骅骝[8]，一日而驰千里，捕鼠不如狸狌[9]，言殊技也；鸱鸺夜撮蚤[10]，察毫末，昼出瞋目而不见丘山[11]，言殊性也。故曰，盖师是而无非[12]，师治而无乱乎？是未明天地之理，万物之情者也。是犹师天而无地，师阴而无阳，其不可行明矣。然且语而不舍[13]，非愚则诬也。帝王殊禅，三代殊继。差其时[14]，逆其俗者，谓之篡夫；当其时，顺其俗者，谓之义［之］徒。默默乎河伯！女恶知贵贱之门，小大之家！”

［注释］

[1] 恶至而倪贵贱：何至而分贵贱。倪，端倪，有区别之意。 [2] 以下两句同于《齐物论》“物固有所然……无物不然”。 [3] 自然而相非：即自以为是而互相非薄。然，犹

是。[4] 趣操：情趣志操。[5] 之哙让而绝：战国时代燕王哙接受苏代的意见，仿效尧舜的禅让，将王位传给宰相子之，引起国人不满，招致内乱，齐宣王来伐，杀燕王及子之。[6] 白公争而灭：白公，名胜，楚平王之孙。起兵争国，为叶公子高所杀。[7] 梁丽：梁栋。[8] 骐骥骅骝：都是骏马。骐骥，古称千里马。骅骝，周代良马（周穆王八骏马之一）。[9] 狸狌：亦见《逍遥游》。[10] 鸱鸺（xiū）：猫头鹰。[11] 瞋目：张目，即瞪大眼睛。瞋，张。[12] 以下两句是说，为什么不取法对的而抛弃错的，取法安定的而抛弃动乱的呢？盖，同“盍”，何不。[13] 以下两句是说，人们还把这种话说个不停，那便不是愚蠢就是故意瞎说了。[14] 以下六句是说，不投合时代，违逆世俗的，就被称为篡夺的人；投合时代，顺应世俗的，就被称为高义的人。

［点评］

价值判断是相对的。对大小贵贱、是非然否的判断，取决于你在哪个阶层、哪个身份、哪种立场，不同的角度往往可以得出相反的价值判断。这一思考发人深省，不仅可以用于批判流俗的价值观念，也可用于透破人类历史所推展的价值系统。

河伯曰：“然则我何为乎，何不为乎？吾辞受趣舍[1]，吾终奈何？”

贵贱无恒，大小无定。

北海若曰：“以道观之，何贵何贱，是谓反衍[2]；无拘而志，与道大蹇[3]。何少何多，是谓谢施[4]；无一而行，与道参差。严乎若国之有君，其无私德；繇繇乎若祭之有社[5]，其无私福；泛泛乎其若四方之无穷[6]，其无所畛域。兼怀万物[7]，其孰承翼？是谓无方[8]。万物一齐，孰短孰长？道无终始，物有死生，不恃其成；一虚一满，不位乎其形[9]。年不可举[10]，时不可止；消息盈虚，终则有始。是所以语大义之方[11]，论万物之理也。物之生也，若骤若驰，无动而不变，无时而不移。何为乎，何不为乎？夫固将自化。”

[注释]

[1] 辞受趣舍：出处进退。 [2] 反衍：反复，向相反的方向发展，即今天所说的转化。 [3] 蹇：违碍。 [4] 谢施：施用代谢。 [5] 繇繇：同“悠悠”，自得的样子。 [6] 泛泛乎：普遍之貌。 [7] 以下两句是说，包容万物，有谁承受扶助？承翼，承受卵翼，受助的意思。 [8] 无方：无所偏向。 [9] 不位乎其形：形无定位，即没有固定不变的形状。 [10] 年不可举：年岁不能存留。举，当读为“拒”。 [11] 大义：大道。

通达消息盈虚自然变化之理，当可明了事物变化的真况。道之可贵，在于任物自然。明道者必大通自在，不以己意裁定他人，万物依其自身情状而生成发展。

河伯曰：“然则何贵于道邪？”

北海若曰：“知道者必达于理，达于理者必

明于权[1]，明于权者不以物害己。至德者，火弗能热[2]，水弗能溺，寒暑弗能害，禽兽弗能贼。非谓其薄之也[3]，言察乎安危，宁于祸福[4]，谨于去就[5]，莫之能害也。故曰，天在内[6]，人在外，德在乎天。知天人之行，本乎天，位乎得[7]；蹢躅而屈伸[8]，反要而语极[9]。”

［注释］

[1] 权：权变，随机应变。 [2] 以下两句参见《逍遥游》“大浸稽天而不溺，大旱金石流土山焦而不热”，与《大宗师》“入水不濡，入火不热”同义。 [3] 薄：迫。 [4] 宁于祸福：安心于祸患和幸福的情境。 [5] 谨于去就：进退却很谨慎。 [6] 以下两句是说，天机藏在心内，人事露在身外。 [7] 位乎得：处于自得的境地。 [8] 蹢躅：进退不定的样子。 [9] 反要而语极：返回道的中心而谈论道的极致。

这里所谓的“人”，是与“自然”相对的“人为”，指人超出本性的妄为。马的真性，吃草食水，翘足跳跃。穿络马首，有违马的真性。

曰：“何谓天？何谓人？”

北海若曰：“牛马四足，是谓天；落马首[1]，穿牛鼻，是谓人。故曰，无以人灭天，无以故灭命[2]，无以得殉名[3]。谨守而勿失，是谓反其真[4]。”

［注释］

[1] 落：同“络”。 [2] 无以故灭命：不要用造作而毁灭

性命。 [3] 殉名：为追求虚名而丧生。 [4] 反其真：复于真性。

夔怜蚿[1]，蚿怜蛇，蛇怜风，风怜目，目怜心。

夔谓蚿曰："吾以一足跉踔而行[2]，予无如矣[3]。今子之使万足，独奈何？"

蚿曰："不然。子不见夫唾者乎？喷则大者如珠，小者如雾，杂而下者不可胜数也。今予动吾天机[4]，而不知其所以然。"

蚿谓蛇曰："吾以众足行，而不及子之无足，何也？"

蛇曰："夫天机之所动，何可易邪？吾安用足哉！"

蛇谓风曰："予动吾脊胁而行，则有似也[5]。今子蓬蓬然起于北海[6]，蓬蓬然入于南海，而似无有[7]，何也？"

风曰："然。予蓬蓬然起于北海而入于南海也，然而指我则胜我[8]，鰌我亦胜我。虽然，夫折大木，蜚大屋者[9]，唯我能也，故以众小不胜为大胜也。为大胜者，唯圣人能之。”

[注释]

[1] 夔：独脚兽，想象的动物。怜：爱慕。蚿（xián）：多足虫。 [2] 趻踔（chěn chuō）：跳着行走。 [3] 予无如矣：没有比我更简便的了。 [4] 天机：自然。 [5] 有似也：蛇虽无足，而有形象。似，像。 [6] 蓬蓬然：风动声。 [7] 似无有：即形无有，乃无形之意。 [8] 以下两句是说，但是人们用手来指我就能胜过我，用脚踢我也能胜过我。鰌，蹴，踢。 [9] 蜚：同“飞”。

[点评]

一足的夔羡慕多足的蚿，多足的蚿羡慕无足的蛇，无足的蛇羡慕不着行迹的风，不着行迹的风羡慕迅疾的眼目，而迅疾的眼目则羡慕更加瞬息万变、无拘无束的心。这里谈论的正是人心不囿于时空的变动不居。“目”的功用源自于“心”的神妙莫测。与夔、蚿、蛇用于“形”，风用于“无形”不同，目、心都用于“神”。

孔子游于匡[1]，宋人围之数帀[2]，而弦歌不惙[3]。子路入见，曰：“何夫子之娱也？”

孔子曰：“来！吾语女。我讳穷久矣[4]，而不免，命也；求通久矣，而不得，时也。当尧舜而天下无穷人[5]，非知得也；当桀纣而天下无通人[6]，非知失也；时势适然。夫水行不避蛟龙者，渔父之勇也；陆行不避兕虎者[7]，猎夫之勇也；白刃交于前，视死若生者，烈士之勇也；知穷之有命，知通之有时，临大难而不惧者，圣人之勇也。由处矣[8]，吾命有所制矣。”

无几何，将甲者进[9]，辞曰：“以为阳虎也，故围之。今非也，请辞而退。”

[注释]

[1] 匡：卫国地名。 [2] 帀（zā）：周。 [3] 惙：同“辍”，止。 [4] 讳穷：讳忌道行不能通达。这里的“穷”不是指物质生活上的贫困，乃是指道行不张。 [5] 穷人：不得志之人。 [6] 通人：得志的人。 [7] 陆行不避兕（sì）虎：《老子》第五十章作“陆行不遇兕虎”。 [8] 处：安息。 [9] 将甲者：率兵者。将，率。

公孙龙问于魏牟曰[1]：“龙少学先王之道，长而明仁义之行；合同异[2]，离坚白；然不然[3]，可不可；困百家之知，穷众口之辩；吾自以为至达已。今吾闻庄子之言，汒焉异之[4]。不知论之不及与，知之弗若与？今吾无所开吾喙[5]，敢问其方。”

公子牟隐机大息，仰天而笑曰：“子独不闻夫埳井之鼃乎[6]？谓东海之鳖曰：‘吾乐与！出跳梁乎井干之上[7]，入休乎缺甃之崖[8]；赴水则接腋持颐，蹶泥则没足灭跗[9]；还虷蟹与科斗[10]，莫吾能若也。且夫擅一壑之水[11]，而跨跱埳井之乐[12]，此亦至矣，夫子奚不时来入观乎！’东海之鳖左足未入，而右膝已絷矣[13]。于是逡巡而卻[14]，告之海曰：‘夫千里之远，不足以举其大；千仞之高，不足以极其深。禹之时十年九潦[15]，而水弗为加益；汤之时八年七旱，而崖不为加损。夫不为顷久推移[16]，不以多少进退者，此亦东海之大乐也。’于是埳井之鼃闻之，适适然惊[17]，规规然自失也[18]。

井蛙不可语东海之乐，脍炙人口。“井底之蛙”“坎井之蛙”已成为常用成语。

“且夫知不知是非之竟[19]，而犹欲观于庄子之言，是犹使蚊负山，商蚷驰河也，必不胜任矣。且夫知不知论极妙之言而自适一时之利者，是非埳井之鼃与？且彼方跐黄泉而登大皇[20]，无南无北，奭然四解[21]，沦于不测；无东无西，始于玄冥，反于大通。子乃规规然而求之以察，索之以辩，是直用管窥天[22]，用锥指地也，不亦小乎！子往矣！且子独不闻夫寿陵余子之学行于邯郸与[23]？未得国能[24]，又失其故行矣[25]，直匍匐而归耳。今子不去，将忘子之故，失子之业。”

公孙龙口呿而不合[26]，舌举而不下，乃逸而走。

[注释]

[1] 公孙龙：赵人，曾为赵平原君客。魏牟：魏公子。 [2] 以下两句是说，把事物的同和异合而为一，把一物的坚硬和白色分别开来。 [3] 以下两句是说，把不对的说成对，把不可的说成可。 [4] 汒焉：同“茫然”。 [5] 喙：口。 [6] 埳（kǎn）井：犹浅井。埳，凹地。 [7] 跳梁：犹跳跃。井干：井栏。 [8] 休乎缺甃（zhòu）之崖：休息于残破的井壁边上。甃，堆砌井壁的砖。 [9] 跗（fū）：同“趺”，脚背。 [10] 虷（hán）：蚊子的幼虫，即孑孓。 [11] 擅：专。 [12] 跨跱（zhì）：盘踞之意。 [13] 縶（zhí）：拘，绊住。 [14] 逡巡：形容退却的样子。 [15] 潦：水淹，指洪水。 [16] 顷：少时。久：多时。推移：改变。 [17] 适适然：惊怖之容。 [18] 规规然：自失之貌。 [19] 知不知是非之竟：意思是智不足以知是非之境。竟，同“境”。 [20] 跐（cǐ）：踏。大皇：天。 [21] 奭（shì）然：释然，形容丝毫不受拘束。 [22] 用管窥天：比喻所见极有限。 [23] 寿陵：燕国地名。余子：少年人。邯郸：赵国都邑。 [24] 未得国能：未得赵国之绝技。 [25] 故行：从前的步法。 [26] 呿（qù）：开。

庄子钓于濮水[1]，楚王使大夫二人往先焉[2]，曰：“愿以境内累矣！”

庄子持竿不顾，曰："吾闻楚有神龟，死已三千岁矣，王巾笥而藏之庙堂之上[3]。此龟者，宁其死为留骨而贵乎？宁其生而曳尾于涂中乎[4]？"

二大夫曰："宁生而曳尾涂中。"

庄子曰："往矣！吾将曳尾于涂中。"

[注释]

[1]濮水：在今河南濮阳南。 [2]往先：往见之。 [3]巾笥：布巾竹箱。 [4]曳：拖着。涂中：泥中。

[点评]

庄子以神龟作喻，表达自己无羡庙堂之贵，宁可"曳尾于涂中"。这则故事为司马迁引用，《史记·老子韩非列传》记载庄子对楚威王的使者说："子亟去，无污我。我宁游戏污渎之中自快，无为有国者所羁，终身不仕，以快吾志焉。"庄子的自洁，为历代知识分子立下鄙视高位的典范。

惠子相梁[1]，庄子往见之。或谓惠子曰："庄子来，欲代子相。"于是惠子恐，搜于国中三日三夜。

庄子往见之，曰："南方有鸟，其名为鹓鸰[2]，子知之乎？夫鹓鸰，发于南海而飞于北海，非梧桐不止，非练实不食[3]，非醴泉不饮[4]。于是鸱得腐鼠，鹓鸰过之，仰而视之曰‘吓！’今子欲以子之梁国而吓我邪？”

魏晋名士嵇康曾引用本段典故，他在《与山巨源绝交书》中也斥责贪位者说：“已嗜臭腐，养鸳雏以死鼠也。”

[**注释**]

[1] 相梁：做梁惠王的宰相。 [2] 鹓鸰（yuān chú）：属于凤凰一类的鸟。 [3] 练实：竹实。 [4] 醴（lǐ）泉：泉甘如醴。

庄子与惠子游于濠梁之上[1]。庄子曰：“儵鱼出游从容[2]，是鱼之乐也。”

惠子曰：“子非鱼，安知鱼之乐？”

庄子曰：“子非我，安知我不知鱼之乐？”

惠子曰：“我非子，固不知子矣；子固非鱼也，子之不知鱼之乐，全矣。”

庄子曰：“请循其本[3]。子曰‘汝安知鱼乐’云者，既已知吾知之而问我，我知之濠上也[4]。”

[**注释**]

[1] 濠：水名，今安徽凤阳附近。梁：桥。 [2] 儵（tiáo）鱼：白鱼。 [3] 循其本：追溯其本源。循，顺，追溯。 [4] 我知之濠上也：我在濠水桥上知道的。

［点评］

庄子和惠子濠梁观鱼的故事，显示出两种不同的心态。庄子对外界的认识，常带有观赏的态度，在直觉的领悟中了解生活的感受，将主体的情意发挥到外物上，产生移情同感或融合交感的作用，主张人与物之间应保持一种一体共存的顺任与融通关系，而非对象化的相互疏离、彼此对待的关系。惠子则不同，他站在分析的立场来看事物意义上的实在性。庄子具有艺术家的心态，惠子则带有逻辑家的性格；庄子偏于美学上的观赏，惠子则重在知识论的判断。

［篇末评］

“秋水”，即秋天雨水，本篇取篇首二字为篇名。全篇主题思想是讨论价值判断的无穷相对性。河伯与北海若的对话描述出时空的无穷和事物的不定。我们应突破主观的局限和执着，以开放的心灵观照万物。

至 乐

天下有至乐无有哉？有可以活身者无有哉？今奚为奚据？奚避奚处？奚就奚去？奚乐奚恶？

夫天下之所尊者，富贵寿善也[1]；所乐者，身安厚味美服好色音声也；所下者，贫贱夭恶也；所苦者，身不得安逸，口不得厚味，形不得美服，目不得好色，耳不得音声；若不得者，则大忧以惧。其为形也亦愚哉[2]！

夫富者，苦身疾作[3]，多积财而不得尽用，其为形也亦外矣[4]。夫贵者，夜以继日，思虑善否，其为形也亦疏矣。人之生也，与忧俱生，寿者惛惛[5]，久忧不死，何苦也！其为形也亦远矣。烈士为天下见善矣，未足以活身。吾未知善之诚善邪，诚不善邪？若以为善矣，不足活身；以为不善矣，足以活人。故曰："忠谏不听，蹲循勿争[6]。"故夫子胥争之以残其形，不争，名亦不成。诚有善无有哉？

今俗之所为与其所乐，吾又未知乐之果乐邪，果不乐邪？吾观夫俗之所乐，举群趣者[7]，誙誙然如将不得已[8]，而皆曰乐者，吾未之乐也，亦未之不乐也。果有乐无有哉？吾以无为诚乐矣，又俗之所大苦也。故曰："至乐无乐，至誉无誉。"

人生的目的是寻求快乐吗？如果是，快乐的人生从哪里获得？这是一般人常常追问的一个问题。"至乐无乐，至誉无誉"，"至乐"是超脱俗情纵欲之乐，"至誉"乃离弃世俗的夸奖阿谀，最大的快乐是忘却快乐，最高的赞誉是忘却声誉，唯有虚静恬淡而不纵欲，才能获得性情的恬愉、心灵的安然。

[注释]

[1] 善：善名。 [2] 其为形也亦愚哉：这样养形体岂不是太愚昧了吗？ [3] 疾作：勤勉劳动。 [4] 外矣："内矣"的相反字。下文的"疏矣""远矣"，即是"密矣""近矣"的相反字，都是指违反常性的意思。 [5] 惛（hūn）惛：昏昏，指精神懵懂。 [6] 蹲循：即"逡巡"，却退的意思。 [7] 举群趣：言举世趋之，形容一窝蜂地追逐。 [8] 誙（kēng）誙然如将不得已：十分执着好像欲罢不能。誙誙然，必取之意，形容执着的样子。已，止。

天下是非果未可定也。虽然，无为可以定是非。至乐活身，唯无为几存[1]。请尝试言之。天无为以之清[2]，地无为以之宁，故两无为相合，万物皆化。芒乎芴乎[3]，而无从出乎！芴乎芒乎，而无有象乎！万物职职[4]，皆从无为殖[5]。故曰天地无为也而无不为也[6]，人也孰能得无为哉！

［注释］

[1] 无为几存：见《老子》第六十四章“无为故无败”。几，近。 [2] 以下两句见《老子》第三十九章“天得一以清，地得一以宁”。一，即指无为之道。 [3] 芒乎芴乎：恍惚芒昧。后“芴乎芒乎”同。 [4] 职职：繁多的样子。 [5] 皆从无为殖：意指万物在自然中产生。 [6] 天地无为也而无不为也：见《老子》第三十七章“道常无为而无不为”。

庄子妻死，惠子吊之，庄子则方箕踞鼓盆而歌[1]。

惠子曰：“与人居[2]，长子老身，死不哭亦足矣，又鼓盆而歌，不亦甚乎！”

庄子曰：“不然。是其始死也，我独何能无概然[3]！察其始而本无生[4]，非徒无生也而本无形，非徒无形也而本无气。杂乎芒芴之间[5]，变而有气，气变而有形，形变而有生，今又变而之死，是相与为春秋冬夏四时行也。人且偃然寝于巨室[6]，而我噭噭然随而哭之[7]，自以为不通乎命，故止也。”

[注释]

[1] 箕踞：蹲坐，如簸箕形状。盆：瓦缶，古时乐器。 [2] 以下五句是说，和妻子相住在一起，为你生儿育女，现在老而身死，不哭也够了，还要敲着盆子唱歌，这岂不太过分了吗？人，指庄子妻。长子老身，死，宣颖本读为“长子、老、身死”。 [3] 概：慨，感触哀伤。 [4] 察其始而本无生：观察她起初本来是没有生命的。 [5] 芒芴：读同“恍惚”。 [6] 偃然：安息的样子。巨室：指天地之间。 [7] 噭（jiào）噭然：哭叫声。

[点评]

庄子认为人的生死不过是气的聚散而已。生本从无中来，死又向无处去。生死的变化，如同四季的更迭、大化的运行，是自然而然的事情。破除对生的执迷、对死的忧惧，才能安于自然的变化，无送终之悲。

支离叔与滑介叔观于冥伯之丘[1]，昆仑之虚，黄帝之所休。俄而柳生其左肘[2]，其意蹶蹶然恶之[3]。

支离叔曰：“子恶之乎？”

滑介叔曰："亡，予何恶！生者，假借也[4]；假之而生生者，尘垢也[5]。死生为昼夜。且吾与子观化而化及我[6]，我又何恶焉！"

"化"是天地万物的真相，人的死生好像昼夜一般运转，观天地之化，我亦在天地之中。

［注释］

[1] 支离叔、滑介叔：寓设人物。冥伯之丘：寓设丘名。 [2] 柳：借为"瘤"。肘：臂部关节弯曲处。 [3] 蹶蹶然：警动的样子。 [4] 假借：指身体乃是外在物质元素假合而成。 [5] 尘垢：暂时的凑集。 [6] 观化：观于变化。化，生死的变化。

庄子之楚，见空髑髅，髐然有形[1]，撽以马捶[2]，因而问之，曰："夫子贪生失理，而为此乎？将子有亡国之事，斧钺之诛，而为此乎？将子有不善之行，愧遗父母妻子之丑，而为此乎？将子有冻馁之患，而为此乎？将子之春秋故及此乎[3]？"

于是语卒，援髑髅，枕而卧。夜半，髑髅见梦曰："子之谈者似辩士。视子所言，皆生人之累也，死则无此矣。子欲闻死之说乎？"

庄子曰："然。"

髑髅曰："死，无君于上，无臣于下；亦无四

日本学者福永光司在其《庄子外篇》中说："因骷髅以赞美私人世界之自由与安乐，其实是在为生人世界之绝望的不自由与痛苦恸哭……就连原是人人最憎恶最恐惧的死，跟那样的生之苦惨相比较，也显得是快乐了。"

时之事，从然以天地为春秋[4]，虽南面王乐[5]，不能过也。”

庄子不信，曰：“吾使司命复生子形[6]，为子骨肉肌肤，反子父母妻子闾里知识[7]，子欲之乎？”

髑髅深矉蹙频曰[8]：“吾安能弃南面王乐而复为人间之劳乎！”

［注释］

[1] 髐（xiāo）然：空枯的样子。 [2] 撽（qiào）：敲击。马捶：马鞭。 [3] 春秋：年纪。 [4] 从然：形容纵逸的样子。从，同“纵”。 [5] 以下两句是说，虽是国王的快乐，也不能胜过。 [6] 司命：掌管生命的鬼神。 [7] 知识：指朋友。 [8] 深矉蹙频：形容眉目之间露出忧愁的样子。频，同“额”。

颜渊东之齐，孔子有忧色。子贡下席而问曰：“小子敢问，回东之齐，夫子有忧色，何邪？”

孔子曰：“善哉汝问！昔者管子有言，丘甚善之，曰：‘褚小者不可以怀大[1]，绠短者不可以汲深[2]。’夫若是者，以为命有所成而形有所适也[3]，夫不可损益。吾恐回与齐侯言尧舜黄帝之道，而重以燧人神农之言。彼将内求于己而不得，不得则惑，人惑则死。

“且女独不闻邪？昔者海鸟止于鲁郊，鲁侯御而觞之于庙[4]，奏《九韶》以为乐，具太牢以为膳[5]。鸟乃眩视忧悲，不敢食一脔，不敢饮一杯，三日而死。此以己养养鸟也，非以鸟养养鸟也。夫以鸟养养鸟者，宜栖之深林，游之坛陆[6]，浮之江湖，食之鳝鲦[7]，随行列而止，委虵而处[8]。彼唯人言之恶闻，奚以夫譊譊为乎[9]！《咸池》《九韶》之乐，张之洞庭之野[10]，鸟闻之而飞[11]，兽闻之而走，鱼闻之而下入，人卒闻之，相与还而观之。鱼处水而生，人处水而死，彼必相与异，其好恶故异也。故先圣不一其能，不同其事。名止于实，义设于适[12]，是之谓条达而福持[13]。”

［注释］

[1] 褚：布袋。 [2] 绠：绳索。 [3] 命有所成而形有所适也：性命各有它形成之理，而形体各有它适宜之事。 [4] 御：迎。觞：宴饮。 [5] 太牢：牛、羊、猪。 [6] 坛陆：水中沙洲。 [7] 鳝：泥鳅。鲦：同“鲦”，白鱼。 [8] 委虵：宽舒自得。虵，通“蛇”。 [9] 譊（náo）譊：喧杂。 [10] 洞庭之野：见《天运》。 [11] 以下三句，《齐物论》作“鱼见之深入，鸟见之高飞，

麋鹿见之决骤”。[12]义设于适：事理的设施在于适性。[13]条达：条理通达。福持：福分常在。

［点评］

习惯自我膨胀的统治者喜欢伸张一己的意念推之于人民，本意即使是好的，往往却造成人民的痛苦。应了解人的殊异性，尊重才能的不同，让人民顺任自身的情状去自由表现。

在大化流转中，我们当坦然承受生死之化，生时安生，死时安死，消解由死生观念引起的忧欢之情。

列子行食于道从[1]，见百岁髑髅，攓蓬而指之曰[2]：“唯予与汝知而未尝死，未尝生也。若果养乎[3]？予果欢乎？”

［注释］

[1]道从：道旁。[2]攓（qiān）：拔。而：汝。[3]养：忧。

种有几[1]？得水则为㡭[2]，得水土之际则为鼃蠙之衣[3]，生于陵屯则为陵舄[4]，陵舄得郁栖则为乌足[5]，乌足之根为蛴螬[6]，其叶为胡蝶。胡蝶胥也化而为虫[7]，生于灶下，其状若脱[8]，其名为鸲掇[9]。鸲掇千日为鸟，其名为乾馀骨。乾馀骨之沫为斯弥[10]，斯弥为食醯[11]。颐辂生乎食醯，黄軦生乎九猷[12]，瞀芮生乎腐蠸[13]。

羊奚比乎不箰[14]，久竹生青宁；青宁生程[15]，程生马，马生人，人又反入于机[16]。万物皆出于机，皆入于机。

[注释]

[1] 种有几：有多种解释。其一，物种的变化有多少。其二，几，作“机”，即下文“万物皆出于机，皆入于机”。其三，物种中有一种极微小的生物叫作几。今从三。 [2] 㡭（jì）：指一种断续如丝的草。 [3] 鼃蠙（pín）之衣：青苔，俗称蛤蟆衣。 [4] 陵屯：高地。屯，阜。陵舄（xì）：车前草。 [5] 郁栖：粪壤。乌足：草名。 [6] 蛴螬（qí cáo）：金龟子的幼虫。 [7] 胥也：须臾。 [8] 脱：借为“蜕”。 [9] 鸲（qú）掇：虫名。 [10] 沬：口中唾沫。斯弥：虫名。 [11] 食醯（xī）：酒瓮里的蠛蠓。 [12] 黄軦：虫名。九猷：虫名。 [13] 瞀芮（mào ruì）：蠡蚋。腐蠸：萤火虫。 [14] 以下两句应合为一句，意思是说羊奚草和久不长笋的竹子结合生出青宁虫。不箰（sǔn）久竹，久不长笋的竹子。箰，竹类的嫩茎。 [15] 程：豹。 [16] 机：一作天机、自然讲。一作“几”。

[点评]

庄子的演化论，说明了世界上万物的多样性。一切事物都在流转变化之中，而这些变化都来源于万物自身，并不是神造的，没有神力干预其间。大千世界，万态千形，化机不息，宇宙间化腐朽为神奇，无处不是生机洋溢，生意蓬勃。

[**篇末评**]

“至乐”，指至极的快乐，取首句二字为篇名。本篇讨论人生快乐和生死态度问题。篇章批评世俗纵情于官能之乐，作者通过鼓盆而歌提出生死不过是气之聚散，人应顺随变化安于所化，人的死生当不为忧乐所执。

达 生

达生之情者[1]，不务生之所无以为[2]；达命之情者，不务知之所无奈何。养形必先之以物，物有余而形不养者有之矣；有生必先无离形，形不离而生亡者有之矣。生之来不能卻[3]，其去不能止。悲夫！世之人以为养形足以存生；而养形果不足以存生，则世奚足为哉！虽不足为而不可不为者，其为不免矣。

养形而不养神，则生而昏，死则散，唯有"形全精复"，生命才能充实而有光辉。人的可贵，尤在于开拓思想空间，展现精神生命。

夫欲免为形者，莫如弃世。弃世则无累[4]，无累则正平[5]，正平则与彼更生[6]，更生则几矣。事奚足弃而生奚足遗？弃事则形不劳，遗生则精不亏[7]。夫形全精复[8]，与天为一。天地者，万物之父母也，合则成体[9]，散则成始。形精不亏，是谓能移[10]；精而又精，反以相天[11]。

［注释］

[1] 达生之情：通达生命的真义。情，实情、真相之意。 [2] 无以为：无以为用，无所用。 [3] 以下两句是说，生命的来临不能拒绝，生命的离去不能阻止。 [4] 弃世：弃却世间分外之事。无累：不被分外之事所累。 [5] 正平：心正气平。 [6] 与彼更生：和自然共同变化，推陈出新。彼，指自然。更生，日新的意思。 [7] 遗生：指遗忘生活中分外之事。 [8] 形全精复：形精完备，即下文之“形精不亏”。精复，即本篇之“神全”，即上文之“精不亏”。复，读为“备”。 [9] 以下两句是说，物质元素相合便形成物体，离散便成为另一种物体结合的开始。 [10] 能移：指能随自然变化而更新。移，迁转。 [11] 相天：辅助自然。

“纯气”指纯粹的精气。依原始道家的观点，人本来在体内有一种纯粹的精气，和天地的气一样。构成万物最根本的原质的气就是精气。至人通行无阻，不为物境所碍，就在于能持守自身的精气。

子列子问关尹曰[1]：“至人潜行不窒[2]，蹈火不热，行乎万物之上而不慄。请问何以至于此？”

关尹曰：“是纯气之守也[3]，非知巧果敢之列。居，予语女！凡有貌象声色者，皆物也[4]，物与物何以相远？夫奚足以至乎先[5]？是色而已。则物之造乎不形而止乎无所化[6]，夫得是而穷之者，物焉得而止焉[7]！彼将处乎不淫之度[8]，而藏乎无端之纪[9]，游乎万物之所终始，壹其性，养其气，合其德，以通乎物之所造[10]。夫若是者，其天守全，其神无郤[11]，物奚自入焉！

“夫醉者之坠车，虽疾不死。骨节与人同而犯害与人异，其神全也，乘亦不知也，坠亦不知也，死生惊惧不入乎其胸中，是故遻物而不慴。彼得全于酒而犹若是，而况得全于天乎？圣人藏于天，故莫之能伤也。复仇者不折镆干[12]，虽有忮心者不怨飘瓦，是以天下平均。故无攻战之乱，无杀戮之刑者，由此道也。不开人之天[13]，而开天之天，开天者德生，开人者贼生。不厌其天，不忽于人，民几乎以其真！”

［注释］

[1] 关尹：关令尹，以官职作人名。　[2] 以下两句是说，潜行水中不受阻碍，脚蹈火上不觉炎热。见《大宗师》“入水不濡，入火不热”。　[3] 纯气之守：保守纯和之气。　[4] 物：指人物。　[5] 以下两句是说，同样具有形色的东西，（有些人）怎能超在他人前面呢？　[6] 物之造乎不形而止乎无所化：指至人达到不露形迹且臻于不变灭的境地。　[7] 物焉得而止焉：谓外物怎能

进入心中来搅扰。止，犹入。 [8] 彼：至人。不淫之度：即恰如其分，指合乎天道的分寸。 [9] 无端之纪：形容循环变化的境地。 [10] 物之所造：指自然。 [11] 无郤：见《德充符》“使日夜无郤”。 [12] 以下三句是说，复仇的人不会去折断曾伤害他的宝剑，即使常存忌恨心的人也不会怨恨那偶然飘来的瓦片，这样一来天下也就太平安宁。“复仇者不折镆干”至“民几乎以其真”，疑是别处错入，和本节主题无关。 [13] 以下四句是说，不要开启人为的思想与智巧，而要开发自然的真性。开发了自然的真性则随遇而安，获得生存；开启人为的思想与智巧，就会处处使生命受到残害。

仲尼适楚，出于林中，见痀偻者承蜩[1]，犹掇之也[2]。

仲尼曰：“子巧乎！有道邪？”

曰：“我有道也。五六月累丸二而不坠[3]，则失者锱铢[4]；累三而不坠，则失者十一；累五而不坠，犹掇之也。吾处身也，若厥株拘[5]；吾执臂也，若槁木之枝；虽天地之大，万物之多，而唯蜩翼之知。吾不反不侧[6]，不以万物易蜩之翼，何为而不得！”

孔子顾谓弟子曰：“用志不分，乃凝于神，其痀偻丈人之谓乎！”

［注释］

[1] 痀偻：曲背。承蜩：以杆粘蝉。 [2] 掇：拾取。 [3] 五六月：指学习所经过的时间。累：累叠。 [4] 锱铢：古时衡重量的单位，比喻最小最轻。 [5] 厥：通“橛”，竖。株拘：即“株枸”，树根盘错处。 [6] 不反不侧：不动不摇，形容内心专一，心无二念。反侧，犹变动。

［点评］

承蜩是小技，痀偻丈人不矜其巧，以为有道，就像庖丁解牛的“所好者道也，进乎技矣”。道的境界乃由凝聚的心境与专精的技艺而呈现。

颜渊问仲尼曰：“吾尝济乎觞深之渊[1]，津人操舟若神[2]。吾问焉，曰：‘操舟可学邪？’曰：‘可。善游者数能[3]。若乃夫没人[4]，则未尝见舟而便操之也。’吾问焉而不吾告，敢问何谓也？”

“忘水”，乃适于水性，故而入水而泰然自若。“忘”，就是不滞于心而达于性适的境地。

仲尼曰：“善游者数能，忘水也。若乃夫没人之未尝见舟而便操之也，彼视渊若陵，视舟之覆犹其车却也。覆却万方陈乎前而不得入其舍[5]，恶往而不暇！以瓦注者巧[6]，以钩注者惮[7]，以黄金注者殙。其巧一也，而有所矜[8]，则重外也。凡外重者内拙[9]。”

“外重者内拙”，所重在外则心为外所分，心为外所分则内惑，内惑则误多。只重视外形外物的人，心灵往往干枯闭陋。

[注释]

[1] 济：渡。觞深：渊名。 [2] 津人：摆渡的人。 [3] 数能：速成。数，通“速”。 [4] 没人：潜水的人。 [5] 舍：指心。 [6] 注：射，射而赌物曰注。 [7] 钩：带钩。 [8] 矜：顾惜。 [9] 凡外重者内拙：重视外物的，内心就笨拙。

田开之见周威公[1]。威公曰：“吾闻祝肾学生[2]，吾子与祝肾游，亦何闻焉？”

田开之曰：“开之操拔篲以侍门庭[3]，亦何闻于夫子！”

威公曰：“田子无让，寡人愿闻之。”

开之曰：“闻之夫子曰：‘善养生者，若牧羊然，视其后者而鞭之。’”

威公曰：“何谓也？”

田开之曰：“鲁有单豹者[4]，岩居而水饮，不与民共利，行年七十而犹有婴儿之色；不幸遇饿虎，饿虎杀而食之。有张毅者[5]，高门县薄[6]，无不走也[7]，行年四十而有内热之病以死。豹养其内而虎食其外，毅养其外而病攻其内，此二子者，皆不鞭其后者也[8]。”

仲尼曰：“无入而藏[9]，无出而阳，柴立其中央[10]。三者若得，其名必极[11]。夫畏涂者[12]，十杀一人，则父子兄弟相戒也，必盛卒徒而后敢出焉，不亦知乎！人之所取畏者，衽席之上[13]，饮食之间；而不知为之戒者，过也。”

[注释]

[1] 田开之：姓田，名开之，学道之人。周威公：东周的一位君主。 [2] 祝肾：姓祝，名肾，怀道之人。学生：学习养生。 [3] 拔篲（huì）：扫帚。 [4] 单豹：隐人姓名，疑是寓设之名。 [5] 张毅：姓张，名毅，鲁人。 [6] 高门县薄：大家小户。县，通“悬”。薄，借为“幕”，帘。 [7] 无不走也：没有不往来的。 [8] 不鞭其后者也：不能弥补自己的不足。 [9] 以下两句是说，不要太深入而潜藏，不要太表露而显扬。 [10] 柴立其中央：形容像柴木般无心而立于中央。 [11] 其名必极：可名为至人。 [12] 畏涂：路有劫贼，险难可知。 [13] 衽席：卧席。

[点评]

田开之与周威公的对话，主旨在养生。单豹和张毅的例子，旨在说明养生不可偏外，也不可废内。理想的人生，当是“形全精复”，不可偏废其一。

祝宗人玄端以临牢筴[1]，说彘曰[2]：“汝奚恶死？吾将三月豢汝[3]，十日戒，三日齐，藉白茅[4]，加汝肩尻乎雕俎之上，则汝为之乎？”为彘谋，曰不如食以糠糟而错之牢筴之中[5]，自为谋，则苟生有轩冕之尊，死得于腞楯之上、聚偻之中则为之[6]。为彘谋则去之，自为谋则取之，所异彘者何也？

［**注释**］

[1] 祝宗人：祭祀官。玄端：祭祀穿的斋服。牢筴：猪栏。 [2] 彘：猪。 [3] 豢：同“豢”，喂养。 [4] 藉：借为“席”。见《在宥》“席白茅”。 [5] 错：借为“措”。 [6] 腞楯（zhuàn chūn）：画饰的柩车。聚偻：棺椁上的采饰。

桓公田于泽[1]，管仲御，见鬼焉。公抚管仲之手曰：“仲父何见[2]？”对曰：“臣无所见。”

公反，诶诒为病[3]，数日不出。齐士有皇子告敖者曰[4]：“公则自伤，鬼恶能伤公！夫忿滀之气[5]，散而不反，则为不足；上而不下，则使人善怒；下而不上，则使人善忘；不上不下，中身当心[6]，则为病。”

“自伤”一语，说透病源，可见并无鬼事，杯弓蛇影，只是心中自疑而已。

桓公曰：“然则有鬼乎？”

曰：“有。沈有履[7]，灶有髻。户内之烦壤[8]，雷霆处之[9]；东北方之下者，倍阿鲑蠪跃之[10]；

西北方之下者，则泆阳处之[11]。水有（冈）[罔]象[12]，丘有峷[13]，山有夔[14]，野有彷徨[15]，泽有委蛇。”

公曰：“请问，委蛇之状何如？”

皇子曰：“委蛇，其大如毂，其长如辕，紫衣而朱冠。其为物也，恶闻雷车之声，则捧其首而立。见之者殆乎霸。”

桓公辴然而笑曰[16]：“此寡人之所见者也。”于是正衣冠与之坐，不终日而不知病之去也。

[注释]

[1]田：打猎。[2]仲父：齐桓公对管仲的尊称。[3]诶诒（ēi yí）：惊吓失神而呓语。[4]皇子告敖：姓皇子，名告敖，齐之贤人。[5]忿滀（chù）：郁结。忿，生气，恨。滀，积聚。[6]中身当心：指淤积在心中。[7]以下两句是说，沟泥中有履神，灶有髻神。沈，水污泥，沟泥之中。履，神名。髻（jié），灶神，着赤衣，状如美女。[8]烦壤：烦攘。[9]雷霆：鬼名。[10]倍阿鲑蠪（lóng）：鬼名。[11]泆阳：鬼名。[12]罔象：水怪名。[13]峷（shēn）：兽名。[14]夔：山怪名。[15]彷徨：虫名。[16]辴（zhěn）然：欢笑的样子。

[点评]

这则故事借桓公生病写一个人精神不宁则容易为外

物所累，心思不定就容易受动摇而呈脆弱的表现。桓公神摇则病生，神释则病去，可知养神的重要。

纪渻子为王养斗鸡[1]。

十日而问："鸡已乎？"曰："未也，方虚憍而恃气。"

十日又问，曰："未也。犹应向景[2]。"

十日又问，曰："未也。犹疾视而盛气。"

十日又问，曰："几矣。鸡虽有鸣者，已无变矣[3]，望之似木鸡矣，其德全矣[4]，异鸡无敢应者[5]，反走矣。"

［注释］

[1] 纪渻（shěng）子：姓纪，名渻子。王：周宣王。 [2] 应向景：听到声音见到影像就起回应。 [3] 无变：不为变动。 [4] 德全：德性完备。 [5] 以下两句是说，其他的鸡不敢应战，见到回头就跑了。

孔子观于吕梁，县水三十仞[1]，流沫四十里，鼋鼍鱼鳖之所不能游也[2]。见一丈夫游之，以为有苦而欲死也，使弟子并流而拯之。数百步而出，被发行歌而游于塘下[3]。

孔子从而问焉，曰：“吾以子为鬼，察子则人也。请问，蹈水有道乎？”

曰：“亡，吾无道。吾始乎故[4]，长乎性，成乎命[5]。与齐俱入[6]，与汩偕出[7]，从水之道而不为私焉[8]。此吾所以蹈之也。”

孔子曰：“何谓始乎故，长乎性，成乎命？”

曰：“吾生于陵而安于陵，故也；长于水而安于水，性也；不知吾所以然而然，命也。”

“安”字写出主体接触外境时适然顺合的心境。

[注释]

[1] 县：通“悬”。 [2] 鼋（yuán）：像鳖，而形体更大。鼍（tuó）：像鳄鱼，长一二丈，有四足，性贪睡，俗称猪婆龙，皮可以制鼓。 [3] 塘下：岸下。 [4] 故：旧。 [5] 命：自然之理。 [6] 齐：漩涡。 [7] 汩（gǔ）：涌流。 [8] 从水之道而不为私焉：顺着水势而不由自己。

梓庆削木为鐻[1]，鐻成，见者惊犹鬼神。鲁侯见而问焉，曰：“子何术以为焉？”

对曰：“臣工人，何术之有！虽然，有一焉。臣将为鐻，未尝敢以耗气也，必齐以静心[2]。齐三日，而不敢怀庆赏爵禄；齐五日，不敢怀非誉巧拙；齐七日，辄然忘吾有四枝形体也[3]。当是时也，无公朝[4]，其巧专而外骨消[5]；然后入山林，观天性[6]；形躯至矣[7]，然后成见镰[8]，然后加手焉[9]；不然则已。则以天合天[10]，器之所以疑神者，其是与！”

［注释］

[1] 梓：木工。庆：人名。镰（jù）：乐器，放置在架台上的钟。 [2] 齐：斋戒。 [3] 辄然：一说忽然。一说不动的样子。四枝：同“四肢”。 [4] 无公朝：视公朝若无，不知道有朝廷。 [5] 骨：乱。 [6] 观天性：观察树木的质性。 [7] 形躯至矣：指形态极合于做镰。 [8] 见：即现。 [9] 加手：施工。 [10] 以天合天：用（我的）自然来合（树木的）自然。

［点评］

梓庆削木有如“心斋”的工夫，忘却宠利名誉和外物的纷扰，主体心灵的创造影像与创造对象的素材质性相互融合。这个故事说明，一个伟大的创造品，除了技巧之外，更是创造心灵的培养和精神的凝聚。任何一个思想家或艺术家的创作，除了表达方式与文字技巧之外，其内心所蕴含的质，发而为创造的动力，才是作品优劣高下的决定因素。

东野稷以御见庄公[1]，进退中绳，左右旋中规。庄公以为文弗过也[2]，使之钩百而反[3]。

颜阖遇之，入见曰："稷之马将败。"公密而不应[4]。

少焉，果败而反。公曰："子何以知之？"

曰："其马力竭矣，而犹求焉，故曰败。"

[注释]

[1] 东野稷：姓东野，名稷，善于驾车。庄公：鲁庄公。 [2] 以为文弗过也：以为画图都比不上。 [3] 钩百：百转。反：同"返"。 [4] 密：默。

工倕旋而盖规矩[1]，指与物化而不以心稽[2]，故其灵台一而不桎[3]。忘足，屦之适也；忘要[4]，带之适也；知忘是非，心之适也；不内变，不外从，事会之适也[5]。始乎适而未尝不适者[6]，忘适之适也。

[注释]

[1] 工倕：尧时代的人，以巧艺著名。亦见《胠箧》。旋：转，指旋转画圆。盖：一说是超过。一说是合。 [2] 指与物化：手指与物象化而为一。稽：计量。 [3] 灵台：心。桎：借为"窒"。 [4] 要：即腰。 [5] 事会：指和外界事物的应接。 [6] 以下两句是说，本性常适而无往不安适，便是忘了安适的安适。始乎适，本性常适。始，本。

"指与物化"，是一种创造的心理，当技巧达到高超的境界时，确如书法所谓"手不知笔，笔不知手"。主体与客体融合而适然无分，便是"忘"境。徐复观也说："指与物化，是说明表现的能力、技巧（指）已经与被表现的对象，没有中间的距离了。这表现出最高技巧的精熟。"（《中国艺术精神》）

有孙休者[1]，踵门而诧子扁庆子曰[2]："休居乡不见谓不修，临难不见谓不勇；然而田原不遇岁，事君不遇世，宾于乡里，逐于州部，则胡罪乎天哉？休恶遇此命也？"

扁子曰："子独不闻夫至人之自行邪？忘其肝胆，遗其耳目，芒然彷徨乎尘垢之外，逍遥乎无事之业，是谓为而不恃，长而不宰。今汝饰知以惊愚[3]，修身以明污，昭昭乎若揭日月而行也[4]。汝得全而形躯，具而九窍，无中道夭于聋盲跛蹇而比于人数，亦幸矣，又何暇乎天之怨哉！子往矣！"

孙子出。扁子入，坐有间，仰天而叹。弟子问曰："先生何为叹乎？"

扁子曰："向者休来，吾告之以至人之德，吾恐其惊而遂至于惑也。"

弟子曰："不然。孙子之所言是邪？先生之所言非邪？非固不能惑是。孙子所言非邪？先生所言是邪？彼固惑而来矣，又奚罪焉！"

扁子曰："不然。昔者有鸟止于鲁郊，鲁君说之，为具太牢以飨之，奏《九韶》以乐之，鸟乃始忧悲眩视，不敢饮食。此之谓以己养养鸟也。若夫以鸟养养鸟者，宜栖之深林，浮之江湖，食之以委蛇，则平陆而已矣。今休，款启寡闻之民也[5]，吾告以至人之德，譬之若载鼷以车马[6]，乐鴳以钟鼓也。彼又恶能无惊乎哉！”

[注释]

[1] 孙休：姓孙，名休，鲁国人。 [2] 踵门：走到门前。诧：告。扁庆子：姓扁，字庆子，鲁国贤人。 [3] 以下两句是说，现在你把自己打扮成有才干的模样，用以惊吓众人，用修养自己的办法来突出他人的污秽。 [4] 揭：举着。 [5] 款启寡闻之民也：管窥之见、孤陋寡闻的人。 [6] 以下两句是说，就像用马车来托载小老鼠，用钟鼓声来取悦小鴳雀一样。

[点评]

这段文义与全篇主题思想不类。其中“昔者有鸟止于鲁郊”一段已见于《至乐》，“忘其肝胆，遗其耳目，芒然彷徨乎尘垢之外，逍遥乎无事之业”见于《大宗师》，“为而不恃，长而不宰”见于《老子》第十章、五十一章，“饰知以惊愚，修身以明污，昭昭乎若揭日月而行”亦见《山木》。

[篇末评]

“达生”，畅达生命，取篇首二字为篇名。本篇被普遍认为推衍内篇《养生主》的思想，强调养神的作用。全篇由十一个寓言故事组成，提出守气养神、形全精复、与天为一的思想，阐述全精、守气、养神的妙用。文中也着重于描写技巧修养的过程，尤其侧重于写凝神。

山 木

庄子行于山中，见大木，枝叶盛茂，伐木者止其旁而不取也。问其故，曰：“无所可用。”庄子曰：“此木以不材得终其天年。”

《庄子》多次谈木，《逍遥游》谈无用之用，《人间世》讲不材之用，本篇开篇“无所可用”正与内篇意义相接。

夫子出于山，舍于故人之家[1]。故人喜，命竖子杀雁而烹之[2]。竖子请曰：“其一能鸣，其一不能鸣，请奚杀？”主人曰：“杀不能鸣者。”

明日，弟子问于庄子曰：“昨日山中之木，以不材得终其天年；今主人之雁，以不材死；先生将何处？”

庄子笑曰：“周将处乎材与不材之间。材与不材之间，似之而非也，故未免乎累。若夫乘道德而浮游则不然[3]。无誉无訾[4]，一龙一蛇[5]，与时俱化，而无肯专为；一上一下[6]，以和为量[7]，浮游乎万物之祖；物物而不物于物[8]，则胡可得而累邪！此神农黄帝之法则也。若夫万物之情，人伦之传[9]，则不然。合则离，成则毁；廉则挫[10]，尊则议[11]，有为则亏，贤则谋，不肖则欺，胡可得而必乎哉[12]！悲夫！弟子志之，其唯道德之乡乎！”

[注释]

[1] 舍：息。 [2] 竖子：童仆。雁：鹅。烹：同“享”，进献，款待。 [3] 乘道德：顺自然。 [4] 訾：毁。 [5] 一龙一蛇：指时而显现，时而隐晦。 [6] 一上一下：一进一退。 [7] 以和为量：以顺自然为则。和，顺。量，度。 [8] 物物：物使外物，主宰外物。 [9] 人伦之传：人类的习惯。 [10] 廉则挫：锐利就会遭到挫折。 [11] 尊则议：尊贵者又遭议疑。 [12] 胡可得而必乎哉：怎么能够保证成功呢。

[点评]

本篇提出的处世之道，要比《人间世》更进一层。庄子指出，要掌握好“材与不材之间”，材则以有用而致伤，不材则以无用而受害。庄子进一步指出，以“乘道德而浮游”为宗旨来处理世务，要秉持两个重要的原则：一是把握时机（“与时俱化”），一是以和为贵（“以和为量”)。

市南宜僚见鲁侯[1]，鲁侯有忧色。市南子曰："君有忧色，何也？"

鲁侯曰："吾学先王之道[2]，修先君之业[3]；吾敬鬼尊贤，亲而行之，无须臾离居[4]；然不免于患，吾是以忧。"

市南子曰："君之除患之术浅矣！夫丰狐文豹，栖于山林，伏于岩穴，静也；夜行昼居，戒也；虽饥渴隐约[5]，犹且胥疏于江湖之上而求食焉[6]，定也；然且不免于罔罗机辟之患[7]。是何罪之有哉？其皮为之灾也。今鲁国独非君之皮邪？吾愿君刳形去皮，洒心去欲，而游于无人之野。南越有邑焉[8]，名为建德之国。其民愚而朴[9]，少私而寡欲[10]；知作而不知藏，与而不求其报；不知义之所适，不知礼之所将[11]；猖狂妄行[12]，乃蹈乎大方[13]；其生可乐，其死可葬。吾愿君去国捐俗，与道相辅而行。"

君曰："彼其道远而险，又有江山，我无舟车，奈何？"

市南子曰："君无形倨[14]，无留居，以为君车。"

君曰："彼其道幽远而无人，吾谁与为邻？吾无粮，我无食，安得而至焉？"

市南子曰："少君之费，寡君之欲，虽无粮而乃足。君其涉于江而浮于海，望之而不见其崖，愈往而不知其所穷。送君者皆自崖而反，君自此远矣！故有人者累[15]，见有于人者忧[16]。故尧非有人，非见有于人也。吾愿去君之累，除君之忧，而独与道游于大莫之国[17]。方舟而济于河[18]，有虚船来触舟，虽有惼心之人不怒[19]；有一人在其上，则呼张歙之[20]；一呼而不闻，再呼而不闻，于是三呼邪，则必以恶声随之。向也不怒而今也怒，向也虚而今也实[21]。人能虚己以游世，其孰能害之！"

"虚己"就是消除一己贪图名位之念，名位正如同狐豹的纹皮，是招祸的根源，生命应另辟精神出口，免于祸患。

［注释］

[1]市南宜僚：姓熊，字宜僚，楚国勇士，居于市南，因号市南子。[2]先王：指王季、文王。[3]先君：指周公、伯禽。[4]无须臾离居：即没有片刻的休息。[5]隐约：含有逼困之意。[6]犹旦胥疏于江湖之上而求食：还是远离于江湖之上去求食。旦，一

说作“且”。胥疏，疏远的意思。 [7] 罔罗、机辟：都是捕鸟兽之具。见《逍遥游》“中于机辟，死于罔罟”。罔，通“网”。 [8] 南越：形容遥远的地方。 [9] 其民愚而朴：见《老子》第五十七章“我无欲而民自朴”。 [10] 少私而寡欲：见《老子》第十九章“少私寡欲”。 [11] 将：行。 [12] 猖狂妄行：从心所欲。猖狂，见于《在宥》和《庚桑楚》。 [13] 大方：大道。 [14] 形倨：形态倨傲。 [15] 有人者：掌管人民的人。 [16] 见有于人者：为人所役用的人。 [17] 大莫：犹广漠。莫，当读为“漠”。 [18] 方舟：两舟相并。方，通“舫”。 [19] 惼：同“褊”，狭急。 [20] 张：撑开。歙：退。 [21] 虚：指空船无人。实：指有人。

北宫奢为卫灵公赋敛以为钟[1]，为坛乎郭门之外，三月而成上下之县[2]。

王子庆忌见而问焉，曰：“子何术之设？”

奢曰：“一之闲[3]，无敢设也。奢闻之：‘既雕既琢，复归于朴。’侗乎其无识[4]，傥乎其怠疑[5]；萃乎芒乎[6]，其送往而迎来；来者勿禁，往者勿止；从其强梁[7]，随其曲（传）［傅］[8]，因其自穷[9]，故朝夕赋敛而毫毛不挫，而况有大涂者乎[10]！”

［注释］

[1] 北宫奢：卫大夫，名奢，居北宫，因以为号。赋敛：似今

募缘之事。钟：乐器。 [2] 上下之县：上下两层的钟架。 [3] 以下两句是说，纯任自然，言此外别无方术。对百姓而言，不勉强索取，听人民自动出钱出力；对自己而言，是使心灵达到纯一无杂的状态，专注于造钟。一，纯一。 [4] 侗乎：形容淳朴的样子。 [5] 傥乎：无心的样子。怠疑：形容不急于求取。 [6] 萃乎芒乎：形容聚在一块，分辨不清。萃，聚。芒，不辨。 [7] 从其强梁：指不愿意捐献的任听自便。 [8] 随其曲傅：言曲意顺从的也随其自便。 [9] 因其自穷：指依着各人自己的能力。 [10] 大涂：大道。

《论语·卫灵公》也记载了孔子的这段故事，可与此参看。“在陈绝粮，从者病，莫能兴。子路愠见曰：‘君子亦有穷乎？’子曰：‘君子固穷，小人穷斯滥矣。’”

孔子围于陈蔡之间，七日不火食。

大公任往吊之曰[1]：“子几死乎？”曰：“然。”

“子恶死乎？”曰：“然。”

任曰：“予尝言不死之道。东海有鸟焉，其名曰意怠[2]。其为鸟也，翂翂翐翐[3]，而似无能；引援而飞[4]，迫胁而栖[5]；进不敢为前，退不敢为后；食不敢先尝，必取其绪[6]。是故其行列不斥[7]，而外人卒不得害，是以免于患。直木先伐，甘井先竭。子其意者饰知以惊愚，修身以明污，昭昭乎如揭日月而行，故不免也。昔吾闻之大成之人曰[8]：‘自伐者无功[9]，功成者堕，名成者亏。’孰能去功与名而还与众人！道流而不明，居得行而不名处[10]；纯纯常常，乃比于狂[11]；削迹捐势[12]，不为功名；是故无责于人[13]，人亦无责焉。至人不闻[14]，子何喜哉？”

孔子曰：“善哉！”辞其交游，去其弟子，逃于大泽；衣裘褐[15]，食杼栗；入兽不乱群，入鸟不乱行。鸟兽不恶，而况人乎！

[注释]

[1] 大公任：疑为杜撰之名。大公，老者称。任，名。 [2] 意怠：燕，即后文“鷾鸸”。 [3] 翂翂翐翐：形容飞行迟缓的样子。 [4] 引援：群飞。 [5] 迫胁而栖：群栖乃栖，形容挤在一堆而栖息。迫胁，胁相接。 [6] 绪：余。 [7] 行列不斥：同列（飞行）不受排斥。 [8] 大成之人：指老子。 [9] 自伐者无功：见《老子》第二十四章。 [10] 居得行而不名处：德行广被而不自求声名。 [11] 乃比于狂：同于狂。 [12] 削迹捐势：削除形位、捐弃权势。 [13] 无责：无求。 [14] 至人不闻：至人不求声名。 [15] 裘褐：粗布衣服。

[点评]

“孔子逃于大泽”是寓言假说，要人去除矜能炫知的心态，复归纯素平常，过一种恬淡质真的生活。“进不敢为前，退不敢为后”就是老子“不敢为天下先”的意思。

孔子问子桑雽曰[1]："吾再逐于鲁[2]，伐树于宋[3]，削迹于卫[4]，穷于商周[5]，围于陈蔡之间[6]。吾犯此数患[7]，亲交益疏，徒友益散，何与？"

子桑雽曰："子独不闻假人之亡与[8]？林回弃千金之璧，负赤子而趋。或曰：'为其布与[9]？赤子之布寡矣；为其累与？赤子之累多矣；弃千金之璧，负赤子而趋，何也？'林回曰：'彼以利合[10]，此以天属也。'夫以利合者[11]，迫穷祸患害相弃也；以天属者，迫穷祸患害相收也。夫相收之与相弃亦远矣。且君子之交淡若水，小人之交甘若醴；君子淡以亲，小人甘以绝。彼无故以合者，则无故以离。"

孔子曰："敬闻命矣！"徐行翔佯而归[12]，绝学捐书，弟子无挹于前[13]，其爱益加进。

异日，桑雽又曰："舜之将死，真泠禹曰[14]：'汝戒之哉！形莫若缘[15]，情莫若率[16]。缘则不离，率则不劳；不离不劳，则不求文以待形[17]；不求文以待形，固不待物。'"

[注释]

[1] 子桑雽：姓桑，名雽，隐居者。 [2] 再逐于鲁：鲁定公时，孔子担任司寇的官职。齐国的执政者们想制造孔子和鲁君的不和，于是带了八十名美女和一百二十匹好马送给鲁国的国君。由于齐国的离间，孔子遂遭鲁定公的冷淡，于是孔子不得不离开鲁国。 [3] 伐树于宋：已见于《天运》。 [4] 削迹于卫：已见于《天运》。 [5] 穷于商周：已见于《天运》。 [6] 围于陈蔡之间：已见于《天运》。 [7] 犯：遇上。 [8] 假：国名，或说“假”为“殷”。亡：逃亡。 [9] 布：指财货。 [10] 彼：指璧。 [11] 以下四句是说，以利结合的，受到窘迫祸患的时候，就互相遗弃了；以天性相关的，遇着窘迫祸患的时候，就互相收留了。 [12] 翔佯：徜徉，形容闲放自得。 [13] 无挹于前：无揖让之礼。 [14] 真泠：指舜将真言告诉大禹。泠，知晓。 [15] 缘：因其自然之意。 [16] 率：真率。 [17] 文：虚文。

[点评]

人与人相处，在逢难遇困时最能显示友情真意。子桑雽举例林回危机中逃亡，弃千金之璧，负赤子而趋。真性相感，则迫穷祸患而相收；以利结合，则迫穷祸患而相弃。“君子之交淡若水，小人之交甘若醴。”

庄子衣大布而补之[1]，正緳系履而过魏王[2]。魏王曰：“何先生之惫邪？”

庄子曰：“贫也，非惫也。士有道德不能行，惫也；衣弊履穿，贫也，非惫也；此所谓非遭时也。王独不见夫腾猿乎？其得枏梓豫章也[3]，揽蔓其枝而王长其间[4]，虽羿、蓬蒙不能眄睨也[5]。及其得柘棘枳枸之间也[6]，危行侧视[7]，振动悼慄；此筋骨非有加急而不柔也[8]，处势不便，未足以逞其能也。今处昏上乱相之间，而欲无惫，奚可得邪？此比干之见剖心征也夫[9]！"

［注释］

[1] 大布：粗布。 [2] 正緳（xié）系履：用麻带绑着破鞋。緳，带，当是麻绳做的带子。 [3] 枏梓（nán zǐ）豫章：都是端直好木。 [4] 揽蔓：犹把捉。王长：犹自得，同"旺涨"，形容意气轩昂。 [5] 蓬蒙：羿的弟子。眄睨（miǎn nì）：斜视。 [6] 柘（zhè）棘枳枸：都是有刺的小木。 [7] 危行：行动谨慎。 [8] 加急：收紧。不柔：不灵活。 [9] 征：明证。

孔子穷于陈蔡之间，七日不火食，左据槁木，右击槁枝，而歌猋氏之风[1]，有其具而无其数[2]，有其声而无宫角[3]，木声与人声，犁然有当于人之心[4]。

颜回端拱还目而窥之[5]。仲尼恐其广己而造大也[6]，爱己而造哀也，曰："回，无受天损易[7]，无受人益难[8]。无始而非卒也[9]，人与天一也[10]。

夫今之歌者其谁乎？”

回曰：“敢问无受天损易。”

仲尼曰：“饥渴寒暑，穷桎不行[11]，天地之行也，运物之泄也[12]，言与之偕逝之谓也[13]。为人臣者，不敢去之。执臣之道犹若是，而况乎所以待天乎！”

“何谓无受人益难？”

仲尼曰：“始用四达[14]，爵禄并至而不穷，物之所利[15]，乃非已也，吾命其在外者也。君子不为盗，贤人不为窃。吾若取之，何哉！故曰，鸟莫知于鷾鸸[16]，目之所不宜处，不给视，虽落其实，弃之而走。其畏人也，而袭诸人间[17]，社稷存焉尔[18]。”

“何谓无始而非卒？”

仲尼曰：“化其万物而不知其禅之者[19]，焉知其所终？焉知其所始？正而待之而已耳[20]。”

“何谓人与天一邪[21]？”

仲尼曰：“有人，天也；有天，亦天也。人之不能有天，性也，圣人晏然体逝而终矣[22]！”

[注释]

[1] 猋（biāo）氏：神农氏。 [2] 有其具而无其数：有枝击木而无节奏。有其具，有击木之具。数，指节奏之数。 [3] 无宫角：不合五音，不主音律。 [4] 犁然：释然，悠然。 [5] 端拱还目：端拱，拱手直立。还目，回目。 [6] 广己而造大也：彰显自己而至于夸大。 [7] 无受天损易：不受自然的损伤还容易。 [8] 无受人益难：不受人的利禄却难。 [9] 无始而非卒：没有只存在开始而没有终结的情况。 [10] 人与天一：天人一体。人，人事。天，自然的情势。一，共同一致。 [11] 穷桎不行：穷困不通。 [12] 运物之泄也：品物的发动。 [13] 偕逝：共同参与变化。 [14] 始用四达：言初进便顺利。 [15] 以下两句是说，外物的利益，非己本有。 [16] 知：同“智”。鷾鸸：燕。 [17] 袭诸人间：入人屋舍筑巢。袭，入。 [18] 社稷存焉尔：比喻鸟有所寄存，犹如人依于社稷。社稷，谓鸟巢。 [19] 禅：同“代”。 [20] 正而待之：顺任自然的变化。正，指上文所说的“化其万物”。 [21] 天：指自然。 [22] 晏然：安然。

庄周游于雕陵之樊[1]，睹一异鹊自南方来者，翼广七尺，目大运寸[2]，感周之颡而集于栗林[3]。庄周曰：“此何鸟哉，翼殷不逝[4]，目大不睹？”蹇裳躩步[5]，执弹而留之[6]。睹一蝉，方得美荫而忘其身；螳蜋执翳而搏之[7]，见得而忘其形；异鹊从而利之，见利而忘其真[8]。庄周怵然曰：“噫！物固相累，二类相召也[9]！”捐

“见得而忘其形”“见利而忘其真”，人们的贪欲，是世途险恶、社会危机四伏、物类相逐相残的根源。

弹而反走[10]，虞人逐而谇之[11]。

庄周反入，三月不庭[12]。蔺且从而问之："夫子何为顷间甚不庭乎？"

庄周曰："吾守形而忘身，观于浊水而迷于清渊。且吾闻诸夫子曰：'入其俗，从其（俗）[令]。'今吾游于雕陵而忘吾身，异鹊感吾颡，游于栗林而忘真，栗林虞人以吾为戮[13]，吾所以不庭也。"

[注释]

[1] 雕陵：丘陵的名称。樊：即圃。 [2] 目大运寸：眼睛的直径有一寸长。 [3] 感：触。 [4] 殷：大，与《秋水》"大之殷"同。逝：往。 [5] 蹇（jiǎn）裳：提起衣裳。躩（jué）步：疾行，快步。 [6] 留：伺机。 [7] 翳：隐蔽。 [8] 真：本性。 [9] 二类相召：指蝉召螳螂，螳螂召鹊，物类之间自相诱惑。 [10] 捐：弃。 [11] 虞人：守园者，守园囿之吏。谇（suì）：骂。 [12] 三月：一本作"三日"。庭：门庭。 [13] 戮：辱。

阳子之宋[1]，宿于逆旅[2]。逆旅人有妾二人，其一人美，其一人恶[3]，恶者贵而美者贱。阳子问其故，逆旅小子对曰[4]："其美者自美，吾不知其美也；其恶者自恶，吾不知其恶也。"

阳子曰："弟子记之！行贤而去自贤之行，安往而不爱哉！"

［注释］

[1] 阳子：《韩非子·说林上》引这则故事作"杨子"。 [2] 逆旅：旅舍。 [3] 恶：丑陋。 [4] 逆旅小子：《韩非子·说林上》作"逆旅之父"。

［篇末评］

"山木"，取篇首"山中……大木"为篇名。本篇承内篇《人间世》问题而来，指陈人世多患，提出免患之道。全篇由九个寓言故事组成，指出权位是一切祸患的根源，人应从现实的纠结中提升出来，卫护精神的自由自主，不为物欲迷失了真性。

田子方

田子方侍坐于魏文侯[1]，数称谿工[2]。

文侯曰："谿工，子之师邪？"

子方曰："非也，无择之里人也；称道数当[3]，故无择称之。"

文侯曰："然则子无师邪？"

子方曰："有。"

曰："子之师谁邪？"

子方曰："东郭顺子[4]。"

文侯曰："然则夫子何故未尝称之？"

子方曰："其为人也真，人貌而天[5]，虚缘而葆真，清而容物。物无道，正容以悟之，使人之意也消。无择何足以称之！”

子方出，文侯傥然终日不言[6]，召前立臣而语之曰：“远矣，全德之君子[7]！始吾以圣知之言仁义之行为至矣，吾闻子方之师，吾形解而不欲动[8]，口钳而不欲言。吾所学者直土梗耳[9]，夫魏真为我累耳！”

［注释］

[1] 田子方：姓田，名无择，字子方，魏国贤人。 [2] 谿工：姓谿，名工，魏国贤人。 [3] 称道数当：言论常常很确当。 [4] 东郭顺子：名顺子，子方之师。居在东郭，因以为氏。 [5] 以下两句是说，常人的容貌，而内心契合自然，顺应于仁而保守天真。句读当为“人貌而天虚，缘而葆真”。虚，意指心。葆真，即保真。葆，同“保”。 [6] 傥然：自失的样子。 [7] 全德之君子：指东郭顺子。 [8] 以下两句是说，形体解脱而不想动，嘴巴闭着而不想说。形解，形体解脱。 [9] 土梗：土人。

［点评］

这一节要在写心性之真。“人貌而天虚，缘而葆真”，虚形容心，其人天虚，则天性质正淳厚而心量涵容广包。文侯感受其真精神，心实向往，怅然以人爵为累。

温伯雪子适齐[1]，舍于鲁。鲁人有请见之者，温伯雪子曰："不可。吾闻中国之君子[2]，明乎礼义而陋于知人心，吾不欲见也。"

至于齐，反舍于鲁，是人也又请见。温伯雪子曰："往也蕲见我[3]，今也又蕲见我，是必有以振我也[4]。"

出而见客，入而叹。明日见客，又入而叹。其仆曰："每见之客也[5]，必入而叹，何耶？"

曰："吾固告子矣：'中国之民，明乎礼义而陋乎知人心。'昔之见我者，进退一成规，一成矩，从容一若龙[6]，一若虎，其谏我也似子，其道我也似父[7]，是以叹也。"

仲尼见之而不言。子路曰："吾子欲见温伯雪子久矣，见之而不言，何邪？"

仲尼曰："若夫人者，目击而道存矣，亦不可以容声矣。"

[注释]

[1] 温伯雪子：姓温，名伯，字雪子，楚之怀道人。 [2] 中国：中原之国，即鲁国。 [3] 蕲：求。 [4] 振：起，发，这里有启发之意。 [5] 之客：此客。 [6] 从容：犹动容。 [7] 道：导。

[点评]

“明乎礼义而陋乎知人心”点出了儒生的病根。儒家以人伦为着眼点，以社群为其存在背景，求安顿生命于社群关系间，因此儒派教化趋向规范主义，在现实生活中对人群活动构成相当严重的束缚，礼教规范容易昧于本真而违逆人心。

颜渊问于仲尼曰：“夫子步亦步，夫子趋亦趋，夫子驰亦驰；夫子奔逸绝尘[1]，而回瞠若乎后矣[2]！”

夫子曰：“回，何谓邪？”

曰：“夫子步，亦步也；夫子言，亦言也；夫子趋，亦趋也；夫子辩，亦辩也；夫子驰，亦驰也；夫子言道，回亦言道也；及奔逸绝尘而回瞠若乎后者，夫子不言而信，不比而周[3]，无器而民滔乎前[4]，而不知所以然而已矣。”

宇宙运行不息，我也随时变化，今日之我，已非故我，后日之我，又非今我，新故相续，昼夜不舍，这也就是颜子所叹“奔逸绝尘”的意思，用以形容运化之神速。

仲尼曰：“恶！可不察与！夫哀莫大于心死，而人死亦次之。日出东方而入于西极，万物莫不比方[5]，有目有趾者[6]，待是而后成功[7]，是出则存[8]，是入则亡。万物亦然，有待也而死[9]，有待也而生。吾一受其成形[10]，而不化以待尽，效物而动[11]，日夜无隙，而不知其所终；薰然其成形[12]，知命不能规乎其前[13]，丘以是日徂[14]。

“吾终身与汝交一臂而失之[15]，可不哀与！女殆著乎吾所以著也[16]。彼已尽矣[17]，而女求之以为有，是求马于唐肆也[18]。吾服女也甚忘[19]，女服吾也亦甚忘。虽然，女奚患焉！虽忘乎故吾，吾有不忘者存。”

[注释]

[1]奔逸绝尘：快速的样子。 [2]瞠若：直视的样子。 [3]不比而周：指不偏私而周遍。比，阿私。 [4]器：爵位。滔：涌聚，趋赴。 [5]比方：指顺着太阳的方向。 [6]有目有趾者：指人。 [7]待是：待日。是，指日。 [8]以下两句是说，日出而作，日入而息。 [9]以下两句是说，有的趋于死，有的将待以生。 [10]以下两句见《齐物论》“一受其成形，不亡以待尽”。 [11]效：犹感。 [12]薰然：形容成形的样子。 [13]规：窥。 [14]日徂：一天天参与变化。徂，往。 [15]交一臂而失之：意思是说我和你这么接近而你却不能了解宇宙的道理。 [16]女殆著乎吾所以著也：你大概只看到我所能看到的现象。著，可见的东西。 [17]彼已尽矣：它已经消失了。 [18]唐肆：指空市场。唐，空。 [19]服：思。

孔子见老聃，老聃新沐，方将被发而干，慹

然似非人[1]。孔子便而待之[2]，少焉见，曰："丘也眩与，其信然与？向者先生形体掘若槁木，似遗物离人而立于独也。"

老聃曰："吾游心于物之初。"

孔子曰："何谓邪？"

曰："心困焉而不能知，口辟焉而不能言[3]，尝为汝议乎其将[4]。至阴肃肃[5]，至阳赫赫[6]；肃肃出乎天，赫赫发乎地；两者交通成和而物生焉[7]，或为之纪而莫见其形[8]。消息满虚[9]，一晦一明，日改月化，日有所为，而莫见其功。生有所乎萌，死有所乎归，始终相反乎无端而莫知乎其所穷。非是也，且孰为之宗！"

孔子曰："请问游是。"

老聃曰："夫得是，至美至乐也，得至美而游乎至乐，谓之至人。"

孔子曰："愿闻其方。"

曰："草食之兽不疾易薮[10]，水生之虫不疾易水，行小变而不失其大常也，喜怒哀乐不入于胸次。夫天下也者，万物之所一也[11]。得其所一而同焉，则四支百体将为尘垢，而死生终始将为昼夜而莫之能滑，而况得丧祸福之所介乎[12]！弃隶者若弃泥涂[13]，知身贵于隶也，贵在于我而不失于变。且万化而未始有极也[14]，夫孰足以患心！已为道者解乎此。”

孔子曰：“夫子德配天地，而犹假至言以修心，古之君子，孰能脱焉？”

老聃曰：“不然。夫水之于汋也[15]，无为而才自然矣。至人之于德也，不修而物不能离焉，若天之自高，地之自厚，日月之自明，夫何修焉！”

孔子出，以告颜回曰：“丘之于道也，其犹醯鸡与[16]！微夫子之发吾覆也[17]，吾不知天地之大全也。”

[注释]

[1] 慹（zhé）然：形容不动的样子。非人：犹木偶人。 [2] 便：借为“屏”，屏蔽。 [3] 辟：闭，合。 [4] 议乎其将：说个概略。 [5] 肃肃：严冷之意。 [6] 赫赫：形容炎热。 [7] 两者交通成和：参见《老子》第四十二章“万物负阴而抱阳，冲气以为和”。 [8] 纪：纲纪，规律。 [9] 消息满虚：消逝、生长、盈满、空虚，即事物死生盛衰规律。同《秋水》“消息盈虚”。 [10] 不疾易薮（sǒu）：不怕变换草泽。 [11] 万物之所一：与《德充符》

“物视其所一”同义。 [12] 而况得丧祸福之所介乎：何况是得失祸福的分际呢？介，际，即分际。 [13] 隶：仆隶，指身份的得失祸福。 [14] 万化而未始有极也：见《大宗师》。 [15] 汋（zhuó）：水涌流。 [16] 醯（xī）鸡：酒瓮里的小飞虫，即“蠛蠓”。 [17] 以下两句是说，要不是先生启发我的蒙蔽，我真不知道天地的全貌。

[**点评**]

“游心于物之初”，“物之初”即指“道”，审美心的发显便由内在的生命拓展到了无穷的天地和宇宙，这就是“心通道境”。在寓言中，老聃从如下的几个方面描绘了“游心”之所：其一，道不在思虑分辨和名言概念中（“心困焉而不能知，口辟焉而不能言”）；其二，道无形无为却赋予万物以秩序性（“至阴肃肃，至阳赫赫；肃肃出乎天，赫赫发乎地；两者交通成和而物生焉，或为之纪而莫见其形。消息满虚，一晦一明，日改月化，日有所为，而莫见其功”）；其三，道是超越于时空的无限性存在（“生有所乎萌，死有所乎归，始终相反乎无端而莫知乎其所穷”）。

庄子见鲁哀公[1]。哀公曰：“鲁多儒士，少为先生方者[2]。”

庄子曰：“鲁少儒。”

哀公曰：“举鲁国而儒服，何谓少乎？”

庄子曰："周闻之，儒者冠圜冠者[3]，知天时；履句屦者[4]，知地形；缓佩玦者[5]，事至而断。君子有其道者，未必为其服也；为其服者，未必知其道也。公固以为不然，何不号于国中曰：'无此道而为此服者，其罪死！'"

于是哀公号之五日，而鲁国无敢儒服者，独有一丈夫儒服而立乎公门。公即召而问以国事，千转万变而不穷。

庄子曰："以鲁国而儒者一人耳[6]，可谓多乎？"

[注释]

[1] 庄子见鲁哀公：庄子是战国时人，与魏惠王、齐威王同时，去鲁哀公一百二十年，如此见鲁哀公，应是寓言。 [2] 方：道，术。 [3] 圜：音"园"。 [4] 句：方。 [5] 缓佩玦：用五色的丝带穿系玉块。 [6] 一人：或说指孔子，但原意未必指特定的人。

百里奚爵禄不入于心[1]，故饭牛而牛肥[2]，使秦穆公忘其贱，与之政也。有虞氏死生不入于心，故足以动人[3]。

[注释]

[1] 百里奚：公元前 5 世纪的一位著名人物。复姓百里，名奚。百里奚原居虞国，后入秦国，为秦穆公所重用。孟子对他颇有好评。 [2] 饭：饲养。 [3] 动人：感发他人。

宋元君将画图[1]，众史皆至[2]，受揖而立[3]；舐笔和墨，在外者半[4]。有一史后至者，儃儃然不趋[5]，受揖不立，因之舍。公使人视之，则解衣般礴赢[6]。君曰："可矣，是真画者也。"

[注释]

[1] 宋元君：宋元公，名佐。 [2] 史：画工。 [3] 受揖而立：古代臣见国君，臣先拜，国君行揖答谢。受揖，接受国君的揖谢。揖，拱手。立，同"位"，就位。 [4] 在外者半：言其趋竞者多。 [5] 儃儃然：安闲的样子。 [6] 般礴：盘腿坐着。赢：裸。

文王观于臧[1]，见一丈夫钓[2]，而其钓莫钓；非持其钓有钓者也[3]，常钓也。

文王欲举而授之政，而恐大臣父兄之弗安也；欲终而释之，而不忍百姓之无天也[4]。于是旦而属之大夫曰："昔者寡人梦见良人[5]，黑色而頿[6]，乘驳马而偏朱蹄[7]，号曰：'寓而政于臧丈人，庶几乎民有瘳乎！'"

诸大夫蹴然曰："先君王也。"

文王曰："然则卜之。"

诸大夫曰："先君之命，王其无它[8]，又何卜焉！"

遂迎臧丈人而授之政。典法无更，偏令无出。三年，文王观于国，则列士坏植散群[9]，长官者不成德，（斔）[斞] 斛不敢入于四竟[10]。列士坏植散群，则尚同也；长官者不成德，则同务也；斞斛不敢入于四竟，则诸侯无二心也。

文王于是焉以为大师，北面而问曰："政可以及天下乎？"臧丈人昧然而不应，泛然而辞[11]，朝令而夜遁，终身无闻。

颜渊问于仲尼曰："文王其犹未邪？又何以梦为乎？"

仲尼曰："默，汝无言！夫文王尽之也，而又何论刺焉[12]！彼直以循斯须也[13]。"

[注释]

[1] 臧：地名，近渭水，在今陕西西安附近。 [2] 丈夫：与下文"丈人"同，对老人的尊称，这里指姜子牙。 [3] 非持其钓有钓者也：不是执持钓竿而有意在钓（比喻无心之钓），为上乘

之钓。 [4] 无天：失于庇护。 [5] 昔：通“夕”。 [6] 颉：同“髯”，胡须。 [7] 驳马：杂色的马。偏朱蹄：马蹄的半边是红色的。 [8] 其无它：不必犹疑。 [9] 坏植散群：不立朋党。 [10] 斔（yǔ）斛不敢入于四竟：别的度量衡不再进入四境。斔斛：谷物的量器。唐以前一斛容十斗，六斛四斗为斔。 [11] 昧然而不应，泛然而辞：见《德充符》“闷然而后应，氾若辞”。 [12] 论刺：讥刺。 [13] 循斯须：顺众情于一时。循，顺。斯须，须臾。

列御寇为伯昏无人射[1]，引之盈贯[2]，措杯水其肘上，发之，适矢复沓[3]，方矢复寓[4]。当是时，犹象人也[5]。

伯昏无人曰：“是射之射[6]，非不射之射也。尝与汝登高山，履危石，临百仞之渊，若能射乎？”

于是无人遂登高山，履危石，临百仞之渊，背逡巡[7]，足二分垂在外[8]，揖御寇而进之。御寇伏地，汗流至踵。

伯昏无人曰：“夫至人者，上窥青天，下潜黄泉，挥斥八极[9]，神气不变[10]。今汝怵然有恂目之志[11]，尔于中也殆矣夫！”

［注释］

[1] 伯昏无人：人名寓托。见《德充符》。 [2] 引之盈贯：拉满了弓。引，引弦。贯，满张弓。 [3] 适矢复沓：形容刚射出一

箭又紧接着一箭。[4] 方矢复寓：第二箭刚射出去，第三箭又扣了弦。[5] 象人：木偶。[6] 以下两句是说，是有心射的，不是无心射的。[7] 背逡巡：背渊却行。逡巡，见《秋水》。[8] 二分：有两种说法。一是认为"二分"作十分中的二分。二是认为作三分中的二分。今采后说，脚的三分之二悬在外空。[9] 挥斥八极：挥斥，犹纵放，形容精神自由奔放。八极，八方。[10] 神气：神色，表情。[11] 以下两句是说，现在你惊慌目眩，想射中就很难了。恂目，眩目。中，命中，射中。

肩吾问于孙叔敖曰[1]："子三为令尹而不荣华[2]，三去之而无忧色。吾始也疑子，今视子之鼻间栩栩然[3]，子之用心独柰何？"

孙叔敖曰："吾何以过人哉！吾以其来不可却也，其去不可止也，吾以为得失之非我也，而无忧色而已矣。我何以过人哉！且不知其在彼乎[4]，其在我乎？其在彼邪[5]？亡乎我；在我邪？亡乎彼。方将踌躇[6]，方将四顾，何暇至乎人贵人贱哉！"

仲尼闻之曰："古之真人，知者不得说[7]，美人不得滥[8]，盗人不得劫，伏戏黄帝不得友。死生亦大矣，而无变乎己，况爵禄乎！若然者，其神经乎大山而无介[9]，入乎渊泉而不濡，处卑细而不恴，充满天地，既以与人[10]，己愈有。”

［注释］

[1] 肩吾：古时修道之士。见《逍遥游》。孙叔敖：姓孙，名叔敖，楚国贤人，曾任宰相。　[2] 令尹：宰相。　[3] 栩栩然：欢畅自适的样子。　[4] 以下两句是说，况且不知道可贵的是在令尹呢，还是在我呢。其，指尊贵。彼，指令尹的官职。　[5] 以下四句是说，要是可贵在于令尹吗？就和我无关；在于我吗？和令尹无关。　[6] 以下两句见《养生主》“为之四顾，为之踌躇满志”。　[7] 说：游说，说服。　[8] 滥：淫乱。　[9] 介：碍，借为“界”。　[10] 以下两句见《老子》第八十一章“既以为人己愈有，既以与人己愈多”。

楚王与凡君坐[1]，少焉，楚王左右曰凡亡者三[2]。凡君曰：“凡之亡也，不足以丧吾存。夫‘凡之亡不足以丧吾存’，则楚之存不足以存存[3]。由是观之[4]，则凡未始亡而楚未始存也。”

［注释］

[1] 楚王：楚文王。凡君：凡僖侯，周公之后。　[2] 凡亡者三：指楚王左右说了多次凡国灭亡。　[3] 则楚之存不足以存存：那么楚国的存在也不足以保存它的存在。　[4] 以下两句是说，这样看来，可说凡国不曾灭亡而楚国不曾存在。

[篇末评]

本篇取篇首人名为篇名。全篇要在写“真”，反对以仁义圣智束缚真实的生命。作者还描述了爵禄死生不入于心、游于物之初、体天地之大全的“至人”，可见庄子的艺术心态。篇末以姜太公的不钓之钓、伯昏无人的不射之射讲述自然无为的道理。

知北游

知北游于玄水之上[1]，登隐弅之丘[2]，而适遭无为谓焉[3]。知谓无为谓曰："予欲有问乎若[4]：何思何虑则知道？何处何服则安道[5]？何从何道则得道[6]？"三问而无为谓不答也，非不答，不知答也。

知不得问，反于白水之南[7]，登狐阕之上[8]，而睹狂屈焉[9]。知以之言也问乎狂屈。狂屈曰："唉！予知之，将语若。"中欲言而忘其所欲言[10]。

知不得问，反于帝宫，见黄帝而问焉。黄帝曰："无思无虑始知道，无处无服始安道，无从无道始得道。”

知问黄帝曰：“我与若知之，彼与彼不知也[11]，其孰是邪？”

黄帝曰：“彼无为谓真是也，狂屈似之；我与汝终不近也。夫知者不言[12]，言者不知，故圣人行不言之教[13]。道不可致，德不可至。仁可为也，义可亏也，礼相伪也。故曰：‘失道而后德[14]，失德而后仁，失仁而后义，失义而后礼。礼者，道之华而乱之首也。’故曰：‘为道者日损[15]，损之又损之以至于无为，无为而无不为也。’今已为物也，欲复归根[16]，不亦难乎！其易也，其唯大人乎[17]！

“生也死之徒[18]，死也生之始，孰知其纪[19]！人之生，气之聚也[20]；聚则为生，散则为死。若死生为徒，吾又何患！故万物一也[21]，是其所美者为神奇，其所恶者为臭腐；臭腐复化为神奇，神奇复化为臭腐。故曰‘通天下一气耳[22]’。圣人故贵一[23]。”

知谓黄帝曰：“吾问无为谓，无为谓不应我，非不我应，不知应我也。吾问狂屈，狂屈中欲告

“化腐朽为神奇”，站在宇宙美的观点观照万物，将大自然点化而为艺术世界，将万物美化并注以无限的生机。

我而不我告，非不我告，中欲告而忘之也。今予问乎若，若知之，奚故不近[24]？”

黄帝曰：“彼其真是也[25]，以其不知也；此其似之也[26]，以其忘之也；予与若终不近也，以其知之也。”

狂屈闻之，以黄帝为知言[27]。

[注释]

[1] 知：寓名，虚拟人物，意指分别智。玄水：虚拟水名。玄，黑色，深奥的意思，和《老子》第一章“玄之又玄”同义。 [2] 隐弅（fèn）之丘：丘名寓托。弅，突起，隆起。 [3] 无为谓：假托的名字，取其无所为、无所谓的意思。 [4] 若：你。 [5] 处：居。服：行，事。安：守，符合。 [6] 何道：何由。 [7] 反：同“返”。白水之南：水名寓托。白、南，都是显明的意思。 [8] 狐阕：丘名寓托。狐，疑惑。阕，空静无物。 [9] 狂屈：寓托的人名，取其狂放屈伸之意。 [10] 中：心中。 [11] 彼与彼：指无为谓和狂屈。 [12] 以下两句是说，知道的人不说话，说话的人不知道。语见《老子》第五十六章。 [13] 不言之教：意指不说话的教导。语见《老子》第四十三章。 [14] 以下六句是说，失去了道而后才有德，失去了德而后才有仁，失去了仁而后才有义，失去了义而后才有礼。礼是道的虚华而祸乱的开端。华，装饰，引申为假象。“礼者，道之华而乱之首也”句，《老子》第三十八章作“夫礼者，忠信之薄而乱之首。前识者，道之华而愚之始”。 [15] 以下三句是说，求道一天比一天减少（欲望），减少又减少，一直到无为的境地，无为就没有什么事情做不成的了。

语见《老子》第四十八章。 [16] 复归根：《老子》第十六章作“复归其根”。 [17] 大人：指自然无为的得道之人。 [18] 死之徒：语见《老子》第五十章与第七十六章。 [19] 纪：始末，终结。 [20] 气：指元气。 [21] 万物一也：意指万物有共通性、一体性。 [22] 通：贯通。一气：谓一气为之。 [23] 贵：看重。一：指生死的同一性。 [24] 不近：指不接近大道。 [25] 彼：指无为谓。真是：指真正知道大道。 [26] 此：指狂屈。似之：指近似于知道大道。 [27] 知言：明白道理的言论，中肯之言。

[点评]

本段知问无为谓如何才能知道、安道、得道，三问而三不答，与《齐物论》啮缺问王倪具有同一意义。不知不答，意在使问者自省，对问题作更深一层的思寻探索。“不知”的另一意义，指道的探求乃属非认知的进路（non-cognitive approach）。

天地有大美而不言，四时有明法而不议[1]，万物有成理而不说。圣人者，原天地之美而达万物之理，是故至人无为，大圣不作，观于天地之谓也。

今彼神明至精[2]，与彼百化[3]，物已死生方圆，莫知其根也，扁然而万物自古以固存[4]。六合为巨[5]，未离其内；秋豪为小，待之成体。天下莫不沉浮[6]，终身不故[7]；阴阳四时运行，各得其序。惛然若亡而存[8]，油然不形而神[9]，万物畜而不知。此之谓本根，可以观于天矣。

［注释］

[1] 明法：明显的规律。 [2] 彼：天地。神明：喻天地大自然的灵妙。 [3] 彼：物。百化：百物之化。 [4] 扁然：翩然。自古以固存：见《大宗师》。 [5] 以下四句与《天道》“夫道，于大不终，于小不遗”同义。六合、秋豪，见《齐物论》。 [6] 沉浮：升降，往来，形容事物的变化。 [7] 终身不故：终生没有不变的。故，同“固”，固定的意思。 [8] 惛然：暗昧的样子。 [9] 油然：形容内含生意。

［点评］

“天地有大美而不言，四时有明法而不议，万物有成理而不说”，表现了庄周学派审美的和谐宇宙观。四时运转，各得其序；万物滋生，各有成理；广大的天地，运化不息，无处不蕴含着活泼的生机。

“天地有大美”，则天地间一切形态都可呈现美的踪迹。庄子看到天地间一切物象千姿万态、生机盎然，引发人对山水之美的观赏趣向，正如《知北游》所说：“山林与！皋壤与！使我欣欣然而乐与！”后世对于山水的品鉴便渊源于此。魏晋以后，美学艺术逐渐成为一个独立的范畴，嵇康是其中的代表人物。嵇康的《声无哀乐论》指出音乐的美，既无关乎人主观的哀乐情志，亦不受限于社会的规范制约，将美的客观价值从政治教化中解放出来。魏晋形成一审美情趣高涨的时代，山水诗画的创作与鉴赏蔚为风潮，与庄子“天地之美”的审美情趣的激发不无关系。宗炳在《画山水序》中发出“山水以形媚道”的赞叹，提出“澄怀味象”这一审美鉴赏的命题，即以虚静澄澈的心怀，来体味观赏的对象，从而获得“畅神”的愉悦。

啮缺问道乎被衣，被衣曰：“若正汝形，一汝视，天和将至[1]；摄汝知，一汝度[2]，神将来舍。德将为汝美，道将为汝居，汝瞳焉如新生之犊而无求其故[3]！”

言未卒，啮缺睡寐。被衣大说，行歌而去之，曰：“形若槁骸[4]，心若死灰，真其实知，不以故自持[5]。媒媒晦晦[6]，无心而不可与谋。彼何人哉！”

［注释］

[1] 天和：天然和气。 [2] 度：意度。 [3] 瞳焉：无知直视之貌。无求其故：不追究事故。 [4] 以下两句语出《齐物论》。 [5] 不以故自持：不自矜持于世故。 [6] 媒媒：晦晦的样子。

舜问乎丞曰[1]：“道可得而有乎？”

曰：“汝身非汝有也，汝何得有夫道？”

舜曰："吾身非吾有也，孰有之哉？"

曰："是天地之委形也[2]；生非汝有，是天地之委和也；性命非汝有，是天地之委顺也；孙子非汝有，是天地之委蜕也。故行不知所往，处不知所持，食不知所味。天地之强阳气也[3]，又胡可得而有邪！"

［**注释**］

[1] 丞：舜师。一说官名。 [2] 委：委托，付属。 [3] 强阳：犹运动。

孔子问于老聃曰："今日晏闲[1]，敢问至道。"

老聃曰："汝齐戒，疏瀹而心[2]，澡雪而精神[3]，掊击而知！夫道，窨然难言哉[4]！将为汝言其崖略[5]。

"夫昭昭生于冥冥，有伦生于无形[6]，精神生于道，形本生于精，而万物以形相生，故九窍者胎生[7]，八窍者卵生[8]。其来无迹，其往无崖，无门无房[9]，四达之皇皇也。邀于此者[10]，四肢强，思虑恂达[11]，耳目聪明，其用心不劳，其应物无方。天不得不高，地不得不广，日月不得不行，万物不得不昌，此其道与！

“且夫博之不必知，辩之不必慧，圣人以断之矣。若夫益之而不加益，损之而不加损者，圣人之所保也。渊渊乎其若海，（巍巍）[魏魏]乎其终则复始也，运量万物而不匮[12]。则君子之道，彼其外与！万物皆往资焉而不匮，此其道与！

“中国有人焉，非阴非阳，处于天地之间，直且为人，将反于宗。自本观之，生者，喑醷物也[13]。虽有寿夭，相去几何？须臾之说也。奚足以为尧桀之是非！果蓏有理，人伦虽难[14]，所以相齿。圣人遭之而不违，过之而不守。调而应之，德也；偶而应之，道也；帝之所兴，王之所起也。

“人生天地之间，若白驹之过郤[15]，忽然而已。注然勃然，莫不出焉；油然漻然[16]，莫不入焉。已化而生，又化而死，生物哀之，人类悲之。解其天弢[17]，堕其天袠，纷乎宛乎，魂魄将往，乃身从之，乃大归乎！不形之形[18]，形之不形，是人之所同知也，非将至之所务也，此众人之所同论也。彼至则不论[19]，论则不至。明见无值[20]，辩不若默。道不可闻，闻不若塞。此之谓大得。”

[注释]

[1]晏闲：即安闲。[2]疏瀹（yuè）：通导。瀹，通“瀹”。[3]澡雪：洗涤。[4]窅然：深奥之貌。[5]崖略：概略。[6]伦：借为“形”。[7]九窍：人兽之类。[8]八窍：禽鱼之类。[9]以下两句是说，没有门径没有归宿，四面宏达皇皇大通，形容道的通达广大。[10]邀：遵循。[11]恂达：通达。[12]运量万物而不匮：运转万物而不匮乏。[13]喑醷（yīn yì）：聚气貌。[14]以下两句是说，人伦关系虽然复杂，还可以依序相处。齿，齿次，序列。[15]白驹之过郤：阳光掠过空隙。[16]油然漻然：形容万物的变化消逝。[17]以下两句是说，解开自然的束缚，毁坏自然的囊裹。弢（tāo），弓袋。袠（zhì），书套。皆取束缚之意。[18]以下两句是说，无形到有形，有形到无形。[19]彼：指得道的人。[20]值：会遇。

东郭子问于庄子曰[1]：“所谓道，恶乎在？”

庄子曰：“无所不在。”

东郭子曰：“期而后可[2]。”

庄子曰：“在蝼蚁[3]。”

曰：“何其下邪[4]？”

曰：“在稊稗[5]。”

曰："何其愈下邪？"

曰："在瓦甓[6]。"

曰："何其愈甚邪？"

曰："在屎溺[7]。"

东郭子不应。庄子曰："夫子之问也，固不及质[8]。正获之问于监市履狶也[9]，每下愈况[10]。汝唯莫必[11]，无乎逃物。至道若是，大言亦然[12]。周徧咸三者，异名同实，其指一也。

"尝相与游乎无何有之宫[13]，同合而论，无所终穷乎！尝相与无为乎！澹而静乎！漠而清乎！调而闲乎！寥已吾志[14]，无往焉而不知其所至。去而来而不知其所止，吾已往来焉而不知其所终；彷徨乎冯闳[15]，大知入焉而不知其所穷。物物者与物无际[16]，而物有际者，所谓物际者也；不际之际[17]，际之不际者也[18]。谓盈虚衰杀，彼为盈虚非盈虚[19]，彼为衰杀非衰杀，彼为本末非本末，彼为积散非积散也。"

庄子站在宇宙美的观点来观照事物，将大自然点化而为艺术的世界，将万物美化而注以无限的生机。

［注释］

[1] 东郭子：住在东郭的一位先生，因住在东郭而取以为名。 [2] 期：限，谓要求确指。 [3] 蝼蚁：蝼蛄和蚂蚁。 [4] 下：

低下。 [5] 稊稗（tí bài）：野草。 [6] 甓（pì）：砖。 [7] 溺（niào）：通“尿”。 [8] 质：实。 [9] 正获：主管饮射的官名。监市：监督市场的人。履狶：指用脚踩猪的下腿。狶，同“豨”，大猪。按，买猪时要挑肥的，踩一下猪腿就可以辨别猪的肥瘦了。因为猪腿的下部最难肥，如果猪腿肥了，那么整只猪是肥的就没问题了。 [10] 每下愈况：意指愈往下腿踩便愈容易明白。这是监市回答如何检查猪的肥瘦的方法，以此比喻检验大道也是如此。 [11] 汝唯莫必：谓你不要限定道在何处。必，限定，指明。 [12] 大言：大的言辞，大话。 [13] 尝：试。无何有之宫：指虚无的境界。 [14] 寥已吾志：即“吾志寥已”的倒装，谓我的心志寥廓。寥，虚。已，矣。 [15] 彷徨：徜徉。冯闳（hóng）：空虚开阔的样子。 [16] 物物者与物无际：意指支配物的和物没有界际。物物，主宰万物，指道。 [17] 不际之际：意指没有界限的界限。 [18] 际之不际：意指界限中的没有界限。 [19] 彼：指道。

[点评]

道“无所不在”不仅表现了庄子的艺术精神，也表达庄子破除人类中心的平等精神。在谈如何是佛的话题上，云门和尚说“干矢橛”（《五灯会元》），庞蕴居士说“搬柴运水无不是道”（《庞居士语录》），临济大宗说“平常心是道，日日是好日”（《禅宗公案妙语录》），无疑禅宗也承袭了庄子的部分遗产。

妸荷甘与神农同学于老龙吉[1]。神农隐几阖户昼瞑，妸荷甘日中奓户而入曰[2]：“老龙死矣！”神农隐几拥杖而起，嚗然放杖而笑[3]，曰：“天知予僻陋慢訑[4]，故弃予而死。已矣夫子！无所发予之狂言而死矣夫[5]！”

弇堈吊闻之[6]，曰：“夫体道者，天下之君子所系焉。今于道，秋豪之端万分未得处一焉，而犹知藏其狂言而死，又况夫体道者乎！视之无形，听之无声，于人之论者，谓之冥冥，所以论道，而非道也。”

［注释］

[1] 婀荷甘：姓婀，字荷甘，杜撰的人名。老龙吉：怀道人。 [2] 奓（zhà）：开。 [3] 嚗然：放杖声。 [4] 天：尊称老龙吉。慢訑（dàn）：作“漫诞”。 [5] 狂言：犹至言。 [6] 弇（yǎn）堈吊：体道人。吊，其名。按：人名当是寓设的。

于是泰清问乎无穷曰：“子知道乎？”

无穷曰：“吾不知。”

又问乎无为。无为曰：“吾知道。”

曰：“子之知道，亦有数乎[1]？”

曰：“有。”

曰：“其数若何？”

无为曰："吾知道之可以贵，可以贱，可以约，可以散，此吾所以知道之数也。"

泰清以之言也问乎无始曰："若是，则无穷之弗知与无为之知，孰是而孰非乎？"

无始曰："不知深矣，知之浅矣；弗知内矣，知之外矣。"

于是泰清中而叹曰："弗知乃知乎！知乃不知乎！孰知不知之知？"

无始曰："道不可闻，闻而非也；道不可见，见而非也；道不可言，言而非也。知形形之不形乎！道不当名。"

无始曰："有问道而应之者，不知道也。虽问道者，亦未闻道。道无问，问无应。无问问之，是问穷也[2]；无应应之，是无内也。以无内待问穷，若是者，外不观乎宇宙，内不知乎大初，是以不过乎昆仑，不游乎太虚。"

[注释]

[1] 数：历历可言。　[2] 穷：空。

光曜问乎无有曰[1]："夫子有乎？其无有

乎？”

光曜不得问，而孰视其状貌[2]，窅然空然，终日视之而不见[3]，听之而不闻，搏之而不得也。

光曜曰：“至矣！其孰能至此乎！予能有无矣，而未能无无也；及为无有矣[4]，何从至此哉！”

[注释]

[1]光曜、无有：托名。 [2]孰：同“熟”。 [3]以下三句是说，整天看它却看不见，听它却听不到，摸它却摸不着。语出《老子》第十四章。 [4]及为无有矣：及为“无”，而又未免于“有”矣。

[点评]

无有是关于道的寓言。道是形而上的实体，超越了我们感官知觉的作用，所以光曜观无有“窅然空然，终日视之而不见，听之而不闻，搏之而不得也”。庄子学派不以“无”为穷极的概念，“无”上更有“无无”，借此以破有的执着和局限，若为有所拘执，则不能参化。

大马之捶钩者[1]，年八十矣，而不失豪芒[2]。大马曰：“子巧与？有道与？”

曰：“臣有守也[3]。臣之年二十而好捶钩，于物无视也，非钩无察也。是用之者，假不用者

“有守”，守其专一，犹如“纯气之守”（《达生》），心无旁骛，不用心于他物。

也以长得其用[4]，而况乎无不用者乎！物孰不资焉！”

［注释］

[1] 大马：即大司马，官号。钩：剑名。 [2] 不失豪芒：做得丝毫没有差错。 [3] 有守：有所守持。 [4] 假不用者也：凭借着不用心于他物，即形容心无旁骛。

冉求问于仲尼曰[1]：“未有天地可知邪？”

仲尼曰：“可。古犹今也。”

冉求失问而退，明日复见，曰：“昔者吾问‘未有天地可知乎？’夫子曰：‘可。古犹今也。’昔日吾昭然，今日吾昧然，敢问何谓也？”

仲尼曰：“昔之昭然也，神者先受之[2]；今之昧然也，且又为不神者求邪[3]？无古无今，无始无终。未有子孙而有子孙，可乎？”

冉求未对。仲尼曰：“已矣，未应矣！不以生生死，不以死死生。死生有待邪[4]？皆有所一体。有先天地生者物邪[5]？物物者非物[6]。物出不得先物也[7]，犹其有物也[8]。犹其有物也[9]，无已。圣人之爱人也终无已者，亦乃取于是者也。”

［注释］

[1] 冉求：姓冉，名求，孔子弟子。 [2] 神者先受之：意指心神已有默契。 [3] 又为不神者求：又滞于迹象而求问。不神者，指外界物象。 [4] 以下两句是说，死生有对待吗？都各自成一体。 [5] 者：犹“之”。 [6] 物物者非物：化生万物的“道”不是物象。 [7] 物出不得先物也：万物所由出不得先于道。前一“物”字指万物，后一“物”字指道。 [8] 犹：作“由”。 [9] 以下两句是说，道化育万物，便生生不息。

［点评］

“古犹今也”，“古”并不是某一个特定的时间段落，乃是无穷的过去。从无穷的时间系统看来，“无古无今，无始无终”。李约瑟说：“一般说来，道家不作宇宙开创论的发挥，因为他们很聪明，深知道天地创成的作用是永远无法洞悉的。”（《中国的科学与文明》）

颜渊问乎仲尼曰：“回尝闻诸夫子曰：‘无有所将，无有所迎。’回敢问其游[1]。”

仲尼曰：“古之人，外化而内不化[2]，今之人，内化而外不化[3]。与物化者，一不化者也[4]。安化安不化[5]，安与之相靡[6]，必与之莫多[7]。狶韦氏之囿，黄帝之圃，有虞氏之宫，汤武之室。

君子之人，若儒墨者师，故以是非相𩐋也[8]，而况今之人乎！圣人处物不伤物。不伤物者，物亦不能伤也。唯无所伤者，为能与人相将迎。山林与！皋壤与[9]！使我欣欣然而乐与！乐未毕也，哀又继之。哀乐之来，吾不能御，其去弗能止。悲夫，世人直为物逆旅耳！夫知遇而不知所不遇，知能能而不能所不能[10]。无知无能者，固人之所不免也。夫务免乎人之所不免者，岂不亦悲哉！至言去言，至为去为。齐知之所知，则浅矣。"

[注释]

[1] 其游：指精神进入不将不迎的境界。游，游心，精神活动。 [2] 内不化：内心凝静。 [3] 内化：内心游移。 [4] 一不化：内不化。 [5] 安化安不化：意指化与不化都安然顺任。 [6] 靡：顺。 [7] 莫多：不增益，不妄自尊大。 [8] 相𩐋：互相攻击的意思。 [9] 皋壤：原野。 [10] 能能：能够做到所能做到的。

[篇末评]

本篇取篇首三字为篇名。全篇由十一个寓言组成，其主题在于论道。文中论述了气是自然界的基本物质，人的生死是气的聚散。道无所不在，不是具象的东西，也不可以用名言来规限。本篇在"无"之上更提出"无无"，揭示道的无穷性和开放性。

杂　篇

庚桑楚

老聃之役有庚桑楚者[1]，偏得老聃之道[2]，以北居畏垒之山[3]，其臣之画然知者去之，其妾之挈然仁者远之[4]；拥肿之与居[5]，鞅掌之为使[6]。居三年，畏垒大壤[7]。畏垒之民相与言曰："庚桑子之始来，吾洒然异之[8]。今吾日计之而不足，岁计之而有余。庶几其圣人乎！子胡不相与尸而祝之[9]，社而稷之乎？"

庚桑子闻之，南面而不释然[10]。弟子异之。庚桑子曰："弟子何异于予？夫春气发而百草生，正得秋而万宝成[11]。夫春与秋，岂无得而然哉[12]？天道已行矣。吾闻至人，尸居环堵之室[13]，而百姓猖狂不知所如往[14]。今以畏垒之细民而窃窃焉欲俎豆予于贤人之间[15]，我其杓之人邪[16]！吾是以不释于老聃之言。"

弟子曰："不然。夫寻常之沟[17]，巨鱼无所还其体[18]，而鲵鳝为之制[19]；步仞之丘陵[20]，巨兽无所隐其躯，而孽狐为之祥[21]。且夫尊贤授能，先善与利，自古尧舜以然，而况畏垒之民乎！夫子亦听矣！"

庚桑子曰："小子来！夫函车之兽[22]，介而离山[23]，则不免于罔罟之患；吞舟之鱼，砀而失水[24]，则蚁能苦之。故鸟兽不厌高，鱼鳖不厌深。夫全其形生之人[25]，藏其身也，不厌深眇而已矣[26]。

"且夫二子者，又何足以称扬哉！是其于辩也[27]，将妄凿垣墙而殖蓬蒿也[28]。简发而栉[29]，数米而炊，窃窃乎又何足以济世哉[30]！举贤则民相轧，任知则民相盗。之数物者[31]，不足以厚民。民之于利甚勤，子有杀父，臣有杀君，正昼为盗，日中穴阫[32]。吾语女[33]，大乱之本，必生于尧舜之间，其末存乎千世之后。千世之后，其必有人与人相食者也！”

[**注释**]

[1] 役：学徒弟子。古代做门徒的要为师父服杂役，故称役。庚桑楚：老子弟子，姓庚桑，名楚。 [2] 偏得：独得。 [3] 畏垒：虚拟山名。 [4] 臣、妾：指随从。画然：明察炫耀的样子。挈然：显示，标举。 [5] 拥肿：形容钝朴。 [6] 鞅掌：指不修仪容的人。 [7] 大壤：大熟，丰收。壤，通“穰”。 [8] 洒然：惊异的样子。 [9] 以下两句是说，你为什么不一块为他设立牌位而祝颂，为他建立社稷而敬奉他呢。尸，主，牌位。祝，祝祷，赞颂。社，土神。稷，谷神。尸、祝、社、稷皆用作动词。 [10] 不释然：不愉快。 [11] 万宝：各种果实。宝，指果实。 [12] 得：德。 [13] 尸居：像尸主一样静寂而居。环堵之室：方丈大的小屋。堵，土墙长高各一丈叫一堵。 [14] 如：往。 [15] 今以畏垒之细民而窃窃焉欲俎豆予于贤人之间：现在畏垒的人民都有心要把我敬奉于贤人之间。窃窃，私下议论的样子。俎豆，皆为祭祀所用的器皿，这里作动词，奉祀的意思。 [16] 其：岂。杓（dí）之人：即“人之杓”的倒装句，谓人们的榜样。杓，标准，榜样。 [17] 寻常：短距离。 [18] 还：同“旋”，反转。 [19] 鲵鳍：小鱼。制：通“折”，曲折回旋。 [20] 步仞：六尺为步，七尺或八尺为仞。 [21] 蠥（niè）：妖，妖孽。祥：善，如意。 [22] 函：

通“含”，吞。[23] 介：独。[24] 砀（dàng）：同“荡”，跃出。[25] 生：通“性”，本性。[26] 眇：远。[27] 辩：通“辨”。[28] 将妄凿垣墙而殖蓬蒿也：正如妄自穿凿垣墙来种植蓬蒿艾草一般。[29] 以下两句是说，简择头发来梳，数点米粒来煮。简，择，选择。栉（zhì），梳理头发。[30] 窃窃乎：小心计较的样子。[31] 数物：数事，指尊贤授能等事。[32] 穴阫（péi）：挖墙。穴，挖。阫，墙。[33] 女：同“汝”。

[点评]

体道者庚桑楚在待人上，辞退炫智矜仁的弟子，只与拙笨、不重外表的弟子相处；在处事上，坚决反对当地百姓把自己当成圣人、贤人来敬奉。作者还通过庚桑楚之口，说明“春气发而百草生，正得秋而万宝成”，一切事物的发展变化都是大道无为而自然运行的结果。他还借庚桑楚之口，对尧舜倡导举贤任智，从而诱导人们对私利的过分追逐所造成的恶果，做出了惊世骇俗的判断，他说：“大乱之本，必生于尧舜之间，其末存乎千世之后。千世之后，其必有人与人相食者也。”大乱的根源是否在于尧舜，我们且不论，但人类私欲的无限膨胀、对功名无限的追逐，确实酿出了无数的战争、瘟疫，甚至自然灾害，人与人相食的现象屡有发生，我们应当从历史悲剧中汲取方方面面的教训。

南荣趎蹴然正坐曰[1]：“若趎之年者已长矣，将恶乎托业以及此言邪[2]？”

庚桑子曰："全汝形，抱汝生[3]，无使汝思虑营营。若此三年，则可以及此言矣。"

南荣趎曰："目之与形，吾不知其异也，而盲者不能自见；耳之与形，吾不知其异也，而聋者不能自闻；心之与形，吾不知其异也，而狂者不能自得。形之与形亦辟矣[4]，而物或间之邪[5]，欲相求而不能相得？今谓趎曰：'全汝形，抱汝生，勿使汝思虑营营。'趎勉闻道达耳矣！"

庚桑子曰："辞尽矣。曰奔蜂不能化藿蠋[6]，越鸡不能伏鹄卵，鲁鸡固能矣。鸡之与鸡，其德非不同也，有能与不能者，其才固有巨小也。今吾才小，不足以化子。子胡不南见老子！"

南荣趎赢粮[7]，七日七夜至老子之所。

老子曰："子自楚之所来乎？"南荣趎曰："唯。"

老子曰："子何与人偕来之众也？"南荣趎惧然顾其后。

老子曰："子不知吾所谓乎？"

南荣趎俯而惭，仰而叹曰："今者吾忘吾答，因失吾问。"

老子曰："何谓也？"

南荣趎曰："不知乎？人谓我朱愚[8]。知乎？反愁我躯。不仁则害人，仁则反愁我身；不义则伤彼，义则反愁我己。我安逃此而可？此三言者，趎之所患也，愿因楚而问之。"

老子曰："向吾见若眉睫之间，吾因以得汝矣，今汝又言而信之。若规规然若丧父母[9]，揭竿而求诸海也。女亡人哉[10]，惘惘乎！汝欲反汝情性而无由入，可怜哉！"

南荣趎请入就舍，召其所好，去其所恶，十日自愁，复见老子。

老子曰："汝自洒濯[11]，熟哉郁郁乎！然而其中津津乎犹有恶也[12]。夫外韄者不可繁而捉[13]，将内揵；内韄者不可缪而捉，将外揵。外内韄者，道德不能持，而况放道而行者乎！"

南荣趎曰："里人有病，里人问之，病者能言其病，然其病，病者犹未病也。若趎之闻大道，譬犹饮药以加病也，趎愿闻卫生之经而已矣[14]。"

老子曰："卫生之经，能抱一乎？能勿失乎？能无卜筮而知吉凶乎？能止乎？能已乎？能舍诸人而求诸己乎？能翛然乎[15]？能侗然乎[16]？能儿子乎[17]？儿子终日嗥而嗌不嗄[18]，和之至也；终日握而手不掜[19]，共其德也[20]；终日视而目不瞚[21]，偏不在外也。行不知所之，居不知所为，与物委蛇，而同其波。是卫生之经已。"

南荣趎曰："然则是至人之德已乎？"

曰："非也。是乃所谓冰解冻释者，能乎？夫至人者，相与交食乎地而交乐乎天[22]，不以人物利害相撄，不相与为怪，不相与为谋，不相与为事，翛然而往，侗然而来。是谓卫生之经已。"

曰："然则是至乎？"

曰："未也。吾固告汝曰：'能儿子乎？'儿子动不知所为，行不知所之，身若槁木之枝而心若死灰。若是者，祸亦不至，福亦不来。祸福无有，恶有人灾也！"

"不以人物利害相撄"，《徐无鬼》篇还有"不以物与之相撄"的说法。显然，战国末期的统治者竞相追逐于智巧和名利，周旋在物的漩涡之中，不免忘却了生命的本真，所谓"功利机巧必忘夫人之心"（《天地》）。不仅如此，他们甚至假借"仁义""礼乐"毁伤人心、人性，这便直接导致了人性的异化。可以说，人性的异化集中地反映了时代的异化，这无疑更具体地表露出庄子后学的现实感与时代性。

［注释］

[1] 南荣趎（chú）：庚桑子弟子，姓南荣，名趎。 [2] 托业：受学。 [3] 抱：同"保"，保养。 [4] 辟：开，形容形体与形体之间坦然相通。 [5] 物或间之：指物欲形成间隔。物，

物欲。[6] 奔蜂：小蜂，细腰土蜂。藿蠋（zhú）：豆藿中的大青虫。[7] 赢：担负。[8] 朱愚：犹愚昧，无知的样子。朱，通“铢”，钝。[9] 规规然：自失的样子。[10] 亡人：如流亡之人。[11] 以下两句是说，你自行洗净，为什么还郁郁不安呢！[12] 津津乎：形容外溢的样子。[13] 以下四句是说，外物的束缚不可被繁扰执着，要内心检束；内心的困扰不可被缪乱执着，要杜绝外在的诱惑。韄（huò），同“缚”。揵，同“闭”。[14] 卫生之经：护养生命的道理。[15] 翛然：无拘无束的样子。[16] 侗然：无所知的样子。[17] 儿子：婴儿。[18] 嗥：同“号”。嗌：喉咙。嗄：嘶哑。[19] 掜（yì）：拳曲。[20] 共其德：同其性。[21] 以下两句是说，整天瞪眼而目不转动，这是不驰心向外的缘故。瞚，又作“瞬”。偏不在外，不偏滞于外务。[22] 交：即“邀”。

[点评]

“卫生之经”这个成语即出自本篇，讲的是养生的道理。《老子》第十章讲述治身工夫时说：“载营魄抱一，能无离乎？专气致柔，能婴儿乎？涤除玄览，能无疵乎？”健全的生命乃是形体与精神合一而不偏的，这里的“抱一”即指魂和魄合而为一，也就是精神和形体合而为一。本段就是与《老子》思想相呼应，强调养生要在护养形体怡养心性，形神并重。《达生》篇还有“形全精复”的说法，意指形神兼备，形神兼修。《在宥》篇黄帝和广成子的对话也说“抱神以静，形将自正”。司马谈“神本形具”的主张也是依循《庄子》而来的。

宇泰定者[1]，发乎天光。发乎天光者[2]，人见其人，[物见其物。]人有修者，乃今有恒；有恒者，人舍之[3]，天助之。人之所舍，谓之天民；天之所助，谓之天子。学者，学其所不能学也；行者，行其所不能行也；辩者，辩其所不能辩也。知止乎其所不能知，至矣；若有不即是者[4]，天钧败之。

[注释]

[1] 以下两句是说，心境安泰的人，便发出自然的光辉。宇，指心。天光，自然之光。 [2] 以下三句是说，发出自然光辉的，人便显现其人的天然本质，物便显现其物的天然本质。依张君房本和郭象注本此处补“物见其物”四字。 [3] 人舍之：人来依止。舍，舍止，作依归讲。 [4] 以下两句是说，如果不这样，自然的本性就要遭受亏损。天钧，自然之性。

备物以将形[1]，藏不虞以生心，敬中以达彼，若是而万恶至者[2]，皆天也，而非人也，不足以滑成[3]，不可内于灵台[4]。灵台者有持[5]，而不知其所持，而不可持者也。

不见其诚己而发[6]，每发而不当，业入而不舍[7]，每更为失。为不善乎显明之中者，人得而诛之；为不善乎幽闲之中者，鬼得而诛之。明乎人，明乎鬼者，然后能独行。

券内者[8]，行乎无名；券外者[9]，志乎期费。行乎无名者，唯庸有光[10]；志乎期费者，唯贾人也，人见其跂，犹之魁然。与物穷者[11]，物入焉；与物且者[12]，其身之不能容，焉能容人！不能容人者无亲，无亲者尽人[13]。兵莫憯于志[14]，镆鎯为下；寇莫大于阴阳，无所逃于天地之间。非阴阳贼之，心则使之也。

[注释]

[1] 以下三句是说，备物来奉养形体，敛息思虑来培养心神，敬修内智以通达外物。将，驯养。中，内智。彼，外境。 [2] 恶：灾患。 [3] 滑成：滑乱成德。 [4] 内：入，同“纳”。灵台：心。 [5] 有持：有所主。 [6] 不见其诚己而发：意指自身不真诚而妄发。 [7] 业入而不舍：外事扰入于心而不去。业，事。 [8] 券内：契合乎内。券，又作“卷”，契。 [9] 以下两句是说，务外的人，志在于求财用。费，指财用。 [10] 庸有光：平常而有光辉。 [11] 以下两句是说，和物顺应相终始的，外物也来归依。穷，终始。入，归依。 [12] 以下三句是说，和外物龃龉的，他自身都不能兼容，哪能容人呢！且，同“阻”。 [13] 无亲者尽人：意指人而无亲则人道绝。尽人，即弃绝人。尽，绝。 [14] 以下两句是说，镆鎯利剑伤人之身，而志气则伤人之心，因此志气比任何兵器都更为伤人。

道通，其分也，其成也毁也。所恶乎分者，其分也以备；所以恶乎备者，其有以备。故出而不反，见其鬼；出而得[1]，是谓得死。灭而有实[2]，鬼之一也。以有形者象无形者而定矣[3]。

出无本，入无窍。有实而无乎处[4]，有长而无乎本剽，有所出而无窍者有实。有实而无乎处者，宇也[5]。有长而无本剽者，宙也[6]。有乎生，有乎死，有乎出，有乎入，入出而无见其形，是谓天门[7]。天门者，无有也，万物出乎无有。有不能以有为有，必出乎无有，而无有一无有。圣人藏乎是[8]。

“有实而无乎处者，宇也。有长而无本剽者，宙也。”这是中国思想史上对于“宇”“宙”两概念的首次界定，即空间上没有止境的上下四方就是“宇”，时间上没有终始的古往今来就是“宙”。这背后传递出一种无限性的观念——时间无尽绵延着，空间无穷外拓着，凸显出中国哲学“究天人之际，通古今之变”的恢弘气象。

[注释]

[1] 以下两句是说，心神外驰，死期近。 [2] 灭而有实：指迷灭本性而徒有形骸之实。 [3] 象：同“法”。 [4] 以下两句是说，有实际存在而没有一定界限，有成长而没有始终。本剽，本末，始终。 [5] 宇：上下四方叫宇。 [6] 宙：古往今来叫宙。 [7] 天门：自然的总门。 [8] 藏乎是：指藏心于“无有”之境。

古之人，其知有所至矣。恶乎至？有以为未始有物者，至矣，尽矣，弗可以加矣。其次以为有物矣[1]，将以生为丧也[2]，以死为反也，是以分已[3]。其次曰始无有，既而有生，生俄而死；以无有为首[4]，以生为体，以死为尻；孰知有无死生之一守者[5]，吾与之为友。是三者虽异，公族也[6]，昭景也[7]，著戴也[8]，甲氏也[9]，著封也，非一也。

有生，黬也[10]，披然曰移是[11]。尝言移是，非所言也[12]。虽然[13]，不可知者也。腊者之有膍胲[14]，可散而不可散也[15]；观室者周于寝庙，又适其偃焉，为是举移是[16]。

请常言移是。是以生为本，以知为师，因以乘是非；果有名实，因以己为质[17]；使人以为己节[18]，因以死偿节。若然者，以用为知[19]，以不用为愚，以彻为名[20]，以穷为辱。移是，今之人也，是蜩与学鸠同于同也[21]。

［注释］

[1]“其次以为”前几句也见于《齐物论》。 [2] 以生为丧：以生为流落。 [3] 是以分已：这已经有所分了。以，已。分，指分生死。已，矣。 [4] 以下三句袭自《大宗师》“以无为首，以生为脊，以死为尻”。 [5] 一守：一体。 [6] 公族：形容同一宗源。 [7] 昭景：楚王族姓氏。 [8] 著戴：以有职任而著。戴，任，职。 [9] 甲氏：楚王族姓氏。甲，借为“屈”。昭、景、屈是楚

国公族三姓。 [10] 黬（yǎn）：形容幽暗。喻气之凝聚。 [11] 披然：形容分别的样子。移是：指是非不定。 [12] 非所言：谓不当言。 [13] 以下两句是说，然而世人亦不知此。 [14] 腊者之有膍胲（pí gāi）：指大祭时四肢五脏的牲品。腊者，大祭。膍，牛百叶。胲，牛蹄。 [15] 可散而不可散也：分膍与胲于俎上，是可散；而总有一牲之体，则不可散。 [16] 举：皆。 [17] 质：主。 [18] 节：节操。 [19] 以下两句是说，以炫耀为智，晦迹为愚。 [20] 彻：通达。 [21] 同于同：指“今之人”的卑见同于蜩与学鸠。

蹍市人之足[1]，则辞以放骜[2]，兄则以妪[3]，大亲则已矣[4]。故曰，至礼有不人[5]，至义不物[6]，至知不谋，至仁无亲，至信辟金[7]。

《庚桑楚》《天运》所谓“至仁无亲”，意指超越儒家建立在血缘关系上的亲亲之意，进而把人类的爱扩散到更宽广的范围，这正是后来宋代杨时《龟山语录》所说：“万物与我为一，其仁之体乎。”

[注释]

[1] 蹍：踏，践履。 [2] 辞以放骜：辞谢以放肆，即以放肆自责来谢过。骜，通“敖”，即“傲”的省字。 [3] 兄则以妪（yù）：踩了兄弟的脚则怜惜抚慰。妪，抚慰，这里指没有愧心。 [4] 大亲：指父母。 [5] 不人：不看作是别人，指没有人我之分。 [6] 义：通“宜”，指万物秩序得其所宜。不物：指没有物我之分。 [7] 辟金：不需要拿金钱作抵押。

彻志之勃[1]，解心之谬[2]，去德之累，达道之塞。贵富显严名利六者，勃志也。容动色理气意六者[3]，（缪）[谬]心也。恶欲喜怒哀乐六者，累德也。去就取与知能六者，塞道也。此四六者不盪胸中则正[4]，正则静，静则明，明则虚，虚则无为而无不为也。道者，德之钦也；生者，德之光也；性者，生之质也。性之动，谓之为；为之伪，谓之失。知者[5]，接也；知者，谟也；知者之所不知，犹睨也[6]。动以不得已之谓德，动无非我之谓治，名相反而实相顺也。

“性者，生之质也”在先秦人性论史上占有至关重要的地位。这个观点可以上溯到孔子和告子，孔子说“性相近，习相远”，告子“生之谓性”在思路上可说是继承孔子而来的。这是自然人性论的思想脉络。而庄子学派更在告子以人的生理与心理本能言“性”的基础上，将人性议题提升到生命本质的哲学层次，并将人性论放置在形上学的根基上进行讨论。这在《天地》“泰初有无”一段讨论性命之根源于道德的论述，尤为显明。

[注释]

[1] 彻志之勃：消解意志的错乱。彻，与“撤”同。勃，同“悖”，乱。 [2] 谬：系缚之意。 [3] 色理：颜色、辞理。 [4] 盪：通“荡”，荡乱。 [5] 以下四句是说，知是（和外界）应接，智是（内心）谋虑。接，应接。谟，同“谋”。 [6] 犹睨也：如目斜视一方。

羿工乎中微而拙乎使人无已誉[1]。圣人工乎天而拙乎人。夫工乎天而俍乎人者[2]，唯全人能之。唯虫能虫[3]，唯虫能天。全人恶天[4]？恶人之天？而况吾天乎人乎！一雀适羿，羿必得之，威也；以天下为之笼，则雀无所逃。是故汤以胞人笼伊尹[5]，秦穆公以五羊之皮笼百里奚。

是故非以其所好笼之而可得者，无有也。

[注释]

[1] 工：巧。 [2] 俍（liáng）：善。 [3] 虫：飞鸟走兽各类动物的总称。 [4] 以下三句是说，全人哪里知道天然？哪里知道人为的天然？何况用己意来分别天然人为呢！ [5] 以下两句是说，汤以厨艺来笼络伊尹，秦穆公以五色羊皮笼络百里奚。

介者拸画[1]，外非誉也[2]；胥靡登高而不惧[3]，遗死生也。夫复謵不馈而忘人[4]，忘人，因以为天人矣。故敬之而不喜，侮之而不怒者，唯同乎天和者为然[5]。出怒不怒[6]，则怒出于不怒矣；出为无为，则为出于无为矣。欲静则平气，欲神则顺心，有为也。欲当则缘于不得已，不得已之类[7]，圣人之道。

“心”的神妙功用离不开“气”的平顺、静定，“气”无疑成为“心养”的重要一环。

[注释]

[1] 介：独脚。拸画：不拘法度，指放弃自我装扮。拸，弃。画，装饰。 [2] 非誉：即毁誉。 [3] 胥靡：徒役之人。 [4] 复謵（xí）不馈：这话有两解。一说受了威吓却不回报。一说像胥靡之类那样，由于能解除了惧怕的心理，精神上毫无负担。今从后者。复，免除。謵，惧怕。馈，通“愧”，负疚。 [5] 天和：即自然的和气。 [6] 出怒不怒：怒气虽发并不是有心的发怒。 [7] 不得已：无心之应，应事而无心。

[篇末评]

本篇取首句人名为篇名，由十二段文字杂纂而成。细心通读之后会发现，本篇的中心意旨就是讨论养生的问题。“卫生之经”就是讲养生的道理。在养生的主体思想下，本篇提出了“全其形生(性)”“全形保生(性)”“将形生心”等命题。它将养形视作养生的基础，“备物以将形，藏不虞以生心”，生命的可贵更在于涵养心神。

徐无鬼

徐无鬼因女商见魏武侯[1]，武侯劳之曰：“先生病矣[2]！苦于山林之劳，故乃肯见于寡人。”

徐无鬼曰：“我则劳于君，君有何劳于我！君将盈耆欲，长好恶，则性命之情病矣；君将黜耆欲，掔好恶[3]，则耳目病矣。我将劳君，君有何劳于我！”武侯超然不对[4]。

少焉，徐无鬼曰：“尝语君，吾相狗也。下之质执饱而止，是狸德也[5]；中之质若视日[6]，上之质若亡其一[7]。吾相狗，又不若吾相马也。吾相马，直者中绳[8]，曲者中钩，方者中矩，圆者中规，是国马也，而未若天下马也。天下马有成材，若恤若失[9]，若丧其一，若是者，超轶绝尘，不知其所。”武侯大悦而笑。

徐无鬼出，女商曰：“先生独何以说吾君乎？吾所以说吾君者，横说之则以《诗》《书》《礼》《乐》，从说之则以《金板》《六弢》[10]，奉事而大有功者不可为数，而吾君未尝启齿[11]。今先生何以说吾君，使吾君说若此乎？”

徐无鬼曰：“吾直告之吾相狗马耳。”

女商曰：“若是乎？”

曰：“子不闻夫越之流人乎[12]？去国数日，见其所知而喜；去国旬月，见所尝见于国中者喜；及期年也，见似人者而喜矣[13]；不亦去人滋久，思人滋深乎？夫逃虚空者[14]，藜藋柱乎鼪鼬之迳[15]，踉位其空[16]，闻人足音跫然而喜矣[17]，又况乎昆弟亲戚之謦欬其侧者乎[18]！久矣夫莫以真人之言謦欬吾君之侧乎！”

［注释］

[1]徐无鬼：魏之隐士。女商：魏武侯宠臣。 [2]病：同“惫”，困顿，疲惫。 [3]掔（qiān）：引却，去除好恶的意思。 [4]超然：犹怅然。 [5]狸德：指狸猫般的品质。 [6]若视日：凝视

太阳，形容意气高远。 [7] 若亡其一：好像忘了自己，把形体看作不存在一样，说明精神静寂专一。一，指身躯。 [8] 以下四句是说，马跑起来能直、能曲、能方、能圆，听从驾驭。中，符合。 [9] 若恤若失（yì）：蹄足舒缓，又如奔佚，此言静若处子，动如脱兔。恤，安也。 [10] 六弢：即太公兵法。 [11] 启齿：开口微笑。 [12] 流人：流放之人。 [13] 似人：似所认识的人，指似乡里的人。 [14] 虚空：空谷。 [15] 藜藋：杂草。柱：塞。鼪鼬之迳：山蹊之间，鼪鼬所由之处。 [16] 踉位其空：长久住在空野。 [17] 跫（qióng）然：脚步声。 [18] 謦欬（qǐng kài）：喻言笑，指声音笑貌。

［点评］

“流人思乡”，久客他乡的游子“去人滋久，思人滋深”，使我们想起《德充符》所说“有人之形，故群于人”，庄子并不认为真实的生活必定要远离人群，隐匿并不是知识分子所愿，而是有待于时运的变化，是庄子所谓的“不得已”。《刻意》篇论述人间的五种德行，包含“山谷之士”“平世之士”“朝廷之士”“江海之士”“道引之士”，皆非庄子心目中的理想人格，他认为隐匿也不能出于自己刻意的隐蔽，应是遭逢时命大谬的结果。庄子的语言在表达人的乡愁情怀之余，也展露出对性命本真的向往和渴望。“修胸中之诚，以应天地之情”，方能使人回到生命最原初的真与诚。

徐无鬼见武侯，武侯曰：“先生居山林，食芧栗[1]，厌葱韭，以宾寡人[2]，久矣夫！今老邪？其欲干酒肉之味邪[3]？其寡人亦有社稷之福邪？”

徐无鬼曰：“无鬼生于贫贱，未尝敢饮食君之酒肉，将来劳君也。”

君曰：“何哉，奚劳寡人？”

曰：“劳君之神与形。”

武侯曰：“何谓邪？”

徐无鬼曰：“天地之养也一，登高不可以为长[4]，居下不可以为短。君独为万乘之主，以苦一国之民，以养耳目鼻口，夫神者不自许也。夫神者，好和而恶奸；夫奸，病也，故劳之。唯君所病之，何也？”

武侯曰：“欲见先生久矣。吾欲爱民而为义偃兵，其可乎？”

徐无鬼曰：“不可。爱民，害民之始也；为义偃兵，造兵之本也；君自此为之，则殆不成。凡成美，恶器也；君虽为仁义，几且伪哉！形固造形[5]，成固有伐[6]，变固外战。君亦必无盛鹤列于丽谯之间[7]，无徒骥于锱坛之宫[8]，无藏逆于得，无以巧胜人，无以谋胜人，无以战胜人。夫杀人之士民，兼人之土地，以养吾私与吾神者，其战不知孰善？胜之恶乎在？君若勿已矣，修胸中之诚，以应天地之情而勿撄。夫民死已脱矣，君将恶乎用夫偃兵哉！”

［注释］

[1]芧（xù）栗：小栗。[2]宾：同“摈”。[3]干：求。[4]以下两句是无贵贱之喻。[5]形固造形：谓一种情势必然会导致另一种情势。形，形势。固，必。造，造成、导致。[6]成固有伐：两种对立的情势形成后必然会各自夸耀，如标榜自己正义，指责别人不义等。伐，拔，夸耀。[7]鹤列：陈兵，古代兵法阵形，如鹤飞高空呈V字形。丽谯：华丽的高楼。[8]徒骥：步骑。锱坛之宫：学宫。

黄帝将见大隗乎具茨之山[1]，方明为御，昌寓骖乘，张若謵朋前马，昆阍滑稽后车[2]；至于襄城之野[3]，七圣皆迷，无所问涂。

适遇牧马童子，问涂焉，曰：“若知具茨之山乎？”曰：“然。”

“若知大隗之所存乎？”曰：“然。”

黄帝曰：“异哉小童！非徒知具茨之山，又知大隗之所存。请问为天下。”

小童曰："夫为天下者，亦若此而已矣，又奚事焉！予少而自游于六合之内，予适有瞀病[4]，有长者教予曰：'若乘日之车而游于襄城之野。'今予病少痊，予又且复游于六合之外。夫为天下亦若此而已。予又奚事焉！"

黄帝曰："夫为天下者，则诚非吾子之事。虽然，请问为天下。"小童辞。

黄帝又问。小童曰："夫为天下者，亦奚以异乎牧马者哉！亦去其害马者而已矣[5]！"

黄帝再拜稽首，称天师而退。

［注释］

[1] 大隗：即大道，这里寓托人名。具茨：在今河南新密东境，今名泰隗山。 [2] 方明、昌寓、张若、謵朋、昆阍、滑稽：都是寓托人名。 [3] 襄城：今河南襄城。 [4] 瞀：目眩。 [5] 害马者：马以过分为害，谓分外之事。

知士无思虑之变则不乐，辩士无谈说之序则不乐[1]，察士无凌谇之事则不乐[2]，皆囿于物者也。招世之士兴朝[3]，中民之士荣官[4]，筋力之士矜难[5]，勇敢之士奋患，兵革之士乐战，枯槁之士宿名[6]，法律之士广治[7]，礼教之士敬容，仁义之士贵际。农夫无草莱之事则不比[8]，商贾无市井之事则不比。庶人有旦暮之业则劝，百工有器械之巧则壮。钱财不积则贪者忧，权势不尤则夸者悲[9]。势物之徒乐变[10]，遭时有所用，不能无为也。此皆顺比于岁[11]，不物于易者也[12]，驰其形性，潜之万物，终身不反，悲夫！

此段文字历数十九种人，皆因执着于才能、个性、爱好、事业、功名、利禄，而追逐竞争，终生不能自拔。正如宣颖所评："一笔写出十九种人情，溺于所向，各不自禁，披靡一生，无由拔脚，真觉可哂可涕！"（《南华经解》）

[注释]

[1] 谈说之序：说得成条理。 [2] 凌谇：凌辱和责问。 [3] 招世：招摇于世以自见，谓招求世荣，呼民救世为己任。 [4] 中民：中等之民。 [5] 矜难：以克服困难自矜。 [6] 宿名：留意于名声。 [7] 广治：多求治事。 [8] 比：和乐。 [9] 尤：出众。夸者：指权势欲强的人。 [10] 势物之徒：执迷于权势财物的人。 [11] 顺比于岁：逐时俯仰。比，附。岁，时。 [12] 不物于易：各自囿于一物，不能相易。

庄子曰："射者非前期而中[1]，谓之善射，天下皆羿也，可乎？"

惠子曰："可。"

庄子曰："天下非有公是也[2]，而各是其所是，天下皆尧也，可乎？”

惠子曰：“可。”

庄子曰：“然则儒墨杨秉四，与夫子为五，果孰是邪？或者若鲁遽者邪[3]？其弟子曰：‘我得夫子之道矣，吾能冬爨鼎而夏造冰矣。’鲁遽曰：‘是直以阳召阳，以阴召阴，非吾所谓道也。吾示子乎吾道。’于是为之调瑟，废一于堂[4]，废一于室，鼓宫宫动，鼓角角动[5]，音律同矣。夫或改调一弦，于五音无当也，鼓之，二十五弦皆动，未始异于声，而音之君已。且若是者邪？”

惠子曰：“今夫儒墨杨秉，且方与我以辩，相拂以辞[6]，相镇以声[7]，而未始吾非也，则奚若矣？”

庄子曰：“齐人蹢子于宋者[8]，其命阍也不以完[9]，其求钘钟也以束缚[10]，其求唐子也而未始出域[11]，有遗类矣[12]！夫楚人寄而蹢阍者[13]，夜半于无人之时而与舟人斗[14]，未始离于岑而足以造于怨也。”

［注释］

[1] 前期：预定目标。 [2] 公是：共同的真理。 [3] 鲁遽：周初时人。 [4] 废：置。 [5] 鼓：弹琴。宫、角：都是五音的一种。 [6] 相拂以辞：以言语相抗对。 [7] 相镇以声：以声音相屈服。 [8] 蹢：投。 [9] 阍（hūn）：守门人。 [10] 其求钘（xíng）钟也以束缚：求得小钟包扎起来。钘，古酒器，似小钟而长颈。 [11] 其求唐子也而未始出域：子亡在外而只求于乡域之内。唐，亡。 [12] 遗类：略相似。 [13] 蹢阍者：责备看门人。 [14] 以下两句是说，在夜半无人的时候和船夫争斗，船还没有靠岸却已造成仇怨了。未始离于岑，言舟尚未曾着岸。岑，岸。

庄子送葬，过惠子之墓，顾谓从者曰："郢人垩慢其鼻端若蝇翼[1]，使匠石斫之[2]。匠石运斤成风[3]，听而斫之[4]，尽垩而鼻不伤，郢人立不失容。宋元君闻之[5]，召匠石曰：'尝试为寡人为之。'匠石曰：'臣则尝能斫之。虽然，臣之质死久矣[6]。'自夫子之死也[7]，吾无以为质矣，吾无与言之矣。"

［注释］

[1] 垩（è）：白色土，可用于涂饰。慢：通"墁"，涂。 [2] 匠石：名叫石的工匠。 [3] 运：挥动。斤：斧。 [4] 听：任，听任。 [5] 宋元君：即宋元公。亦见《田子方》。 [6] 质：对手，

指施展技艺的对象。 [7] 夫子：指惠施。

[点评]

惠子是庄子的主要论敌，《庄子》中多次记录了惠子与庄子的争辩，比如《逍遥游》“拙于用大”与《人间世》“无用之用”，《德充符》中关于忘情的申论，《秋水》篇的濠梁之辩。此处文字虽不过一百零二字，却传神地以运斧成风的故事诉说庄子对惠子感人至深的怀念之情。二人辩论观点上的对立，并不妨碍其真挚的友情，不免使我们想起伯牙与子期的知音关系。由此看来，虽然道家认为道是无以名之，也非人的思辨可以企及，但若能以言中意，言论仍不失为沟通思想及感情的重要渠道。

管仲有病，桓公问之，曰：“仲父之病病矣[1]，可不（谓）[讳]云，至于大病，则寡人恶乎属国而可[2]？”

管仲曰：“公谁欲与？”

公曰：“鲍叔牙。”

曰：“不可。其为人絜廉善士也，其于不己若者不比之[3]，又一闻人之过，终身不忘。使之治国，上且钩乎君[4]，下且逆乎民。其得罪于君也，将弗久矣！”

公曰：“然则孰可？”

对曰："勿已，则隰朋可[5]。其为人也，上忘而下畔[6]，愧不若黄帝而哀不已若者。以德分人谓之圣，以财分人谓之贤。以贤临人[7]，未有得人者也；以贤下人，未有不得人者也。其于国有不闻也[8]，其于家有不见也。勿已，则隰朋可。"

［注释］

[1]病矣：病重。 [2]属国：付托国政。 [3]不比之：不与之并立，不与为友。比，亲。 [4]以下两句是说，上以忠直触犯于君，下以清明逆忤百姓。 [5]隰朋：姓隰，名朋，齐贤人。 [6]上忘而下畔：在上的人不自高，下面就没有叛离的人。 [7]以贤临人：以贤名矜人。 [8]以下两句喻不苛察，不干涉。

吴王浮于江，登乎狙之山。众狙见之，恂然弃而走[1]，逃于深蓁[2]。有一狙焉，委蛇攫搔[3]，见巧乎王。王射之，敏给搏捷矢[4]。王命相者趋射之[5]，狙执死。王顾谓其友颜不疑曰[6]："之狙也，伐其巧恃其便以敖予，以至此殛也！戒之哉！嗟乎，无以汝色骄人哉！"颜不疑归而师董梧以助其色[7]，去乐辞显，三年而国人称之。

［注释］

[1] 恂然：惊慌的样子。 [2] 蓁：棘丛。 [3] 委蛇攫搔：来回跳跃攀执树枝之意。 [4] 敏给：敏捷。搏捷：接。 [5] 相者：谓王之左右。相，助。 [6] 颜不疑：姓颜，字不疑，王之友。 [7] 董梧：姓董，名梧，吴之贤人。助：一本作"锄"，去除。

南伯子綦隐几而坐[1]，仰天而嘘。颜成子入见曰："夫子，物之尤也[2]。形固可使若槁骸[3]，心固可使若死灰乎？"曰："吾尝居山穴之中矣。当是时也，田禾一睹我[4]，而齐国之众三贺之。我必先之[5]，彼故知之；我必卖之[6]，彼故鬻之。若我而不有之，彼恶得而知之？若我而不卖之，彼恶得而鬻之？嗟乎！我悲人之自丧者，吾又悲夫悲人者，吾又悲夫悲人之悲者，其后而日远矣[7]。"

［注释］

[1] 南伯子綦：即《齐物论》之南郭子綦。 [2] 物之尤：人物之中最为杰出者，出类拔萃。 [3] 槁骸：枯骨，《齐物论》作"槁木"。 [4] 田禾：齐王姓名，即齐太公和。 [5] 我必先之：我声名在先。 [6] 卖之：指卖于声名。 [7] 日远：指日远于衒鬻而达到泊然无心（"槁木死灰"）的境界。

仲尼之楚，楚王觞之，孙叔敖执爵而立[1]，市南宜僚受酒而祭曰[2]：“古之人乎[3]！于此言已。”曰：“丘也闻不言之言矣[4]，未之尝言，于此乎言之。市南宜僚弄丸而两家之难解[5]，孙叔敖甘寝秉羽而郢人投兵[6]。丘愿有喙三尺[7]。”彼之谓不道之道[8]，此之谓不言之辩[9]，故德总乎道之所一。而言休乎知之所不知，至矣。道之所一者，德不能同也[10]；知之所不能知者，辩不能举也；名若儒墨而凶矣[11]。故海不辞东流，大之至也；圣人并包天地，泽及天下，而不知其谁氏。是故生无爵，死无谥，实不聚，名不立，此之谓大人。狗不以善吠为良，人不以善言为贤，而况为大乎！夫为大不足以为大，而况为德乎！夫大备矣，莫若天地；然奚求焉，而大备矣。知大备者，无求，无失，无弃，不以物易己也。反己而不穷，循古而不摩[12]，大人之诚。

［注释］

[1] 孙叔敖：楚国贤人。亦见《田子方》。爵：古时的酒器。 [2] 市南宜僚：楚国勇士。亦见《山木》。 [3] 以下两句是说，古时人啊！在这种情景中谈话。古人宴会之间，常常以言相

互规劝，所以市南宜僚在这样的情境下向夫子请教。 [4] 不言之言：无言的言论。 [5] 市南宜僚弄丸：市南宜僚善弄丸铃，常八个在空中，一个在手。两家之难解：指宜僚不参与白公胜造反，使事不成而解除双方危难。 [6] 秉羽：执羽扇。郢人：楚人。投兵：投弃武器而不用，即息兵。 [7] 喙：口。三尺：言长。 [8] 彼：谓二子，指市南宜僚与孙叔敖。 [9] 此：谓仲尼。 [10] 德：同“得”，指得道，见道而言。 [11] 名若儒墨而凶矣：儒墨之所以凶，以有儒墨之名，以名相标，凶德。 [12] 循：顺。不摩：不费心于揣摩。

子綦有八子[1]，陈诸前，召九方歅曰[2]：“为我相吾子，孰为祥？”

九方歅曰：“梱也为祥[3]。”

子綦瞿然喜曰：“奚若？”曰：“梱也将与国君同食以终其身。”

子綦索然出涕曰：“吾子何为以至于是极也！”

九方歅曰：“夫与国君同食，泽及三族[4]，而况父母乎！今夫子闻之而泣，是御福也。子则祥矣，父则不祥。”

子綦曰：“歅，汝何足以识之，而梱祥邪？尽于酒肉，入于鼻口矣，而何足以知其所自来？

吾未尝为牧而牂生于奥[5]，未尝好田而鹑生于宎[6]，若勿怪，何邪？吾所与吾子游者，游于天地。吾与之邀乐于天，吾与之邀食于地；吾不与之为事，不与之为谋，不与之为怪；吾与之乘天地之诚而不以物与之相撄，吾与之一委蛇而不与之为事所宜。今也然有世俗之偿焉！凡有怪征者，必有怪行，殆乎，非我与吾子之罪，几天与之也！吾是以泣也。”

无几何而使梱之于燕，盗得之于道，全而鬻之则难[7]，不若刖之则易，于是乎刖而鬻之于齐，适当渠公之街[8]，然身食肉而终。

［**注释**］

[1] 子綦：楚司马子綦。一说南郭子綦。 [2] 九方歅（yīn）：善相者。 [3] 梱（kǔn）：子綦儿子。 [4] 三族：指父族、母族、妻族。 [5] 牂：母羊。奥：室内西南隅。 [6] 田：狩猎。宎：室内东北隅。 [7] 全而鬻之则难：全形去卖则困难，意即全形易逃，难以防御。 [8] 当渠公之街：替渠公看门。渠公，一说齐之富室。

啮缺遇许由，曰：“子将奚之？”

曰：“将逃尧。”

曰：“奚谓邪？”

曰："夫尧，畜畜然仁[1]，吾恐其为天下笑。后世其人与人相食与！夫民，不难聚也；爱之则亲，利之则至，誉之则劝，致其所恶则散。爱利出乎仁义，捐仁义者寡[2]，利仁义者众。夫仁义之行，唯且无诚，且假乎禽贪者器[3]。是以一人之断制利天下[4]，譬之犹一覕也。夫尧知贤人之利天下也，而不知其贼天下也，夫唯外乎贤者知之矣。"

[注释]

[1] 畜畜然：恤爱勤劳之貌。 [2] 捐仁义者：指无视于仁义。捐，弃。 [3] 禽贪者器：贪求的工具。 [4] 以下两句是说，这是以一个人的裁断来取利天下，就好像是一瞥之见。覕，借为"瞥"。

有暖姝者[1]，有濡需者[2]，有卷娄者[3]。所谓暖姝者，学一先生之言，则暖暖姝姝而私自说也，自以为足矣，而未知未始有物也[4]，是以谓暖姝者也。

濡需者，豕虱是也，择疏鬣自以为广宫大囿[5]，奎蹄曲隈[6]，乳间股脚，自以为安室利处，不知屠者之一旦鼓臂布草操烟火，而己与豕俱焦也。此以域进[7]，此以域退，此其所谓濡需者也。卷娄者，舜也。羊肉不慕蚁，蚁慕羊肉，羊肉羶也。舜有羶行，百姓悦之，故三徙成都，至邓之虚而十有万家[8]。尧闻舜之贤，举之童土之地[9]，曰冀得其来之泽[10]。舜举乎童土之地，年齿长矣，聪明衰矣，而不得休归，所谓卷娄者也。是以神人恶众至，众至则不比[11]，不比则不利也。故无所甚亲，无所甚疏，抱德炀和以顺天下[12]，此谓真人。于蚁弃知[13]，于鱼得计，于羊弃意。

[注释]

[1] 暖姝（shū）：自许之貌，浅见自喜之意。 [2] 濡需：偷安自得的意思。 [3] 卷娄：犹“拘挛”，形容形劳自苦的样子。《逍遥游》作“卷曲”，《大宗师》作“曲偻”，同义。娄，同“偻”。 [4] 未知未始有物：不知道不曾有所得。 [5] 疏鬣（liè）：疏长的猪毛。鬣，兽颈上的长毛。 [6] 奎：两髀之间。曲隈：内曲深处。 [7] 以下两句是说，进退为境所囿，指受环境左右。 [8] 邓：在今河南南阳附近。 [9] 童土：秃土，即荒地。 [10] 冀得其来之泽：望得舜来而施泽。 [11] 不比：不和。 [12] 炀和：温和，平和。 [13] 以下三句是说，蚂蚁当抛弃慕羊肉的心智，如鱼般自得，像羊似的抛弃意念。这三句是用来衬托神人。

以目视目，以耳听耳，以心复心。若然者，其平也绳[1]，其变也循[2]。古之真人，以天待(之)[人]，不以人入天。古之真人，得之也生，失之也死；得之也死，失之也生。药也其实，堇也[3]，桔梗也[4]，鸡雍也[5]，豕零也[6]，是时为帝者也[7]，何可胜言！句践也以甲楯三千栖于会稽。唯种也能知亡之所以存[8]，唯种也不知其身之所以愁。故曰，鸱目有所适，鹤胫有所节，解之也悲。故曰，风之过河也有损焉，日之过河也有损焉。请只风与日相与守河[9]，而河以为未始其撄也，恃源而往者也。故水之守土也审[10]，影之守人也审，物之守物也审[11]。故目之于明也殆，耳之于聪也殆，心之于殉也殆。凡能其于府也殆[12]，殆之成也不给改。祸之长也兹萃[13]，其反也缘功[14]，其果也待久[15]。而人以为己宝，不亦悲乎！故有亡国戮民无已，不知问是也。

[注释]

[1]其平也绳：平直像绳子。[2]循：顺。[3]堇(jǐn)：药草，即乌头，治风冷痹。[4]桔梗：药草，高尺余，花紫白色，茎可入药，治心腹血瘀症。[5]鸡雍(yōng)：即鸡头草。[6]豕零：

一名猪苓，根似猪卵，可以治渴。 [7] 帝：主，贵重。 [8] 种：即文种，官拜大夫，为越谋臣，助勾践灭吴。 [9] 请只：同“纵使”。 [10] 审：安定。 [11] 物之守物：如水流湿，火就燥。 [12] 府：脏府，内府，藏能之所。 [13] 兹萃：愈多。兹，与“滋”同。萃，聚。 [14] 反：同“返”，指返回自然、返归本性。功：指“内视反听”的修养。 [15] 果：指自修的成就。

故足之于地也践[1]，虽践，恃其所不蹍而后善博也[2]；人之于知也少，虽少，恃其所不知而后知天之所谓也。知大一[3]，知大阴[4]，知大目[5]，知大均[6]，知大方[7]，知大信[8]，知大定，至矣。大一通之，大阴解之，大目视之，大均缘之，大方体之，大信稽之，大定持之。

尽有天[9]，循有照[10]，冥有枢[11]，始有彼[12]。则其解之也似不解之者，其知之也似不知之也，不知而后知之。其问之也，不可以有崖[13]，而不可以无崖[14]。颉滑有实[15]，古今不代[16]，而不可以亏[17]，则可不谓有大扬搉乎[18]！阖不亦问是已，奚惑然为！以不惑解惑，复于不惑，是尚大不惑。

[注释]

[1]足之于地也践：足所践者少，人之行地，两足所践，不过少许。践，即“踏”。 [2]蹍：践，踏。 [3]大一：浑沦未判，指道。 [4]大阴：至静。 [5]大目：所见者广，视物所不见。 [6]大均：同而不殊。 [7]大方：无限。 [8]大信：真实之理。 [9]尽有天：极物之中有自然。 [10]循有照：循变之际而有觉照。 [11]冥有枢：冥漠之地而有枢要。 [12]始有彼：太始之地而有彼端。 [13]不可以有崖：道无端。崖，界际。 [14]不可以无崖：道又非无端。 [15]颉滑：万物纷扰。 [16]不代：不相代换。 [17]不可以亏：宜各尽其分。 [18]扬搉：显扬妙理而搉实论之。

[点评]

篇末最后以“七大”讲述体道之无穷。其中“大阴解之”强调心神的作用，“大目视之”倡导视角的多样性。它们共同说明，是思想本身的高远与宏阔使得审美空间不断地向外拓展与推移。

[篇末评]

本篇取其篇首人名为篇名。全篇由十四则寓言故事和一段议论所组成，看似缺乏一个中心议题，然篇中所论不外是道家治身与治国两个重要课题，大体还是宣扬道家自然无为的思想。篇首论及“性命之情”的丧失与本性的回归，篇末提出解惑之道需以“大一通之，大阴解之，大目视之”，耐人寻味。本篇描写的流人思乡与郢人为质的故事，意味深长。

则　阳

则阳游于楚[1]，夷节言之于王[2]，王未之见，夷节归。

彭阳见王果曰[3]：“夫子何不谭我于王[4]？”

王果曰：“我不若公阅休[5]。”

彭阳曰：“公阅休奚为者邪？”

曰：“冬则擉鳖于江[6]，夏则休乎山樊[7]。有过而问者，曰：‘此予宅也。’夫夷节已不能，而况我乎！吾又不若夷节。夫夷节之为人也，无德而有知[8]，不自许[9]，以之神其交固[10]，颠冥乎富贵之地[11]，非相助以德，相助消也[12]。夫冻者假衣于春[13]，暍者反冬乎冷风。夫楚王之为人也，形尊而严；其于罪也，无赦如虎；非夫佞人正德[14]，其孰能桡焉[15]！

“故圣人，其穷也使家人忘其贫，其达也使王公忘爵禄而化卑。其于物也，与之为娱矣；其于人也，乐物之通而保己焉；故或不言而饮人以和，与人并立而使人化。父子之宜[16]，彼其乎归居，而一闲其所施[17]。其于人心者若是其远也[18]。故曰待公阅休。”

圣人以审美的心境处事接物，乐于和人沟通，又能保全自己的本性，以潜移默化的方式实现心灵的和谐，这种审美的心境和《德充符》所说的“和豫，通而不失于兑……与物为春”相通，表现了庄子独特的审美意识。

[注释]

[1] 则阳：姓彭，名阳，字则阳，鲁人。 [2] 夷节：姓夷，名节，楚臣。 [3] 王果：楚贤人。 [4] 谭：同“谈”。 [5] 公阅休：隐士。 [6] 擉：刺，即“戳”。 [7] 山樊：山傍。 [8] 无德而有知：无真德而有俗知，不知有天理而纯用私智。 [9] 不自许：不以德自许，不自甘淡薄，屈己随人。许，犹“信”，无德故不自信。 [10] 以之神其交固：“之”，当指上文“知”而言，以智巧神化他的交结。另一说，“以之”犹“因此”，“神”借为“伸”，谓因此伸展其交游。 [11] 颠冥：犹“迷惑”，颠倒昏昧。 [12] 消：谓消其德。 [13] 以下两句是说，受冻的人借衣服盼春暖，中暑的人求冬天的冷风。暍（yē），中暑。反，求。 [14] 佞人正德：指小人和正德之士。 [15] 桡：“挠”的借字，挠屈的意思。 [16] 以下两句是说，使父子的关系，各得其所。彼其，语助词。 [17] 一闲其所施：以清静无为的态度待人。闲，清静无为的意思。 [18] 其于人心者若是其远也：指人的心灵相差遥远。

圣人达绸缪[1]，周尽一体矣，而不知其然，性也。复命摇作而以天为师[2]，人则从而命之也[3]。忧乎知而所行恒无几时[4]，其有止也若之何！生而美者，人与之鉴，不告则不知其美于人也。若知之，若不知之，若闻之，若不闻之，其可喜也终无已，人之好之亦无已，性也。圣人之爱人也，人与之名，不告则不知其爱人也。若知之，若不知之，若闻之，若不闻之，其爱人也终无已，人之安之亦无已，性也。

美，出自人的本性，称美、好美、爱美是人的本性使然。圣人常保愉悦，并且始终保有让人喜爱的质素，人们对他的喜好也就历久不衰。

[注释]

[1] 绸缪：结缚，束缚。 [2] 摇作：动作。以天为师：以自然为主。 [3] 命：名。 [4] 以下两句是说，常人忧于智虑而所行常不久，时或中止不能行，将奈它何！

旧国旧都[1]，望之畅然；虽使丘陵草木之缗[2]，入之者十九[3]，犹之畅然。况见见闻闻者也[4]，以十仞之台县众间者也[5]！

冉相氏得其环中以随成[6]，与物无终无始，无几无时[7]。日与物化者[8]，一不化者也，阖尝舍之[9]！夫师天而不得师天[10]，与物皆殉，其

庄子以故国故乡比喻人性，世人在涉世逐物中容易迷失自我，但这样的本性即便迷失，人基于本性的需求还是会返回以寻找它，一旦反复本性，内心就会感到舒畅，因此真性之流露是难以遮掩的。

以为事也若之何？夫圣人未始有天，未始有人，未始有始，未始有物[11]，与世偕行而不替[12]，所行之备而不洫[13]，其合之也若之何[14]？汤得其司御门尹登恒为之傅之[15]，从师而不囿；得其随成[16]，为之司其名；之名嬴法，得其两见。仲尼之尽虑[17]，为之傅之。容成氏曰[18]："除日无岁[19]，无内无外。"

［注释］

[1] 旧国旧都：喻本性。 [2] 缗：茫昧不分的意思。 [3] 入之者十九：喻掩蔽了十分之九。入，与"没"同义。 [4] 见见闻闻：指亲身见闻到本来的面目。 [5] 县：通"悬"。众间：众人之中，众人耳目之间。 [6] 冉相氏：古之圣王。得其环中：语见《齐物论》"枢始得其环中，以应无穷"。环中，喻虚空。随成：随物自成。 [7] 无几无时：无古今。几，借为"期"。 [8] 以下两句是说，随物与时变化的，内心却凝静不变。 [9] 阖尝舍之：何尝舍离它。 [10] 师天而不得师天：指效法自然若出于有心，便得不到效法自然的结果。 [11] 物：一说作"殖"，即"终"。和上句"未始有始"相为对文。 [12] 替：废，止。 [13] 洫：败坏。 [14] 合：冥合，无心合道。 [15] 司御：官名。登恒：人名。 [16] 以下四句是说，汤能虚己顺人，视名法为多余之相。林云铭以为"汤得其司御"至"为之傅之"，词句轇轕不清，恐有脱落错简。这段文字的确晦涩难解。司其名，司其治天下之名。司，主。之名嬴法，此名法是多余的东西。嬴，余、剩。两见，即两显。 [17] 尽

虑：谓竭尽思虑。 [18] 容成氏：传说古时作历的人。 [19] 以下两句是说，去日便无岁，无内便无外。说明内我的重要性。

魏莹与田侯牟约[1]，田侯牟背之。魏莹怒，将使人刺之。

犀首［公孙衍］闻而耻之曰[2]："君为万乘之君也，而以匹夫从雠[3]！衍请受甲二十万，为君攻之，虏其人民，系其牛马，使其君内热发于背。然后拔其国。忌也出走[4]，然后抶其背[5]，折其脊。"

季子闻而耻之曰[6]："筑十仞之城，城者既十仞矣，则又坏之，此胥靡之所苦也[7]。今兵不起七年矣，此王之基也。衍乱人，不可听也。"

华子闻而丑之曰[8]："善言伐齐者，乱人也；善言勿伐者，亦乱人也；谓伐之与不伐乱人也者，又乱人也。"

君曰："然则若何？"

曰："君求其道而已矣！"

惠子闻之而见戴晋人[9]。戴晋人曰："有所谓蜗者，君知之乎？"

曰："然。"

"有国于蜗之左角者曰触氏，有国于蜗之右角者曰蛮氏[10]，时相与争地而战，伏尸数万，逐北旬有五日而后反[11]。"

君曰："噫！其虚言与？"

曰："臣请为君实之[12]。君以意在四方上下有穷乎[13]？"

君曰："无穷。"

曰："知游心于无穷，而反在通达之国[14]，若存若亡乎？"

君曰："然。"

曰："通达之中有魏，于魏中有梁，于梁中有王[15]。王与蛮氏，有辩乎[16]？"

君曰："无辩。"

客出而君惝然若有亡也[17]。

客出，惠子见。君曰："客，大人也，圣人不足以当之。"

惠子曰："夫吹筦也[18]，犹有嗃也[19]；吹剑首者[20]，吷而已矣[21]。尧舜，人之所誉也；道尧舜于戴晋人之前，譬犹一吷也。"

"游心于无穷"，心遨游于超越时空的道的"至美至乐"之境。它诉说着一种美乐的人生境界，一种艺术的美感情怀，所谓"夫得是，至美至乐也，得至美而游乎至乐，谓之至人"。庄子后学不仅强化了审美对象与认知对象的差别，甚至也强化了体道过程与审美过程之间的关联。换言之，审美的活动直接地指向了道的秩序性（美）与节奏感（乐）。

[注释]

[1] 莹：魏惠王名。按，《史记·六国年表》载魏惠王名。田侯牟：疑指齐桓公，不必究其所指。 [2] 犀首：官号，相当于后世的虎牙将军。 [3] 匹夫：无官职的一般百姓。从雠（chóu）：报仇。雠，同“仇”。 [4] 忌：田忌，齐国将军。 [5] 抶（chì）：打击。 [6] 季子：魏国大夫。 [7] 胥靡：徒役之人。亦见《庚桑楚》。 [8] 华子：魏国大夫。 [9] 见：引见。戴晋人：梁国贤人。 [10] 触氏、蛮氏：皆为虚拟国名。触氏，喻争。蛮氏，喻蠢。 [11] 逐北：追逐败北。 [12] 实之：证实此话。 [13] 在：察。 [14] 反在：反察，反观。通达之国：指人马舟车所能到达的地方。 [15] 梁：在今河南开封一带。魏惠王三十一年（前339）为秦所逼，迁都于大梁。 [16] 辩：通“辨”。 [17] 惝然：怅然，恍惚不定的样子。 [18] 筦（guǎn）：同“管”。 [19] 嗃（xiāo）：管声，洪亮而悠长的声音。 [20] 剑首：指剑鼻环的小孔。 [21] 吷（xuè）：细微的声音。

孔子之楚，舍于蚁丘之浆[1]。其邻有夫妻臣妾登极者[2]，子路曰：“是稯稯何为者邪[3]？”仲尼曰：“是圣人仆也。是自埋于民，自藏于畔[4]。其声销，其志无穷，其口虽言，其心未尝言，方且与世违而心不屑与之俱。是陆沈者也[5]，是其市南宜僚邪？”子路请往召之。孔子曰：“已矣！彼知丘之著于己也[6]，知丘之适楚也，以丘为必使楚王之召己也，彼且以丘为佞人也。夫若

市南宜僚这位隐士，“自埋于民，自藏于畔”，庄子称其为“陆沈者”，用以形容隐者隐身于朝市之中同时又不离于众人的生活。

然者，其于佞人也羞闻其言，而况亲见其身乎！而何以为存？”子路往视之，其室虚矣。

［注释］

[1] 蚁丘：山名。浆：卖浆家。 [2] 登极：指登上屋的最高处。 [3] 稯（zǒng）稯：亦作“总总”，众聚。 [4] 畔：田垅。 [5] 陆沈：无水而自沉，喻隐居在世间。 [6] 著：明了。

长梧封人问子牢曰[1]：“君为政焉勿卤莽，治民焉勿灭裂[2]。昔予为禾，耕而卤莽之，则其实亦卤莽而报予；芸而灭裂之，其实亦灭裂而报予。予来年变齐[3]，深其耕而熟耰之[4]，其禾蘩以滋，予终年厌飧[5]。”

庄子闻之曰：“今人之治其形，理其心，多有似封人之所谓[6]，遁其天，离其性，灭其情，亡其神，以众为。故卤莽其性者，欲恶之孽[7]，为性萑苇蒹葭[8]，始萌以扶吾形，寻擢吾性[9]；并溃漏发[10]，不择所出，漂疽疥痈[11]，内热溲膏是也。”

［注释］

[1] 长梧：地名。子牢：即琴牢，孔子弟子。 [2] 灭裂：轻

薄。 [3] 变齐：谓变更方法。 [4] 耰（yōu）：锄。 [5] 厌飧：饱食。厌，同“餍”。 [6] 以下六句是说，很多像封人所说的一样，逃避自然，疏离本性，绝灭真情，丧失精神，徇逐俗事。以众为，以驰骛众事。 [7] 欲恶之孽：好恶之害。 [8] 为性萑（huán）苇蒹葭（jiān jiā）：形容如芦苇蔽塞本性。“萑苇”“蒹葭”都属芦苇。 [9] 寻擢吾性：渐渐擢拔我的本性。 [10] 并溃漏发：谓精气散泄，上溃下漏。 [11] 漂疽：谓病疮脓出。瘫：同“痈”，红肿出脓的毒疮。

柏矩学于老聃[1]，曰：“请之天下游。”

老聃曰：“已矣！天下犹是也。”

又请之，老聃曰；“汝将何始？”

曰：“始于齐。”

至齐，见辜人焉[2]，推而强之[3]，解朝服而幕之，号天而哭之曰：“子乎子乎！天下有大菑，子独先离之[4]，曰莫为盗！莫为杀人！荣辱立，然后睹所病；货财聚，然后睹所争。今立人之所病，聚人之所争，穷困人之身使无休时，欲无至此，得乎！

“古之君人者，以得为在民，以失为在己；以正为在民，以枉为在己；故一形有失其形者[5]，退而自责。今则不然。匿为物而愚不识，大为难而罪不敢，重为任而罚不胜，远其涂而诛不至。民知力竭，则以伪继之，日出多伪，士民安取不伪！夫力不足则伪，知不足则欺，财不足则盗。盗窃之行，于谁责而可乎？”

[注释]

[1] 柏矩：姓柏，名矩，怀道之士，老子门人。 [2] 辜人：罪人被杀后陈尸示众。 [3] 强：亦作“彊”，借为“僵”，倒卧。 [4] 离：同“罹”。 [5] 一形有失其形者：指有一人受到损害。一形，一人。

[点评]

本节描写老聃弟子出游齐国，看见街上一具受刑示众的死尸，由此感慨一通。所感何事，是哀其不幸，还是怒其犯罪？是痛恨刑法严酷，还是责备立法不公？然而都不是。作者锐利的眼光，扫过常人常理的层面，触及案件的本源，揭示了社会的根源。作者通过柏矩之口，历数上层统治者种种盘剥欺诈百姓的招数后，道出了案件的因果关系，即“民知力竭，则以伪继之”，“力不足则伪，知不足则欺，财不足则盗”，并挺身为民请命，说：“盗窃之行，于谁责而可乎？”这一责问，于千载之后，今天读来，仍令人震撼。

蘧伯玉行年六十而六十化[1]，未尝不始于是之而卒诎之以非也，未知今之所谓是之非五十九非也。万物有乎生而莫见其根，有乎出而莫见其门。人皆尊其知之所知而莫知恃其知之所不知而后知，可不谓大疑乎！已乎已乎！且无所逃。此所谓然与，然乎？

[注释]

[1] 蘧伯玉行年六十而六十化：言蘧伯玉与时俱化。蘧伯玉：卫国贤大夫。亦见《人间世》。

仲尼问于大史大弢、伯常骞、狶韦曰[1]："夫卫灵公饮酒湛乐[2]，不听国家之政；田猎毕弋[3]，不应诸侯之际[4]；其所以为灵公者何邪？"

大弢曰："是因是也[5]。"

伯常骞曰："夫灵公有妻三人，同滥而浴[6]。史鰌奉御而进所[7]，搏币而扶翼[8]。其慢若彼之甚也，见贤人若此其肃也，是其所以为灵公也。"

狶韦曰："夫灵公也死，卜葬于故墓不吉[9]，卜葬于沙丘而吉[10]。掘之数仞，得石椁焉，洗而视之，有铭焉，曰：'不冯其子[11]，灵公夺而里之。’夫灵公之为灵也久矣，之二人何足以识之[12]！”

［注释］

[1] 大史：史官。大，通“太”。大弢、伯常骞、狶韦：三位史官姓名。 [2] 湛乐：耽乐。湛，乐之久。 [3] 毕弋：狩猎用具。亦见《胠箧》。 [4] 诸侯之际：诸侯的交际，指盟会之事。 [5] 是因是：这就是他能够这样的缘故，言灵公平时聪明神灵。 [6] 滥：浴器。 [7] 奉御：即召对。进所：进于君所。 [8] 搏币而扶翼：接取币帛而扶着他。搏，执。币，帛。扶翼，使小臣扶掖。翼，通作“掖”。 [9] 故：同“古”。 [10] 沙丘：地名，在盟津河北。 [11] 以下两句是说，不必依赖子孙（制棺椁），灵公可取而居之。冯（píng），凭取而居之。里，居处。 [12] 之二人何足以识之：责备大弢及伯常骞二人所言灵公之善为不知其真。

少知问于大公调曰[1]：“何谓丘里之言[2]？”

大公调曰：“丘里者，合十姓百名而以为风俗也，合异以为同，散同以为异。今指马之百体而不得马，而马系于前者，立其百体而谓之马也。是故丘山积卑而为高，江河合水而为大，大人合并而为公。是以自外入者[3]，有主而不执；由中出者，有正而不距。四时殊气，天不赐[4]，故岁成；五官殊职，君不私，故国治；文武大人不赐，故德备；万物殊理，道不私，故无名。无名故无为，无为而无不为。时有终始，世有变化。祸福淳淳[5]，至有所拂者而有所宜；自殉殊面[6]，有所正者有所差。比于（太）[大]泽，百材皆度；观于大山，木石同坛[7]。此之谓丘里之言。”

少知曰：“然则谓之道，足乎？”

大公调曰：“不然。今计物之数，不止于万，而期曰万物者，以数之多者号而读之也[8]。是故天地者，形之大者也；阴阳者，气之大者也；道者为之公。因其大以号而读之则可也，已有之矣[9]，乃将得比哉[10]！则若以斯辩[11]，譬犹狗马，其不及远矣。”

“万物殊理，道不私”，是中国古典哲学的重要学说，“万物殊理”是就物的层面而说的，“道不私”“道者为之公”是以道的层面而论的。王弼、郭象则从不同面向来谈其中的道理，终发展出程朱的“理一分殊”的思想。

[注释]

[1] 少知：知识浅少。大公调：广大公正调和众物。这里均寓托为人名。 [2] 丘里之言：即公论。四井为邑，四邑为丘；五家为邻，五邻为里。 [3] 以下四句是说，事物从外界进入心中，心中虽有主意却不固执成见；由内心发出的，虽有所取却不排拒他人。 [4] 赐：“私”的借字。 [5] 以下两句是说，祸福循环流变。淳淳，流动貌。拂，逆。 [6] 殊面：各方面。 [7] 同坛：同地。坛，基。 [8] 以数之多者号而读之也：是以用数目中最多的来号称它。

读，犹“语”。[9]有之：指有道之名。[10]比：指把大道与丘里之言相比。[11]辩：通“辨”。

［点评］

先秦名家的议题中有两个重要的命题：公孙龙提出“离坚白”，着眼于事物的分别；惠施的“合同异”则着眼于事物的合同。本节提出“合异以为同，散同以为异”，主张把相异的合在一起，事物于是处在共同体的关系中；将同一体分散开，事物又成为各具其性的殊体。

少知曰：“四方之内，六合之里，万物之所生恶起？”

大公调曰：“阴阳相照相盖相治[1]，四时相代相生相杀，欲恶去就于是桥起[2]，雌雄片合于是庸有[3]。安危相易，祸福相生，缓急相摩，聚散以成。此名实之可纪，精微之可志也。随序之相理[4]，桥运之相使，穷则反，终则始。此物之所有[5]，言之所尽，知之所至，极物而已。睹道之人，不随其所废[6]，不原其所起，此议之所止。”

少知曰：“季真之莫为[7]，接子之或使[8]，二家之议，孰正于其情，孰徧于其理？”

大公调曰：“鸡鸣狗吠，是人之所知；虽有大知，不能以言读其所自化，又不能以意其所将为。斯而析之，精至于无伦[9]，大至于不可围，或之使，莫之为，未免于物而终以为过。或使则实，莫为则虚。有名有实，是物之居；无名无实，在物之虚。可言可意，言而愈疏。未生不可忌[10]，已死不可徂[11]。死生非远也，理不可睹。或之使，莫之为，疑之所假[12]。吾观之本，其往无穷；吾求之末，其来无止。无穷无止，言之无也[13]，与物同理；或使莫为，言之本也[14]，与物终始。道不可有[15]，有不可无。道之为名[16]，所假而行。或使莫为，在物一曲[17]，夫胡为于大方[18]？言而足，则终日言而尽道；言而不足，则终日言而尽物。道物之极[19]，言默不足以载；非言非默，议有所极。”

[**注释**]

[1] 相照：相互照应。相盖相治：相消相长。 [2] 欲恶去就于是桥起：欲、恶、去、就，于是相继起伏。桥起，高劲，言所起之劲疾，即突然而起之意。 [3] 片合：分合，指阴阳片分而相

合为一。庸有：常有。庸，常。 [4] 以下两句是说，依循时序的规律、起伏而运行的变化。桥运，桥起而运行。 [5] 此物之所有：这是物所具有的现象。 [6] 随：追究。 [7] 季真：庄子寓托之名。 [8] 接子：可能是《史记·田完世家》里边所说的接子，也是稷下学者之一。冯友兰说，季真主张“莫为”，认为万物都是自然地生出来的，不是由于什么力量的作为。接子主张“或使”，就是认为总有个什么东西，使万物生出来。 [9] 精至于无伦：谓精微至于无比。伦，比。 [10] 忌：禁。 [11] 徂：亦作“阻”。 [12] 疑之所假：疑惑所立的假设。 [13] 以下两句是说，言论所不能表达的，但和物象具有同一的规律。 [14] 言之本也：指言者以“或使”或者“莫为”之说为本。 [15] 以下两句是说，道不可执着于有形，也不可执着于无象。 [16] 以下两句是说，道的为名，乃是假借之称。 [17] 一曲：一隅、一边、一偏的意思。 [18] 大方：即大道。 [19] 道物之极：一说“道、物之极”，指道和物两者的极限。一说“道，物之极”，即道者物之极处。一说“物”字误衍。

[点评]

这一段对话论及了万物起源的问题，文中论及战国时代流传的两个主张——“莫为”和“或使”之说，庄子学派认为这两种主张各自偏执于物的一端，《齐物论》就说“六合之外，圣人存而不论”，在道的世界，万物消逝流转的背后，不论是万物的起源或是万物的存在本体，都不是人的语言与认识能力所能掌握与表达的。我们只能留待会意的直觉体认。

[篇末评]

本篇由十几则寓言故事汇编而成，内容较杂，大体是说明道体的特征、作用及道物的关系。篇中蜗国相争的寓言对争伐的情状加以生动的描述，讥讽掌权者陷溺于争夺的漩涡所带来的巨大灾难，并通过对圣人的刻画引导出一种不同的人生态度。篇末少知与大公调的两段对话则涉及万物的起源、道物关系等哲学史的一些重要议题，值得注意。

外 物

外物不可必[1]，故龙逄诛[2]，比干戮，箕子狂[3]，恶来死[4]，桀纣亡。人主莫不欲其臣之忠，而忠未必信，故伍员流于江[5]，苌弘死于蜀[6]，藏其血三年而化为碧[7]。人亲莫不欲其子之孝，而孝未必爱，故孝己忧而曾参悲[8]。木与木相摩则然[9]，金与火相守则流。阴阳错行[10]，则天地大絯[11]，于是乎有雷有霆，水中有火[12]，乃焚大槐。有甚忧两陷而无所逃[13]，螴蜳不得成[14]，心若县于天地之间[15]，慰暋沈屯，利害相摩，生火甚多，众人焚和[16]，月固不胜火[17]，于是乎有僓然而道尽[18]。

[注释]

[1] 外物不可必：外在的事物不能有定准。必，谓必然。 [2] 以下两句，参见《人间世》“桀杀关龙逢，纣杀王子比干”，《胠箧》“龙逢斩，比干剖”。 [3] 箕子：殷纣庶叔，贤臣。 [4] 恶来：殷纣王的谀臣，《史记·殷本纪》说“恶来善毁谗”。 [5] 伍员：即伍子胥。 [6] 苌弘死于蜀：苌弘，周灵王的贤臣，被放归蜀，刳肠而死。 [7] 碧：碧玉。 [8] 孝己忧：殷高宗的儿子，遭后母折磨，忧苦而死。曾参悲：曾参不被父母所爱而悲伤。 [9] 然：同“燃”。 [10] 阴阳错行：阴阳错乱。 [11] 絯（hài）：惊动的意思。 [12] 水中有火：指雨中有电。 [13] 两陷：陷入了利害两端。 [14] 螴蜳（chén dūn）：犹“怵惕”。 [15] 以下四句是说，心像悬在天地之间，忧郁沉闷，利害相冲，内心很焦急。慰暋，郁闷。沈屯，沉溺。沈，深。屯，难。生火甚多，指内心很焦急。 [16] 众人焚和：指众人沉溺于利害争执而焚伤了心中的和气。 [17] 月固不胜火：即内心的清澈不能克服焦急。月，形容人心的清澈。火，形容内心的焦急。 [18] 僓（tuí）然：即“颓然”。尽：丧尽。

[点评]

本段以主观的角度，指出事物的流变性和相对性。作者从历史事件和自然界举例说明“外物不可必”，外在事物没有所谓必然性和绝对性，所以无法寻求永恒的定准。

庄周家贫，故往贷粟于监河侯[1]。监河侯曰：“诺。我将得邑金[2]，将贷子三百金[3]，可乎？”

庄周忿然作色曰："周昨来，有中道而呼者[4]。周顾视车辙中，有鲋鱼焉[5]。周问之曰：'鲋鱼来[6]！子何为者邪？'对曰：'我，东海之波臣也[7]。君岂有斗升之水而活我哉？'周曰：'诺。我且南游吴越之王，激西江之水而迎子[8]，可乎？'鲋鱼忿然作色曰：'吾失我常与[9]，我无所处。吾得斗升之水然活耳[10]，君乃言此，曾不如早索我于枯鱼之肆[11]！'"

"吾得斗升之水然活耳"，要在说明"道不可离，犹鱼之于水"（刘凤苞《南华雪心编》），而我们从直观体验上，更多地感到了世间人情的虚伪，以及庄子文笔的锋利辛辣。

[注释]

[1]监河侯：监管河工之官。[2]邑金：采地的赋税。[3]金：铜铁之类，皆名为金，此非黄金也。[4]中道：途中。[5]鲋（fù）鱼：鲫鱼。[6]来：语助词，无义。[7]波臣：水波中的臣子，即水官。[8]激：引来。西江：蜀江。[9]常与：经常相依存的，指水。[10]然：则。[11]曾：竟，还。肆：市场。

任公子为大钩巨缁[1]，五十犗以为饵[2]，蹲乎会稽[3]，投竿东海，旦旦而钓，期年不得鱼。已而大鱼食之，牵巨钩，錎没而下[4]，（骛）[鹜]扬而奋鬐[5]，白波若山，海水震荡，声侔鬼神，惮赫千里[6]。任公子得若鱼，离而腊之[7]，自制河以东[8]，苍梧已北[9]，莫不厌若鱼者[10]。已而后世辁才讽说之徒[11]，皆惊而相告也。夫揭竿累[12]，趣灌渎[13]，守鲵鲋[14]，其于得大鱼难矣，饰小说以干县令[15]，其于大达亦远矣，是以未尝闻任氏之风俗，其不可与经于世亦远矣。

［注释］

[1] 任公子：任国之公子。任，国名。巨缁（zī）：巨大的黑色钓鱼绳。缁，黑绳。 [2]犗（jiè）：犍牛，即阉牛。 [3]会稽：山名，在今浙江境内。 [4] 錎没：陷没。錎，犹“陷”字。 [5] 骛扬：奔驰。鬐（qí）：鱼鳍。 [6] 惮赫：震惊。 [7] 离：剖。 [8] 制河：即浙江。制，作“淛”，同“浙”。河，亦“江”也，北人名水皆曰河。 [9] 苍梧：山名，在岭南。 [10] 厌：同“餍”，饱食。 [11] 辁才：小才。讽说：犹传说，道听途说。 [12] 累：细绳。 [13]灌渎：供灌溉用的沟渠。 [14]鲵鲋：小鱼。 [15]干县令：求高名。干，求。县，通“悬”，有高义。令，通“名”。

［点评］

“旦旦而钓”，任公子经过长久的等待，终于钓到了大鱼，象征士人对现实之抱负需要极大的耐心和积厚之功。本篇还赞赏任氏之风及其经世之志，反映出中国之知识分子之政治态度，孟子说“穷则独善其身，达则兼善天下”，《天地》篇也说“天下有道，则与物皆昌；天下无道，则修德就闲”，有着类似处世的心态。

“儒以诗礼发冢”，运笔委婉，意涵却极为尖锐。本节以大儒和小儒口唱诗礼，却资以盗墓，讥讽历代大小俗儒把持古人知识产权以窃取名位。

儒以诗礼发冢。大儒胪传曰[1]：“东方作矣[2]，事之何若？”小儒曰：“未解裙襦[3]，口中有珠。《诗》固有之曰[4]：‘青青之麦，生于陵陂。生不布施，死何含珠为！’接其鬓[5]，压其顪[6]，儒以金椎控其颐[7]，徐别其颊[8]，无伤口中珠！”

［注释］

[1] 胪传：上传语告下。 [2] 东方作矣：指太阳出来了。 [3] 襦：短衣。 [4] 诗：此为逸诗。 [5] 接：挤压。 [6] 顪（huì）：下巴的胡须。 [7] 控：敲击。 [8] 徐别：慢慢地分开。

老莱子之弟子出薪[1]，遇仲尼，反以告，曰：“有人于彼，修上而趋下[2]，末偻而后耳[3]，视若营四海[4]，不知其谁氏之子。”

老莱子曰：“是丘也。召而来。”

仲尼至。曰：“丘！去汝躬矜与汝容知[5]，斯为君子矣。”

仲尼揖而退，蹙然改容而问曰：“业可得进乎？”

老莱子曰：“夫不忍一世之伤而骜万世之患[6]，抑固窭邪[7]，亡其略弗及邪[8]？惠以欢为骜[9]，终身之丑，中民之行进焉耳[10]，相引以名，相结以隐[11]。与其誉尧而非桀，不如两忘而闭其所誉。反无非伤也[12]，动无非邪也[13]。圣人踌躇以兴事[14]，以每成功[15]。柰何哉其载焉终矜尔[16]！”

［注释］

[1] 老莱子：《史记·仲尼弟子列传》分周之老子与楚之老莱子为两人。《史记·老子韩非列传》谓老莱子亦楚人，著书十五篇，言道家之用，与孔子同时云。 [2] 修上而趋下：长上而促下，即上身长而下身短。趋，通“促”，短促。 [3] 末偻：谓背曲。后耳：耳却近后，即耳朵后贴。 [4] 视若营四海：形容目光四射。营，有充满的意思。 [5] 去汝躬矜与汝容知：除去你行为的矜持和容貌的机智。 [6] 不忍一世之伤而骜万世之患：不忍一世受害却忽视了万世的祸患。骜，傲，轻视。 [7] 抑固窭（jù）邪：即指这种行为是非常固陋的。窭，陋，不足。 [8] 亡其：转语，“或是”之意。略：指智略。 [9] 以下两句一读为“惠以欢为，骜终身之丑”。惠以欢为，为邀众人之欢心而施惠于人。惠，施惠于人。 [10] 中民之行进焉耳：这是中等人的所为罢了。 [11] 隐：私，私利。 [12] 反无非伤也：违反物性，无不伤损。 [13] 动无非邪也：扰动心灵无非是邪道。 [14] 踌躇：从容、戒慎之意。 [15] 以每成功：其功每成。 [16] 载：行。

宋元君夜半而梦人被发窥阿门[1]，曰：“予自宰路之渊[2]，予为清江使河伯之所[3]，渔者余且得予[4]。”

元君觉，使人占之，曰：“此神龟也。”

君曰：“渔者有余且乎？”

左右曰：“有。”

君曰：“令余且会朝。”

明日，余且朝。君曰：“渔何得？”

对曰：“且之网得白龟焉，其圆五尺。”

君曰：“献若之龟。”

龟至，君再欲杀之，再欲活之，心疑，卜之，曰：“杀龟以卜吉。”乃刳龟，七十二钻而无遗筴[5]。

仲尼曰：“神龟能见梦于元君，而不能避余且之网；知能七十二钻而无遗筴，不能避刳肠之患。如是，则知有所困，神有所不及也。虽有至知，万人谋之[6]。鱼不畏网而畏鹈鹕[7]。去小知而大知明，去善而自善矣。婴儿生无石师而能言[8]，与能言者处也。”

［注释］

[1] 宋元君：宋元公。亦见《田子方》《徐无鬼》。阿门：旁门，侧门。 [2] 宰路：江畔渊名。 [3] 清江：即扬子江。清，与黄

河之浊相对而称。 [4] 余且：姓余，名且，渔夫。 [5] 七十二钻：指占卜了七十二次。无遗筴：计算吉凶，毫无遗失。筴，古时卜筮用的蓍。蓍草高长，古人取它的茎用来卜筮。此处用“筴”，同“策”字。 [6] 万人谋之：有两解。一说万人谋算他。一说万人共同来谋划。按：当从后说。 [7] 鹈鹕：一种喜欢吃鱼的鸟。 [8] 石师：又作“硕师”。“石”与“硕”古字通用。

惠子谓庄子曰：“子言无用。”庄子曰：“知无用而始可与言用矣。天地非不广且大也，人之所用容足耳。然则厕足而垫之致黄泉[1]，人尚有用乎？”惠子曰：“无用。”庄子曰：“然则无用之为用也亦明矣。”

［注释］

[1] 然则厕足而垫之致黄泉：然而如把立足以外的地方都挖到黄泉。厕，旁边。垫，掘。致，至。

庄子曰：“人有能游[1]，且得不游乎？人而不能游，且得游乎？夫流遁之志[2]，决绝之行[3]，噫，其非至知厚德之任与[4]！覆坠而不反[5]，火驰而不顾[6]，虽相与为君臣[7]，时也，易世而无以相贱[8]。故曰至人不留行焉[9]。夫尊古而卑今，学者之流也。且以狶韦氏之流观今之世，夫孰能不波，唯至人乃能游于世而不僻，顺人而不失己。彼教不学[10]，承意不彼。

［注释］

[1] 人有能游：能自由自在生活的人。游，自乐之意，胸次洒然。 [2] 流遁之志：流荡逐物，逃遁不反。流遁，指逐物忘反之人。 [3] 决绝：执志确然，与世判然自异。 [4] 至知厚德：循自然之人。任：为。 [5] 覆坠：言陷溺于世故。 [6] 火驰：逐于世如火之急。 [7] 以下两句是说，虽然相互易位有的为君有的做臣，只是一时之间。 [8] 易世：世代变易。 [9] 不留行：没有偏滞的行径。 [10] 以下两句是说，不学古人之教，仅承其真意而不同于古人。彼教，指古人之教。

山林卉木等自然景物触人心神、引人入胜，给予人一种美的感受和体验。与此同时，人对于山水之美也有一番欣赏和陶醉。置身于山水之中，幽林密树、草木芬芳、溪水潺潺，人们不由得心神畅怀，心灵深处荡漾起一股生命的活跃感。

“目彻为明[1]，耳彻为聪，鼻彻为颤[2]，口彻为甘，心彻为知，知彻为德。凡道不欲壅[3]，壅则哽，哽而不止则跈[4]，跈则众害生。物之有知者恃息[5]，其不殷[6]，非天之罪。天之穿之[7]，日夜无降，人则顾塞其窦[8]。胞有重阆[9]，心有天游。室无空虚，则妇姑勃谿[10]；心无天游，则六凿相攘[11]，大林丘山之善于人也[12]，亦神者不胜。

［注释］

[1] 彻：通。 [2] 颤：鼻子灵敏。 [3] 壅：壅阻。 [4] 跈

（jiàn）：践踏。 [5] 物之有知者恃息：有知觉的物类依赖气息。息，气。 [6] 以下两句是说，气息不盛，并不是天性的过错。 [7] 以下两句是说，天然的穿通孔窍，日夜没有止息。 [8] 顾塞：即梗塞之意。窦：孔窍。 [9] 胞：人身皮肉之内有一重膜包络此身。阆（làng）：空旷。 [10] 勃磎：反戾。勃，借为"悖"。 [11] 六凿相攘：六孔相扰攘。 [12] 以下两句是说，大林丘山所以引人入胜，也是由于人置身其中顿感心神舒畅的缘故。善，益。神，心神。不胜，不胜欢欣。

"德溢乎名[1]，名溢乎暴[2]，谋稽乎誸[3]，知出乎争，柴生乎守[4]，官事果乎众宜[5]。春雨日时[6]，草木怒生，铫鎒于是乎始修[7]，草木之到植者过半而不知其然[8]。

［注释］

[1] 溢：流弊，与"荡"同义。 [2] 暴：同"曝"，露，夸示的意思，谓名失于太露。 [3] 谋稽乎誸（xián）：因急而生计。誸，急，急而后考其谋。 [4] 柴生乎守：谓闭塞生于拘执不化。柴，塞。守，拘守己见。 [5] 官事果乎众宜：官职设事决于众人之所宜。 [6] 春雨日时：春雨应时降落。 [7] 铫（yáo）鎒：锄田的用具。 [8] 到植：即倒生。到，古"倒"字。植，生。

"静然可以补病，眦㺟可以休老[1]，宁可以止遽。虽然，若是，劳者之务也，非佚者之所未尝过而问焉。圣人之所以駴天下[2]，神人未尝过而问焉；贤人所以駴世，圣人未尝过而问焉；君子所以駴国，贤人未尝过而问焉；小人所以合时，君子未尝过而问焉。演门有亲死者[3]，以善毁爵为官师[4]，其党人毁而死者半。尧与许由天下，许由逃之；汤与务光，务光怒之，纪他闻之[5]，帅弟子而踆于窾水[6]，诸侯吊之，三年，申徒狄因以踣河[7]。荃者所以在鱼[8]，得鱼而忘荃；蹄者所以在兔[9]，得兔而忘蹄；言者所以在意，得意而忘言。吾安得夫忘言之人而与之言哉！”

[注释]

[1] 眦（zì）：亦作“揃”。搣（miè）：亦作“灭”。揃灭，即今按摩术。休老：养老。 [2] 駴（xiè）：通“骇”。 [3] 演门：宋城门名。 [4] 善毁：善于哀伤毁容，这是儒家孝行的典型。 [5] 纪他：传说中的隐者。 [6] 踆（dūn）：古“蹲”字。窾水：川名。 [7] 申徒狄：姓申徒，名狄。亦见《大宗师》。踣（bó）：与“仆”同。 [8] 荃：捕鱼具。 [9] 蹄：兔网。

[点评]

本段最后提出“得意忘言”这一著名论说，语言文字的功能在于掌握意义，是“得意”的重要途径，但掌握到“意”之后，就可不必拘泥于工具。《天道》篇末也有一段相关的讨论："世之所贵道者书也，书不过语，语有贵也。语之所贵者意也，意有所随。意之所随者，不可以言传也。""得意忘言""言不尽意"的主张，引发了魏晋玄学的言意之辨，为后代禅宗所发挥，在往后的文学、艺术等各领域中得到深远的回响。

[篇末评]

"外物"即外在事物。全篇多是反映社会生活及其处世养性经验。作者指出，外在的事物没有一定的准则，宇宙的流转、社会人事的变易都没有永恒的必然，因此对外来的没有定准的、防不胜防的祸端患害，我们需给予特别的关注，以宁静开阔的心胸加以应对。

寓　言

寓言十九[1]，重言十七[2]，卮言日出[3]，和以天倪[4]。寓言十九，藉外论之。亲父不为其子媒。亲父誉之，不若非其父者也；非吾罪也[5]，人之罪也。与己同则应，不与己同则反；同于己为是之[6]，异于己为非之。重言十七，所以已言也[7]，是为耆艾[8]。年先矣，而无经纬本末以期年耆者[9]，是非先也。人而无以先人[10]，无人道也[11]；人而无人道，是之谓陈人[12]。卮言日出，和以天倪，因以曼衍[13]，所以穷年[14]。不言则齐[15]，齐与言不齐[16]，言与齐不齐也，故曰无言。言无言[17]，终身言，未尝不言；终身不言[18]，未尝不言。有自也而可[19]，有自也而不可；有自也而然，有自也而不然。恶乎然？然于然。恶乎不然？不然于不然。恶乎可？可于可。恶乎不可？不可于不可。物固有所然，物固有所可，无物不然，无物不可。非卮言日出，和以天倪，孰得其久！万物皆种也[20]，以不同形相禅[21]，始卒若环[22]，莫得其伦[23]，是谓天均[24]。天均者天倪也。

［注释］

[1] 寓言十九：寄托寓意的言论占了十分之九。寓，寄托。十九，十分之九。 [2] 重言十七：借重先哲时贤的言论占了十分之七。按：《庄子》中使用了大量的寓言，“十分之九”与重言占全书的“十分之七”并不矛盾，因为寓言中含重言，重言中含寓言，两种表达方式交互使用着。 [3] 卮（zhī）言：无心之言。卮，古同“卮”。按：“卮”是酒器，卮器满了，自然向外流溢，庄子用“卮言”来形容他的言论并不是偏漏的，乃是无心而自然的流露。日出：日新。 [4] 和以天倪：合于自然的分际。 [5] 以下两句是说，不是父亲称誉儿子有过错，而是听者往往怀疑不实，致使不信的过错。 [6] 为：训“则”。 [7] 已言：止其争辩。已，止。 [8] 耆（qí）艾：长老，对老人的尊称。五十岁叫“艾”，六十岁叫“耆”。 [9] 无经纬本末：学无所见。经纬本末，指真才实学。经纬，比喻处事的头绪。以期年耆：意谓徒称年长。期，待。 [10] 无以先人：无以过人。 [11] 人道：为人之道。 [12] 陈

人：老朽无用之人。 [13] 曼衍：散漫流衍，不拘常规。 [14] 穷年：尽年，指消磨岁月而穷尽天年。 [15] 不言则齐：不发言论则物理自然等同齐一。这里的“言”乃指主观是非的表达。“不言”，不参入主观成见之意。 [16] 齐与言不齐：本来没有差别的加上了主观成见的言论便不齐了。 [17] 言无言：发出没有主观成见的言论。无言，指无心之言。 [18] 以下两句是说，终身不说话，未尝不在说话。意指若能体认事物的真况，则即使终身不说话，也达到了说话的效果。 [19] 有自也：有所由来，即有它的原因。自，根由，缘故。 [20] 皆种：皆有种类。 [21] 以不同形相禅：以不同的类型相传接。禅，传续，传承。 [22] 始卒：始终。 [23] 伦：端倪。 [24] 天均：自然均衡。

［点评］

清刘凤苞指出：“此篇是庄子揭明立言之意。寓言、重言、卮言，括尽一部《南华》，读者急须着眼，方不致刻舟求剑，买椟还珠。”（《南华雪心编》）“寓言十九，重言十七，卮言日出，和以天倪”，寓言是庄子寄托于他人他物以表达其思想的言论。纵览庄书，鲲鹏蜩鸠、海鸟蜗牛、栎树马蹄、朝菌蟪蛄，举凡动物植物，一草一木、一虫一鸟，信手拈来，无不栩栩如生。《庄子》寓言体裁的多样性、内容的繁复性，以及造型艺术的魅力，不仅先秦诸子无有出其右者，而且在世界文坛也是罕有匹比的，诚如汤显祖所说“奇物是拓人胸臆，起人精神”。重言是庄子的一项巧妙策略，借助受人尊敬的历史人物，特别是借用儒家创始者孔子及其门徒来宣说道家的思想。卮言是虚其心，以明心境的自然流露，这些言论流露出来，自然合于外在的真实，就是“和以天倪”。此种流露不拘常规，散漫流衍，所以说“因以曼衍”。

庄子谓惠子曰：“孔子行年六十而六十化[1]，始时所是，卒而非之，未知今之所谓是之非五十九非也。”

惠子曰：“孔子勤志服知也[2]。”

庄子曰：“孔子谢之矣[3]，而其未之尝言[4]。孔子云：‘夫受才乎大本[5]，复灵以生[6]。’鸣而当律[7]，言而当法[8]，利义陈乎前，而好恶是非直服人之口而已矣。使人乃以心服，而不敢蘁立[9]，定天下之定[10]。已乎已乎！吾且不得及彼乎[11]！”

庄子认为宇宙间的一切事物都在不停地变化，人置身于万化常流中，要能“与时俱化”“与世偕行”。

［注释］

[1] 以下四句与《则阳》篇称蘧伯玉基本相同。 [2] 服：用。 [3] 谢：弃绝。 [4] 未之尝言：口未之言，即无言之意。 [5] 受才乎大本：人禀受才质于大道妙本。 [6] 复灵：犹言含灵。复，借为“伏”，谓伏藏灵气。 [7] 鸣而当律：发出声音应合于韵律。 [8] 言而当法：发出言论应合于法度。 [9] 蘁（wù）立：有违逆之意。蘁，借为“啎”，逆。 [10] 定天下之定：确定天下的定则。 [11] 彼：指孔子。

曾子再仕而心再化[1]，曰："吾及亲仕[2]，三釜而心乐[3]；后仕，三千钟而不洎[4]，吾心悲。"

弟子问于仲尼曰："若参者，可谓无所县其罪乎[5]？"

曰："既已县矣。夫无所县者，可以有哀乎？彼视三釜三千钟[6]，如观雀蚊虻相过乎前也。"

曾子虽然已经淡漠了俸禄，但尚未做到哀乐不入于胸次，距离真正脱离世俗之念的体道之人还差得很远。

[注释]

[1] 再化：指内心的感觉不同。 [2] 及亲：父母亲在世。 [3] 釜：量谷物的单位，一釜是六斗四升。 [4] 钟：六斛四斗为一钟。洎（jì）：借为"及"。 [5] 无所县其罪乎：意指无所系于禄网。县，通"悬"。 [6] 彼：谓无系之人。

颜成子游谓东郭子綦曰[1]："自吾闻子之言，一年而野[2]，二年而从[3]，三年而通[4]，四年而物[5]，五年而来[6]，六年而鬼入[7]，七年而天成[8]，八年而不知死，不知生[9]，九年而大妙[10]。

[注释]

[1] 东郭子綦：居在郭东，号曰东郭，犹是《齐物论》篇中南郭子綦。 [2] 野：质朴。 [3] 从：从顺，不自执。 [4] 通：通达，不受拘束。 [5] 物：与物同，即顺物而化。 [6] 来：万物来集的意思，指众人来依归。 [7] 鬼入：神会理物。 [8] 天成：

自然成功。 [9] 不知死，不知生：不觉死生聚散之异。 [10] 大妙：大道玄妙的境界。

“生有为[1]，死也。劝公[2]，以其死也，有自也；而生阳也，无自也。而果然乎？恶乎其所适？恶乎其所不适？天有历数[3]，地有人据[4]，吾恶乎求之？莫知其所终，若之何其无命也？莫知其所始，若之何其有命也？有以相应也，若之何其无鬼邪？无以相应也，若之何其有鬼邪？”

[注释]

[1] 以下两句是说，生而有为则丧其生，即人生妄为，便走向死路。 [2] 劝公：设为劝人之语。 [3] 历数：寒暑春秋。 [4] 人据：人物依据，以人所据而分国邑。

众罔两问于景曰[1]：“若向也俯而今也仰[2]，向也括［撮］而今也被发[3]，向也坐而今也起，向也行而今也止，何也？”

罔两有待影子，影子有待形体，形体势必也要有待什么。说明只有领悟大道，才能无所依赖，逍遥于绝对自由的境界。

景曰：“搜搜也[4]，奚稍问也[5]！予有而不知其所以[6]。予，蜩甲也[7]，蛇蜕也，似之而非也[8]。火与日[9]，吾屯也；阴与夜，吾代也[10]。彼吾所以有待邪[11]？而况乎以［无］有待者乎[12]！彼来则我与之来，彼往则我与之往，彼强阳则我与之强阳。强阳者又何以有问乎！”

［注释］

[1] 众：无义，当为衍文。罔两问于景：参见《齐物论》“罔两问景”。 [2] 若：你。向：从前。 [3] 括撮：谓括发，束结头发。撮，束发。被：同“披”。 [4] 搜搜：区区之意。 [5] 奚稍问：何必要问这些小问题。稍，同“肖”，小。 [6] 予有而不知其所以：我活动却不知为什么这样。有，读为“为”。 [7] 以下两句是说，蝉蜕皮，蛇脱皮。也，训“耶”或“邪”。 [8] 似之而非也：指影子和蜩甲、蛇蜕看起来相似，其实不然。 [9] 以下两句是说，火光和阳光出现，我就显现。屯，聚。 [10] 代：谢，消失，隐息之意。 [11] 彼吾所以有待邪：影之所待者日火阴夜。彼，指火与日。 [12] 而况乎以无有待者乎：何况那些无所依待的东西呢！

阳子居南之沛[1]，老聃西游于秦[2]，邀于郊，至于梁而遇老子[3]。老子中道仰天而叹曰：“始以汝为可教，今不可也。”

阳子居不答。至舍[4]，进盥漱巾栉[5]，脱履户外，膝行而前曰：“向者弟子欲请夫子，夫子行不闲，是以不敢。今闲矣，请问其过。”

老子曰：“而睢睢盱盱[6]，而谁与居[7]？大白若辱，盛德若不足。”

阳子居蹴然变容曰：“敬闻命矣！”

其往也，舍者迎将[8]，其家公执席[9]，妻执巾栉，舍者避席[10]，炀者避灶[11]。其反也，舍者与之争席矣。

[注释]

[1] 沛：今江苏沛县。 [2] 秦：国名，今陕西。 [3] 梁：在今河南开封一带。 [4] 舍：旅舍。 [5] 盥（guàn）漱巾栉：洗脸、漱口和毛巾、梳子等梳洗用品。 [6] 睢（huī）睢盱（xū）盱：傲视貌。睢，仰目。盱，张目。 [7] 而谁与居：谁要和你相处。 [8] 迎将：迎送。 [9] 家公：指旅舍主人。 [10] 舍者：先坐之人。 [11] 炀：烤火。

[篇末评]

本篇取篇首二字为篇名。第一段说明了《庄子》这本书的表达方式，说明“寓言”“重言”“卮言”含义及所占的比例，进而说明为什么要使用这些方式。这段相当于本书的文体说明，也有人认为是《庄子》的凡例。罔两问景一段则与《齐物论》稍有异同，阐述了“无待”的思想。

让　王

尧以天下让许由，许由不受。又让于子州支父[1]，子州支父曰："以我为天子，犹之可也。虽然，我适有幽忧之病[2]，方且治之，未暇治天下也。"夫天下至重也，而不以害其生，又况他物乎！唯无以天下为者，可以托天下也。

舜让天下于子州支伯[3]。子州支伯曰："予适有幽忧之病，方且治之，未暇治天下也。"故天下大器也，而不以易生，此有道者之所以异乎俗者也。

舜以天下让善卷[4]，善卷曰："余立于宇宙之中，冬日衣皮毛，夏日衣葛絺[5]；春耕种，形足以劳动；秋收敛，身足以休食；日出而作，日入而息，逍遥于天地之间而心意自得。吾何以天下为哉！悲夫，子之不知余也！”遂不受。于是去而入深山，莫知其处。

舜以天下让其友石户之农[6]，石户之农曰：“卷卷乎后之为人[7]，葆力之士也[8]！”以舜之德为未至也，于是夫负妻戴，携子以入于海，终身不反也。

［注释］

[1]子州支父：姓子，名州，字支父，怀道之人，隐者。 [2]幽忧之病：暗疾。幽，深，谓其病深固。 [3]支伯：犹支父。 [4]善卷：姓善，名卷，隐者。 [5]葛：多年生的蔓草，茎纤维可织布，这里指粗布。絺（chī）：细的葛布。 [6]石户：地名。农：农民。 [7]卷（quán）卷：用力貌，自劳之貌。后：君主，这里指舜。 [8]葆力：勤苦用力。

大王亶父居邠[1]，狄人攻之[2]；事之以皮帛而不受，事之以犬马而不受，事之以珠玉而不受，狄人之所求者土地也。大王亶父曰：“与人之兄居而杀其弟，与人之父居而杀其子，吾不忍也。子皆勉居矣！为吾臣与为狄人臣奚以异！

且吾闻之，不以所用养害所养[3]。”因杖筴而去之[4]。民相连而从之，遂成国于岐山之下[5]。夫大王亶父，可谓能尊生矣。能尊生者，虽贵富不以养伤身，虽贫贱不以利累形。今世之人居高官尊爵者，皆重失之，见利轻亡其身，岂不惑哉！

[注释]

[1] 大王亶父：周朝的始祖，王季的父亲，文王的祖父。邠：今陕西旬邑。 [2] 狄人：猃狁，秦汉称为匈奴。 [3] 不以所用养害所养：意指本用地以养人，今杀人以存地，故不可。用养，土地。所养，百姓。 [4] 筴：同“策”，拐杖。 [5] 岐山：山名，在今陕西岐山。

越人三世弑其君，王子搜患之[1]，逃乎丹穴[2]。而越国无君，求王子搜不得，从之丹穴。王子搜不肯出，越人薰之以艾。乘以王舆。王子搜援绥登车[3]，仰天而呼曰：“君乎君乎！独不可以舍我乎！”王子搜非恶为君也，恶为君之患也。若王子搜者，可谓不以国伤生矣，此固越人之所欲得为君也。

［注释］

[1] 搜：王子名。　[2] 丹穴：洞窟名。　[3] 援：同“引”。绥：车上绳。

韩魏相与争侵地。子华子见昭僖侯[1]，昭僖侯有忧色。子华子曰：“今使天下书铭于君之前，书之言曰：‘左手攫之则右手废[2]，右手攫之则左手废，然而攫之者必有天下。’君能攫之乎？”

昭僖侯曰：“寡人不攫也。”

子华子曰：“甚善！自是观之，两臂重于天下也，身亦重于两臂。韩之轻于天下亦远矣，今之所争者，其轻于韩又远。君固愁身伤生以忧戚不得也！”

僖侯曰：“善哉！教寡人者众矣，未尝得闻此言也。”子华子可谓知轻重矣。

［注释］

[1] 子华子：魏国贤人。昭僖侯：即韩国昭侯。　[2] 攫：夺。

鲁君闻颜阖得道之人也[1]，使人以币先焉[2]。颜阖守陋闾[3]，苴布之衣而自饭牛[4]。鲁君之使者至，颜阖自对之。使者曰："此颜阖之家与？"颜阖对曰："此阖之家也。"使者致币，颜阖对曰："恐听者谬而遗使者罪，不若审之。"使者还，反审之，复来求之，则不得已。故若颜阖者，真恶富贵也。

故曰，道之真以治身[5]，其绪余以为国家[6]，其土苴以治天下[7]。由此观之，帝王之功，圣人之余事也，非所以完身养生也。今世俗之君子，多危身弃生以殉物，岂不悲哉！凡圣人之动作也，必察其所以之与其所以为[8]。今且有人于此，以随侯之珠弹千仞之雀[9]，世必笑之。是何也？则其所用者重而所要者轻也。夫生者，岂特随侯之重哉[10]！

［注释］

[1] 鲁君：鲁哀公。 [2] 币：币帛。先：先表明敬意。 [3] 陋闾：陋巷。 [4] 苴（jū）布：粗麻布。饭牛：饲牛。 [5] 道之真：道的精华。 [6] 绪余：残余。 [7] 土苴：糟粕，与土芥同义。土，粪。苴，草。 [8] 所以之：所以往，所追求的目的。之，往。所以为：所以这样做的原因。 [9] 随侯之珠：古代名珠。随国近濮水，濮水出宝珠。 [10] 随侯之重：即指"随侯之珠重"，脱一"珠"字。

[点评]

治身与治国是道家思想中的重要组成部分，“道之真以治身，其绪余以为国家”，主要在于阐发重生的思想。

子列子穷，容貌有饥色。客有言之于郑子阳者曰[1]：“列御寇，盖有道之士也，居君之国而穷，君无乃为不好士乎？”郑子阳即令官遗之粟。子列子见使者，再拜而辞。使者去，子列子入，其妻望之而拊心曰[2]：“妾闻为有道者之妻子，皆得佚乐，今有饥色。君过而遗先生食[3]，先生不受，岂不命邪！”子列子笑谓之曰：“君非自知我也。以人之言而遗我粟，至其罪我也又且以人之言，此吾所以不受也。”其卒，民果作难而杀子阳。

[注释]

[1]子阳：郑相。 [2]其妻望之而拊心：其妻埋怨他所以抚心。望，埋怨。拊，抚。 [3]过：看望，慰问。

楚昭王失国[1]，屠羊说走而从于昭王[2]。昭王反国，将赏从者，及屠羊说[3]。屠羊说曰：“大王失国，说失屠羊；大王反国，说亦反屠羊。臣之爵禄已复矣，又何赏之有！”

王曰：“强之！”

屠羊说曰：“大王失国，非臣之罪，故不敢伏其诛；大王反国，非臣之功，故不敢当其赏。”

王曰：“见之[4]！”

屠羊说曰：“楚国之法，必有重赏大功而后得见，今臣之知不足以存国而勇不足以死寇。吴军入郢，说畏难而避寇，非故随大王也[5]。今大王欲废法毁约而见说[6]，此非臣之所以闻于天下也。”

王谓司马子綦曰[7]：“屠羊说居处卑贱而陈义甚高，子綦为我延之以三旌之位[8]。”

屠羊说曰：“夫三旌之位，吾知其贵于屠羊之肆也[9]；万钟之禄，吾知其富于屠羊之利也；然岂可以贪爵禄而使吾君有妄施之名乎！说不敢当，愿复反吾屠羊之肆。”遂不受也。

[注释]

[1] 楚昭王：名轸，楚平王之子。失国：丧失国家。 [2] 屠羊说（yuè）：屠羊者，名说，因从事屠羊之业，故名。走：逃。 [3] 及：赏到。 [4] 见之：召见他。 [5] 故：有心。 [6] 约：

军律。[7] 司马子綦：楚国将军。[8] 延：请。三旌之位：三公之位，车服皆有旌别。[9] 肆：市场，引申为屠羊之业。

原宪居鲁[1]，环堵之室[2]，茨以生草[3]；蓬户不完[4]，桑以为枢[5]；而瓮牖二室[6]，褐以为塞；上漏下湿，匡坐而弦[7]。

子贡乘大马[8]，中绀而表素，轩车不容巷[9]，往见原宪。原宪华冠縰履[10]，杖藜而应门[11]。

子贡曰："嘻！先生何病？"

原宪应之曰："宪闻之，无财谓之贫，学而不能行谓之病。今宪，贫也，非病也。"子贡逡巡而有愧色。

原宪笑曰："夫希世而行[12]，比周而友，学以为人，教以为己，仁义之慝[13]，舆马之饰，宪不忍为也。"

［注释］

[1] 原宪：孔子弟子，姓原，名思，字宪。[2] 环堵之室：方丈大的小屋。亦见《庚桑楚》。[3] 茨：以草盖房。生草：谓新生未干之草。[4] 蓬户：织蓬为户。[5] 桑以为枢：屈桑条为户枢。[6] 瓮牖二室：破瓮为牖，分为二室。[7] 匡坐：正坐。[8] 以下两句即《论语·雍也》篇："乘肥马，衣轻裘。"指

豪奢生活。中绀而表素，一说指车盖。一说指衣着。按：当指后者，形容内外服饰之美。绀，深青赤色。表素，以白色为外衣。 [9] 轩车不容巷：车马高大，故巷道不容。 [10] 华冠：有数解。一作"以华木皮为冠"。一作"华山冠"。一解为冠敝而分裂。姑从后说。縰履：没有后跟的鞋。 [11] 杖藜：以藜为杖。杖，作动词用，谓持藜杖而行。藜，草属，茎可为杖。 [12] 希世而行：趋世而行。 [13] 仁义之慝（tè）：谓依托仁义为奸恶。

曾子居卫，缊袍无表[1]，颜色肿哙[2]，手足胼胝。三日不举火，十年不制衣，正冠而缨绝[3]，捉衿而肘见，纳屦而踵决[4]。曳縰而歌《商颂》[5]，声满天地，若出金石。天子不得臣，诸侯不得友。故养志者忘形，养形者忘利，致道者忘心矣。

"天子不得臣，诸侯不得友"，得道之人有独特的志操，"致道者忘心"。这种不趋炎附势的高贵品格，就像嵇康那样远迈不群、风格清峻，成为后代具有抗争精神的知识分子的典范。

[注释]

[1] 缊袍：谓麻缊为絮，今之絮衣。无表：没有表层，指衣服表层破烂。 [2] 肿哙：虚浮，浮肿。 [3] 正冠而缨绝：扶正帽子而帽带断了。 [4] 踵决：鞋的后跟掉了。 [5] 曳縰：扶曳而行。

孔子谓颜回曰："回，来！家贫居卑，胡不仕乎？"

颜回对曰："不愿仕。回有郭外之田五十亩[1]，足以给飦粥[2]；郭内之田十亩[3]，足以为丝麻；鼓琴足以自娱，所学夫子之道者足以自乐也。回不愿仕。”

孔子愀然变容曰：“善哉回之意！丘闻之：‘知足者不以利自累也[4]，审自得者失之而不惧，行修于内者无位而不怍。’丘诵之久矣，今于回而后见之，是丘之得也。”

“内修”的概念即出自“行修于内者无位而不怍”。

［注释］

[1] 郭外：城郭之外。　[2] 飦（zhān）粥：薄粥。飦，当指稀薄之粥。　[3] 郭内：城郭之内。　[4] 以下三句是说，知足的人不因利禄累害自己，心意自得的人遇到损失也不忧惧，修养内心的人没有爵位而不羞愧。

中山公子牟谓瞻子曰[1]：“身在江海之上，心居乎魏阙之下[2]，奈何？”

瞻子曰：“重生。重生则利轻。”

中山公子牟曰：“虽知之，未能自胜也。”

瞻子曰：“不能自胜则从，神无恶乎？不能自胜而强不从者[3]，此之谓重伤。重伤之人，无寿类矣。”

魏牟，万乘之公子也，其隐岩穴也，难为于

布衣之士；虽未至乎道，可谓有其意矣。

［注释］

[1] 中山公子牟：魏国公子，名牟，封于中山，与《秋水》中与公孙龙问答的魏牟是同一人。瞻子：即詹子。 [2] 魏阙：宫殿之门，荣华富贵的象征。 [3] 以下两句是说，不能把握自己而又强制不顺应，这就双重损伤。重伤，再伤。

［点评］

“身在江海之上，心居乎魏阙之下”与《则阳》篇陆沉者相通，虽然不在其位，但内心对国政大事仍有相当的关怀。《大宗师》“游方之外”，可谓身在江海；“游方之内”可谓心居魏阙。郭象《庄子注》以为“游外以弘内”“游外冥内”，身任自然而心不违名教，以此打通山林和庙堂的界限。他的观点与嵇康“越名教而任自然”的态度根本对立。

孔子穷于陈蔡之间，七日不火食，藜羹不糁[1]，颜色甚惫，而弦歌于室。颜回择菜，子路子贡相与言曰：“夫子再逐于鲁，削迹于卫，伐树于宋，穷于商周，围于陈蔡，杀夫子者无罪，藉夫子者无禁[2]。弦歌鼓琴，未尝绝音，君子之无耻也若此乎？”

颜回无以应，入告孔子。孔子推琴喟然而叹曰："由与赐，细人也[3]。召而来，吾语之。"

子路子贡入。子路曰："如此者可谓穷矣！"

孔子曰："是何言也！君子通于道之谓通，穷于道之谓穷。今丘抱仁义之道以遭乱世之患，其何穷之为[4]！故内省而不穷于道，临难而不失其德，天寒既至，霜雪既降，吾是以知松柏之茂也。陈蔡之隘[5]，于丘其幸乎！"

孔子削然反琴而弦歌[6]，子路扢然执干而舞[7]。子贡曰："吾不知天之高也，地之下也。"

古之得道者，穷亦乐，通亦乐。所乐非穷通也，道德于此[8]，则穷通为寒暑风雨之序矣。故许由娱于颍阳而共伯得乎共首[9]。

[注释]

[1] 藜羹不糁：藜菜之羹，不加米糁，即藜菜羹汤中无米粒。糁，米粒。 [2] 藉：一说为凌藉，凌辱之意。一说为系，系缚之意。 [3] 细人：细碎之人，即小人。 [4] 为：犹"谓"，古"谓""为"二字义通。 [5] 隘（è）：同"厄"，困厄。 [6] 削然：各家解释不一。其一，取琴声。其二，潇洒之意。其三，孤傲貌，危坐孤峭之貌。其四，"削"当为"列"。其五，即悄然，喻其安详轻静之态。反琴：再取琴而弹，复鼓琴。 [7] 扢然：跃然，奋

舞貌。 [8] 德：当作“得”。 [9] 颍阳：颍水之北。共伯：名和。共，国名，在今河南辉县附近。伯，爵位。

舜以天下让其友北人无择[1]，北人无择曰：“异哉后之为人也，居于畎亩之中而游尧之门[2]！不若是而已，又欲以其辱行漫我[3]。吾羞见之。”因自投清泠之渊[4]。

[**注释**]

[1] 北人无择：北方之人，名无择。 [2] 畎亩：田圃。畎，田间小沟。 [3] 辱行：秽德。漫：污。 [4] 清泠之渊：在南阳西崿县界。

汤将伐桀，因卞随而谋[1]，卞随曰：“非吾事也。”

汤曰：“孰可？”

曰：“吾不知也。”

汤又因瞀光而谋[2]，瞀光曰：“非吾事也。”

汤曰：“孰可？”

曰：“吾不知也。”

汤曰：“伊尹何如？”

曰：“强力忍垢[3]，吾不知其他也。”

汤遂与伊尹谋伐桀，克之，以让卞随。卞随辞曰："后之伐桀也谋乎我，必以我为贼也；胜桀而让我，必［以］我为贪也。吾生乎乱世，而无道之人再来漫我以其辱行，吾不忍数闻也。"乃自投（稠）［椆］水而死。

汤又让瞀光曰："知者谋之，武者遂之，仁者居之，古之道也。吾子胡不立乎？"

瞀光辞曰："废上，非义也；杀民，非仁也；人犯其难，我享其利，非廉也。吾闻之曰，非其义者，不受其禄，无道之世，不践其土。况尊我乎！吾不忍久见也。"乃负石而自沈于庐水[4]。

［注释］

[1] 卞随：姓卞，名随，隐者。 [2] 瞀光：姓瞀，名光，隐者。 [3] 强力忍垢：竭力忍辱。 [4] 庐水：在辽东西界。一说在北平郡界。

昔周之兴，有士二人处于孤竹[1]，曰伯夷叔齐。二人相谓曰："吾闻西方有人，似有道者，试往观焉。"至于岐阳[2]，武王闻之，使叔旦往见之[3]，与盟曰："加富二等[4]，就官一列[5]。"

血牲而埋之[6]。

二人相视而笑曰："嘻，异哉！此非吾所谓道也。昔者神农之有天下也，时祀尽敬而不祈喜[7]；其于人也，忠信尽治而无求焉。乐与政为政，乐与治为治，不以人之坏自成也，不以人之卑自高也，不以遭时自利也。今周见殷之乱而遽为政，上谋而下行货，阻兵而保威[8]，割牲而盟以为信，扬行以说众，杀伐以要利，是推乱以易暴也。吾闻古之士，遭治世不避其任，遇乱世不为苟存。今天下闇，(周)[殷]德衰，其并乎周以涂吾身也[9]，不如避之以絜吾行。"二子北至于首阳之山[10]，遂饿而死焉。若伯夷叔齐者，其于富贵也，苟可得已，则必不赖[11]。高节戾行[12]，独乐其志，不事于世，此二士之节也。

[注释]

[1]孤竹：在今河北迁安。 [2]岐阳：岐山之阳，即岐山之南，为周文王所都之地。 [3]叔旦：周公名旦，武王弟。 [4]加富二等：加禄二级。 [5]就官一列：任官一级。 [6]血牲而埋之：以牲血涂于盟书而埋藏。 [7]不祈喜：不求福。 [8]阻：依，与"恃"同义。 [9]涂：污。 [10]首阳之山：说法不一，《说文》谓在辽西，《水经注》说在河南，也有说在今山西。 [11]赖：

取。 [12] 戾行：意指与俗不和。戾，亢。

[篇末评]

“让王”就是辞让王位的意思。本篇由十五则寓言故事组成，借辞让王位写生命的可贵，阐述轻视利禄名位的思想，并以“随珠弹雀”来讽喻世俗君子轻身逐物的做法，重申“存身全生”的可贵。本篇有多段文字复见于《吕氏春秋》，内容近于杨朱、子华子的轻物重生思想。因本篇主旨境界与《庄子》内篇的主旨精神差异较大，因此苏轼等人认为本篇与《说剑》等篇“浅陋不入于道”，疑为伪作。然本篇却与庄派思想有相通之处，可能是庄子后学发挥杨朱“重生”思想所写。

盗 跖

孔子与柳下季为友[1]，柳下季之弟，名曰盗跖[2]。盗跖从卒九千人，横行天下，侵暴诸侯，穴室枢户[3]，驱人牛马，取人妇女，贪得忘亲，不顾父母兄弟，不祭先祖。所过之邑，大国守城，小国入保[4]，万民苦之。

孔子谓柳下季曰："夫为人父者，必能诏其子[5]；为人兄者，必能教其弟。若父不能诏其子，兄不能教其弟，则无贵父子兄弟之亲矣。今先生，世之才士也，弟为盗跖，为天下害，而弗能教也，丘窃为先生羞之。丘请为先生往说之。"

柳下季曰："先生言为人父者必能诏其子，

为人兄者必能教其弟，若子不听父之诏，弟不受兄之教，虽今先生之辩，将奈之何哉！且跖之为人也，心如涌泉，意如飘风，强足以距敌[6]，辩足以饰非[7]，顺其心则喜，逆其心则怒，易辱人以言[8]。先生必无往。”

［注释］

[1] 柳下季：即柳下惠，鲁国贤人。姓展，名获，字季禽。一说字子禽，居柳树之下，因以为号。一说“惠”是死后的谥名。《论语》之《卫灵公》和《微子》篇中孔子称赞柳下惠的贤能。 [2] 盗跖：大盗，名跖。 [3] 穴室枢户：即穿室探户。枢，当作“抠”，挖。 [4] 保：“堡”的古字，小城。 [5] 诏：教，教育。 [6] 距：同“拒”。 [7] 饰非：掩饰错误。 [8] 易辱人以言：即“易以言辱人”。易，轻易。

孔子不听，颜回为驭，子贡为右[1]，往见盗跖。盗跖乃方休卒徒大山之阳[2]，脍人肝而餔之[3]。孔子下车而前，见谒者曰[4]：“鲁人孔丘，闻将军高义，敬再拜谒者。”

谒者入通[5]，盗跖闻之大怒，目如明星，发上指冠，曰：“此夫鲁国之巧伪人孔丘非邪？为我告之：‘尔作言造语，妄称文武，冠枝木之冠[6]，带死牛之胁[7]，多辞缪说，不耕而食，不织而衣，摇唇鼓舌，擅生是非[8]，以迷天下之主，使天下学士不反其本[9]，妄作孝弟而儌倖于封侯富贵者也[10]。子之罪大极重[11]，疾走归[12]！不然，我将以子肝益昼铺之膳！’”

孔子复通曰：“丘得幸于季，愿望履幕下[13]。”

谒者复通，盗跖曰：“使来前！”

孔子趋而进，避席反走[14]，再拜盗跖。盗跖大怒，两展其足[15]，案剑瞋目，声如乳虎[16]，曰：“丘来前！若所言，顺吾意则生，逆吾心则死。”

孔子曰：“丘闻之，凡天下有三德：生而长大，美好无双，少长贵贱见而皆说之，此上德也；知维天地[17]，能辩诸物[18]，此中德也；勇悍果敢，聚众率兵，此下德也。凡人有此一德者，足以南面称孤矣。今将军兼此三者，身长八尺二寸，面目有光，唇如激丹[19]，齿如齐贝，音中黄钟[20]，而名曰盗跖，丘窃为将军耻不取焉。将军有意听臣，臣请南使吴越，北使齐鲁，东使宋卫，西使晋楚，使为将军造大城数百里，立数十万户之邑，尊将军为诸侯，与天下更始，罢兵休卒，收养昆弟，共祭先祖。此圣人才士之行，而天下之愿也。”

[注释]

[1] 右：指在车右边陪乘的人。 [2] 大山：即泰山。 [3] 餔(bū)：食。 [4] 谒者：指接待人员。 [5] 入通：进去通报。 [6] 冠：戴。枝木之冠：形容冠帽的华丽。 [7] 带死牛之胁：取牛皮为大革带。带，系。死牛之胁，死牛皮做的大革带。 [8] 擅：专。 [9] 反：同“返”。本：自然本性。 [10] 弟：同“悌”。 [11] 罪大极重：言罪大而诛重也。极，当作“殛”，诛。“极”“殛”古字通。 [12] 走：快速行走，跑。 [13] 愿望履幕下：希望到帐幕下，即希望谒见跖面谈。履，登。 [14] 避席：让开所到席位。反走：退行几步。 [15] 两展其足：伸两脚。 [16] 乳虎：哺乳的母虎。 [17] 知维天地：指知识包罗天地。 [18] 辩：通“辨”。 [19] 激丹：鲜明的朱砂。激，皦，明。 [20] 黄钟：古乐中音律的名称。

盗跖大怒曰：“丘来前！夫可规以利而可谏以言者[1]，皆愚陋恒民之谓耳。今长大美好，人见而悦之者，此吾父母之遗德也。丘虽不吾誉，吾独不自知邪？

“且吾闻之，好面誉人者，亦好背而毁之。

今丘告我以大城众民，是欲规我以利而恒民畜我也，安可久长也！城之大者，莫大乎天下矣。尧舜有天下，子孙无置锥之地；汤武立为天子，而后世绝灭；非以其利大故邪？

“且吾闻之，古者禽兽多而人少，于是民皆巢居以避之，昼拾橡栗，暮栖木上，故命之曰有巢氏之民。古者民不知衣服，夏多积薪，冬则炀之，故命之曰知生之民。神农之世，卧则居居[2]，起则于于[3]，民知其母，不知其父，与麋鹿共处，耕而食，织而衣，无有相害之心，此至德之隆也。然而黄帝不能致德，与蚩尤战于涿鹿之野，流血百里。尧舜作，立群臣，汤放其主，武王杀纣。自是之后，以强陵弱，以众暴寡。汤武以来，皆乱人之徒也。

“今子修文武之道，掌天下之辩，以教后世，缝衣浅带[4]，矫言伪行，以迷惑天下之主，而欲求富贵焉，盗莫大于子。天下何故不谓子为盗丘，而乃谓我为盗跖？

“子以甘辞说子路而使从之，使子路去其危冠[5]，解其长剑，而受教于子，天下皆曰孔丘能止暴禁非。其卒之也，子路欲杀卫君而事不成[6]，身菹于卫东门之上[7]，是子教之不至也。

“子自谓才士圣人邪？则再逐于鲁，削迹于卫，穷于齐，围于陈蔡，不容身于天下。子教子路菹此患，上无以为身，下无以为人，子之道岂足贵邪？

“世之所高，莫若黄帝，黄帝尚不能全德，而战涿鹿之野，流血百里。尧不慈[8]，舜不孝[9]，禹偏枯[10]，汤放其主，武王伐纣，文王拘羑里。此六子者，世之所高也，孰论之，皆以利惑其真而强反其情性，其行乃甚可羞也。

“世之所谓贤士，伯夷叔齐。伯夷叔齐辞孤竹之君而饿死于首阳之山，骨肉不葬。鲍焦饰行非世[11]，抱木而死。申徒狄谏而不听[12]，负石自投于河，为鱼鳖所食。介子推至忠也[13]，自割其股以食文公，文公后背之，子推怒而去，抱木而燔死。尾生与女子期于梁下[14]，女子不来，水至不去，抱梁柱而死。此六子者，无异于磔犬流豕操瓢而乞者[15]，皆离名轻死[16]，不念本养寿命者也。

“世之所谓忠臣者，莫若王子比干伍子胥。子胥沈江，比干剖心，此二子者，世谓忠臣也，然卒为天下笑。自上观之，至于子胥比干，皆不足贵也。

“丘之所以说我者，若告我以鬼事，则我不能知也；若告我以人事者，不过此矣，皆吾所闻知也。

“今吾告子以人之情，目欲视色，耳欲听声，口欲察味，志气欲盈[17]。人上寿百岁，中寿八十，下寿六十，除病瘦死丧忧患，其中开口而笑者，一月之中不过四五日而已矣。天与地无穷，人死者有时，操有时之具而托于无穷之间，忽然无异骐骥之驰过隙也。不能说其志意，养其寿命者，皆非通道者也。

“丘之所言，皆吾之所弃也，亟去走归，无复言之！子之道，狂狂汲汲[18]，诈巧虚伪事也，非可以全真也，奚足论哉！”

孔子再拜趋走，出门上车，执辔三失[19]，目芒然无见，色若死灰，据轼低头[20]，不能出气。归到鲁东门外，适遇柳下季。柳下季曰：

"今者阙然数日不见，车马有行色，得微往见跖邪[21]？"

孔子仰天而叹曰："然。"

柳下季曰："跖得无逆汝意若前乎[22]？"

孔子曰："然。丘所谓无病而自灸也，疾走料虎头[23]，编虎须[24]，几不免虎口哉！"

［注释］

[1]规：劝告。 [2]居居：安静之容。 [3]于于：自得之貌。 [4]缝衣：宽大衣服。 [5]危冠：高冠。 [6]卫君：卫庄公，名蒯聩。 [7]菹（zū）：古时一种酷烈的刑法叫菹醢（hǎi），把受刑者剁成肉酱。 [8]尧不慈：指尧杀长子丹朱。 [9]舜不孝：指舜放逐其父瞽瞍。 [10]偏枯：指半身不遂。 [11]鲍焦：姓鲍，名焦，周时隐者。 [12]申徒狄：殷商时贤人。亦见《大宗师》《外物》。 [13]介子推：晋文公的忠臣。 [14]尾生：《战国策》作尾生高，高诱以为鲁人。 [15]磔（zhé）犬：被屠宰的狗。磔，分裂牲畜的肢体以作祭祀。流豕：当为"沉豕"（孙诒让说），即沉河的猪。古时以猪为牺牲献祭河神。 [16]离名：重名。 [17]欲盈：求满足。 [18]狂狂汲汲：营求奔竞的样子。 [19]执辔三失：手上拿的马缰绳掉落了三次，形容孔子的紧张失神。 [20]轼：车前横木。 [21]微：同"无"。 [22]若前乎：意指如先前所说的。 [23]料：同"撩"。 [24]编：借为"编"，抚。

［点评］

以上段落中，作者立场鲜明地抨击儒者，批评尧舜之后的上层政治是“以强陵弱，以众暴寡”，汤武以来皆“乱人之徒”，文义虽失之偏颇，但字里行间有值得深思的地方。有权势的统治阶层往往表现出“以利惑其真而强反其情性”，为名为利而残命伤性、变情易性的事例层出不穷。

子张问于满苟得曰[1]：“盍不为行？无行则不信，不信则不任，不任则不利。故观之名，计之利，而义真是也。若弃名利，反之于心[2]，则夫士之为行，不可一日不为乎！”

满苟得曰：“无耻者富，多信者显[3]。夫名利之大者，几在无耻而信。故观之名，计之利，而信真是也。若弃名利，反之于心，则夫士之为行，抱其天乎！”

子张曰：“昔者桀纣贵为天子，富有天下，今谓臧聚曰[4]，汝行如桀纣，则有怍色，有不服之心者，小人所贱也。仲尼墨翟，穷为匹夫，今谓宰相曰，子行如仲尼墨翟，则变容易色称不足者，士诚贵也。故势为天子，未必贵也；穷为匹夫，未必贱也；贵贱之分，在行之美恶。”

满苟得曰："小盗者拘[5]，大盗者为诸侯，诸侯之门，义士存焉。昔者桓公小白杀兄入嫂而管仲为臣，田成子常杀君窃国而孔子受币。论则贱之[6]，行则下之，则是言行之情悖战于胸中也，不亦拂乎！故《书》曰：'孰恶孰美？成者为首，不成者为尾。'"

子张曰："子不为行，即将疏戚无伦，贵贱无义，长幼无序；五纪六位[7]，将何以为别乎？"

满苟得曰："尧杀长子，舜流母弟[8]，疏戚有伦乎？汤放桀，武王杀纣，贵贱有义乎？王季为适[9]，周公杀兄，长幼有序乎？儒者伪辞，墨者兼爱，五纪六位将有别乎？

"且子正为名，我正为利。名利之实，不顺于理，不监于道[10]。吾日与子讼于无约曰[11]：'小人殉财，君子殉名。其所以变其情，易其性，则异矣；乃至于弃其所为而殉其所不为，则一也。'故曰，无为小人，反殉而天[12]；无为君子，从天之理。若枉若直[13]，相而天极[14]；面观四方[15]，与时消息。若是若非，执而圆机[16]；独成而意，与道徘徊。无转而行[17]，无成而义，

"无为小人，反殉而天"至"独成而意，与道徘徊"很有哲理性，意思是说：不要从事小人所追逐的，反求你自己的本性；不要从事君子所追逐的，顺从自然的道理。是曲是直，听任自然；观照四方，掌握时序而变化。或是或非，执守你的环中；独立完成你的本意，和道共游。

将失而所为[18]。无赴而富，无殉而成，将弃而天。

“比干剖心，子胥抉眼，忠之祸也；直躬证父[19]，尾生溺死，信之患也；鲍子立干[20]，申子不自理，廉之害也；孔子不见母[21]，匡子不见父[22]，义之失也。此上世之所传，下世之所语，以为士者正其言，必其行，故服其殃，离其患也[23]。”

[注释]

[1] 子张：孔子的弟子。姓颛孙，名师，字子张。满苟得：假托为姓名，曰苟且贪得以满其心，求利之人。 [2] 反之于心：即反省于心。 [3] 多信：多言。 [4] 臧聚：指奴隶马夫。 [5] 以下四句亦见于《胠箧》，不过《胠箧》篇“义士”作“仁义”。刘师培主张当据《胠箧》改之。 [6] 以下两句是说，孔子嘴里表示非议，行为又下屈于田成子，沐浴而朝，受其帛币，充分显示出言行的不一致。之，指田成子杀齐简公窃国。下，屈。 [7] 五纪：即五伦，指父子、君臣、夫妇、长幼、朋友的关系。六位：君、臣、父、子、夫、妇。 [8] 舜流母弟：指舜流放同母兄弟象。 [9] 适：同“嫡”。 [10] 监：明，见。 [11] 日：犹“昔”。讼：争论。无约：寓托的人名，意指不受名利所约束。 [12] 反殉而天：意指反求自己的自然之道。 [13] 枉、直：曲直，即是非之意。 [14] 相而天极：顺自然之道。相，助。 [15] 以下两句是说，观照四方，随着时序而变化。 [16] 圆机：环中。 [17] 无转（zhuān）而行：不要固执你的行为。 [18] 所为：真性。 [19] 直躬证父：爽直

的儿子证实父亲偷羊。直躬，直身而行，即是行直道的意思，这里作人名。事出《论语·子路》，叶公语孔子曰："吾党有直躬者，其父攘羊而子证之。" [20] 鲍子立干：即上文盗跖所说的"鲍焦抱木而死"。干，干枯，即立而绝食枯干以死。 [21] 孔子不见母：孔子历国应聘，其母临终，孔子不见。 [22] 匡子：姓匡，名章，齐国人。 [23] 离：同"罹"。

无足问于知和曰[1]："人卒未有不兴名就利者。彼富则人归之，归则下之，下则贵之。夫见下贵者，所以长生安体乐意之道也。今子独无意焉，知不足邪，意知而力不能行邪，故推正不忘邪[2]？"

知和曰："今夫此人以为与己同时而生[3]，同乡而处者，以为夫绝俗过世之士焉；是专无主正[4]，所以览古今之时，是非之分也，与俗化。世去至重[5]，弃至尊[6]，以为其所为也；此其所以论长生安体乐意之道，不亦远乎！惨怛之疾[7]，恬愉之安，不监于体；怵惕之恐，欣欢之喜，不监于心；知为为而不知所以为，是以贵为天子，富有天下，而不免于患也。"

无足曰："夫富之于人，无所不利，穷美究

执，至人之所不得逮，贤人之所不能及，侠人之勇力而以为威强[8]，秉人之知谋以为明察，因人之德以为贤良，非享国而严若君父。且夫声色滋味权势之于人，心不待学而乐之，体不待象而安之[9]。夫欲恶避就[10]，固不待师，此人之性也。天下虽非我，孰能辞之！”

知和曰：“知者之为，故动以百姓[11]，不违其度，是以足而不争，无以为故不求。不足故求之，争四处而不自以为贪；有余故辞之，弃天下而不自以为廉。廉贪之实，非以迫外也[12]，反监之度。势为天子而不以贵骄人，富有天下而不以财戏人[13]。计其患，虑其反，以为害于性，故辞而不受也，非以要名誉也。尧舜为帝而雍[14]，非仁天下也，不以美害生也；善卷许由得帝而不受，非虚辞让也，不以事害己。此皆就其利，辞其害，而天下称贤焉，则可以有之，彼非以兴名誉也。”

无足曰：“必持其名，苦体绝甘，约养以持生[15]，则亦久病长阨而不死者也。”

知和曰：“平为福，有余为害者，物莫不

然，而财其甚者也。今富人，耳营钟鼓筦籥之声，口嗛于刍豢醪醴之味[16]，以感其意，遗忘其业，可谓乱矣；侅溺于冯气[17]，若负重行而上（也）[阪]，可谓苦矣；贪财而取慰[18]，贪权而取竭[19]，静居则溺[20]，体泽则冯[21]，可谓疾矣；为欲富就利，故满若堵耳而不知避[22]，且冯而不舍[23]，可谓辱矣；财积而无用，服膺而不舍[24]，满心戚醮[25]，求益而不止，可谓忧矣；内则疑劫请之贼[26]，外则畏寇盗之害，内周楼疏[27]，外不敢独行，可谓畏矣。此六者[28]，天下之至害也，皆遗忘而不知察[29]，及其患至，求尽性竭财，单以反一日之无故而不可得也[30]。故观之名则不见，求之利则不得，缭意体而争此[31]，不亦惑乎！”

［**注释**］

[1]无足：不知足。知和：知和适，这里寓托为人名。 [2]故：同“固”，一味地。推正：推求正道。 [3]此人：即上文所说兴名就利之人。 [4]专无主正：意指内心没有指导的原则。主正，基准、主体之意。 [5]至重：指生命。 [6]至尊：道，即自己的本性。 [7]惨怛：悲痛。 [8]侠人之勇力：即夹持人的勇力。侠，当为“夹”。 [9]象：法象、规范。 [10]欲恶避就：指欲望、

憎恶、避免、趋就。 [11] 动以百姓：以百姓心为心。 [12] 以下两句是说，不是由于外物的影响，而是由于各人内心的禀性不同。 [13] 戏：或借为“诩”。 [14] 雍：疑当为“推”，形近而误。 [15] 约养：意指过着质素的衣食生活。 [16] 嗛：称适，快意。 [17] 侅（gāi）溺：犹言沉溺之深。冯气：盛气。 [18] 取慰：一说取病。一说取怨。 [19] 取竭：消耗精力。 [20] 静居则溺：闲居则沉溺于嗜欲。 [21] 体泽则冯：身体充盈则意态骄满。 [22] 满若堵耳而不知避：意指积财高于墙而不知足。 [23] 冯而不舍：贪求不舍。 [24] 服膺而不舍：念念不忘，即上文“冯而不舍”之义。服膺，固守之意。 [25] 戚醮：烦恼。 [26] 内则疑劫请之贼：在家里就担心小偷窃贼。 [27] 内周楼疏：指建楼墙以严防盗贼。疏，窗。 [28] 六者：谓乱、苦、疾、辱、忧、畏。 [29] 皆遗忘而不知察：意指皆失检点而不自觉。 [30] 单：独、但。 [31] 缭意体：缠缚其身心。缭，缠绕。

[篇末评]

本篇由三个部分组成，主要借盗跖评孔子的对话，因取“盗跖”为篇名。全篇主旨在于抨击儒家礼教规范、伦常思想及俗儒富贵显达的观念，主张轻利全真，尊重自然的情性，不能耽于声色之乐，当有更重要的东西，当追求更崇高的理想。

说　剑

昔赵文王喜剑[1]，剑士夹门而客三千余人[2]，日夜相击于前，死伤者岁百余人，好之不厌。如是三年，国衰，诸侯谋之[3]。太子悝患之[4]，募左右曰："孰能说王之意止剑士者[5]，赐之千金。"左右曰："庄子当能。"太子乃使人以千金奉庄子。庄子弗受，与使者俱，往见太子曰："太子何以教周，赐周千金？"

太子曰："闻夫子明圣，谨奉千金以币从者[6]。夫子弗受，悝尚何敢言！"

庄子曰："闻太子所欲用周者，欲绝王之喜好也。使臣上说大王而逆王意，下不当太子[7]，则身刑而死，周尚安所事金乎[8]？使臣上说大王，下当太子，赵国何求而不得也！”

太子曰：“然。吾王所见，唯剑士也。”

庄子曰：“诺。周善为剑。”

太子曰：“然吾王所见剑士，皆蓬头突鬓垂冠[9]，曼胡之缨[10]，短后之衣，瞋目而语难[11]，王乃说之。今夫子必儒服而见王，事必大逆。”

庄子曰：“请治剑服。”治剑服三日，乃见太子。太子乃与见王，王脱白刃待之[12]。庄子入殿门不趋，见王不拜。王曰：“子欲何以教寡人，使太子先[13]？”

曰：“臣闻大王喜剑，故以剑见王。”

王曰：“子之剑何能禁制[14]？”

曰：“臣之剑，十步一人，千里不留行。”

王大悦之，曰：“天下无敌矣！”

庄子曰：“夫为剑者，示之以虚，开之以利[15]，后之以发，先之以至。愿得试之。”

王曰：“夫子休就舍，待命令设戏请夫子[16]。”

王乃校剑士七日[17]，死伤者六十余人，得

李白《侠客行》“十步杀一人，千里不留行”，就是运用这里的成句，形容所向无敌，行千里而不受阻隔。亦如《德充符》“勇士一人，雄入于九军”。

五六人，使奉剑于殿下，乃召庄子。王曰：“今日试使士敦剑[18]。”

庄子曰：“望之久矣。”

王曰：“夫子所御杖[19]，长短何如？”

曰：“臣之所奉皆可。然臣有三剑，唯王所用，请先言而后试。”

王曰：“愿闻三剑。”

曰：“有天子剑，有诸侯剑，有庶人剑。”

[注释]

[1] 赵文王：即赵惠文王，名何，赵武灵王之子。 [2] 夹门：拥门，聚于门。 [3] 谋之：图谋攻打它。 [4] 太子悝（kuī）：虚构的赵文王之子。 [5] 说：同“悦”。 [6] 币：赠。从者：指仆从。 [7] 不当：不符合。 [8] 事：使用。 [9] 突鬓：鬓毛突出。垂冠：低垂帽子，做出要斗的样子。 [10] 曼胡之缨：粗实的冠缨。曼胡，坚固之意。曼，通“缦”，粗布无纹理。 [11] 语难：一说语言困难。一说语言相诘难。当从后说。 [12] 脱白刃：把雪白的利剑拔出来。 [13] 先：指先作介绍。 [14] 禁制：指禁暴止敌。 [15] 开之以利：显示人以可乘之机。 [16] 待命令设戏：等我安排击剑比赛。设，安排。戏，比赛武术之会。“令”为衍字。 [17] 校：同“较”，指较量剑术以决胜负。 [18] 敦剑：即治剑之意，亦即两相比较之意。敦，借为“对”，比。 [19] 御：用，持。杖：指剑。

王曰："天子之剑何如？"

曰："天子之剑，以燕谿石城为锋[1]，齐岱为锷[2]，晋魏为脊[3]，周宋为镡[4]，韩魏为夹[5]；包以四夷，裹以四时；绕以渤海，带以常山；制以五行，论以刑德；开以阴阳，持以春夏，行以秋冬。此剑，直之无前，举之无上，案之无下，运之无旁，上决浮云，下绝地纪[6]。此剑一用，匡诸侯，天下服矣。此天子之剑也。"

文王芒然自失，曰："诸侯之剑何如？"

曰："诸侯之剑，以知勇士为锋，以清廉士为锷，以贤良士为脊，以忠圣士为镡，以豪桀士为夹。此剑，直之亦无前，举之亦无上，案之亦无下，运之亦无旁；上法圆天以顺三光[7]，下法方地以顺四时，中和民意以安四乡[8]。此剑一用，如雷霆之震也，四封之内，无不宾服而听从君命者矣。此诸侯之剑也。"

王曰："庶人之剑何如？"

曰："庶人之剑，蓬头突鬓垂冠，曼胡之缨，短后之衣，瞋目而语难。相击于前，上斩颈领，下决肝肺。此庶人之剑，无异于斗鸡，一旦命已绝矣，无所用于国事。今大王有天子之位而好庶人之剑，臣窃为大王薄之[9]。”

王乃牵而上殿，宰人上食[10]，王三环之[11]。庄子曰：“大王安坐定气，剑事已毕奏矣。”于是文王不出宫三月，剑士皆服毙其处也[12]。

[注释]

[1]燕谿：地名，在燕国。石城：在塞外。锋：指剑端。 [2]齐岱：齐国岱山，即泰山。锷：剑刃。 [3]脊：剑背。 [4]镡：剑口。 [5]夹：剑把。 [6]地纪：地基。纪，借为“基”。 [7]三光：指日、月、星三者。 [8]四乡：即四向，同四方。 [9]薄：鄙视。 [10]宰人：负责国君膳食的官。 [11]三环之：绕了三圈。 [12]服毙：自杀。服，借为“伏”。

[篇末评]

本篇写赵文王好剑，庄子以天子之剑、诸侯之剑、庶人之剑，说服他停止斗剑取乐，以国家为心。庄子宣扬上乘的剑道意在安四邻、匡诸侯、服天下。很多学者以为本篇疑为纵横家所作，明沈一贯说：“说剑一篇，全无意况，人非庄子人，学非庄子学，文非庄子文。”(《庄子通》）罗根泽谓：“这明是纵横家托之庄子而造出的故事，编《庄子》书的只见是庄子的事，遂拉来了。”(《诸子考索》)《胠箧》篇与《盗跖》篇一样不是出于庄子之手，却是庄子后学所作，仍属庄子学派的作品。《渔父》亦是庄派之作，《让王》可能是庄子后学所作，本篇则恐非庄子学派的作品。

渔 父

孔子游乎缁帷之林[1]，休坐乎杏坛之上[2]。弟子读书，孔子弦歌鼓琴，奏曲未半。有渔父者，下船而来，须眉交白[3]，被发揄袂[4]，行原以上[5]，距陆而止[6]，左手据膝，右手持颐以听。曲终而招子贡子路，二人俱对。

客指孔子曰："彼何为者也？"

子路对曰："鲁之君子也。"

客问其族[7]。子路对曰："族孔氏。"

客曰："孔氏者何治也？"

子路未应，子贡对曰："孔氏者[8]，性服忠信，身行仁义，饰礼乐，选人伦，上以忠于世主，下以化于齐民[9]，将以利天下。此孔氏之所治也。”

又问曰：“有土之君与？”

子贡曰：“非也。”

“侯王之佐与？”

子贡曰：“非也。”

客乃笑而还，行言曰：“仁则仁矣，恐不免其身；苦心劳形以危其真[10]。呜呼，远哉其分于道也[11]！”

子贡还，报孔子。孔子推琴而起曰：“其圣人与！”乃下求之，至于泽畔，方将杖拏而引其船[12]，顾见孔子，还乡而立[13]。孔子反走[14]，再拜而进。

客曰：“子将何求？”

孔子曰：“曩者先生有绪言而去[15]，丘不肖，未知所谓，窃待于下风[16]，幸闻咳唾之音以卒相丘也[17]！”

客曰：“嘻！甚矣子之好学也！”

孔子再拜而起曰：“丘少而修学，以至于今，六十九岁矣，无所得闻至教，敢不虚心！”

[注释]

[1] 缁帷之林：林木繁茂如同黑色的帷幕，也可视为虚拟地名。 [2] 杏坛：泽中高处。杏木多生高台，传说孔子聚徒讲学处。坛，高台。 [3] 交白：即皎白。 [4] 揄袂（mèi）：扬袖。 [5] 行原以上：溯水岸而上。 [6] 距：至。 [7] 族：姓氏。 [8] 以下五句是说，孔子性守忠信，实行仁义，修饰礼乐，整治人伦。选，序，序列。 [9] 齐民：齐等之民，平民。 [10] 真：天然的本性。 [11] 分于道：离于道。 [12] 杖拏：持篙。引：撑。 [13] 还乡：回舟。乡，通“向”，对面。 [14] 反走：退行数步而后进。 [15] 曩者：刚才。绪言：余言，不尽之言。 [16] 下风：下方，表示谦卑。 [17] 咳唾：比喻言笑。卒：终。相：助。

[点评]

渔父指陈孔子“苦心劳形”，教导谨慎修身，保持本真，使人与物各归其自然。中国历史上常出现一些特立独行之士，生活在深山里的，是为隐士；往来于江海上的，是为渔父。庄子笔下对钓鱼特有所好。在他的和钓鱼有关的故事或论述中可以看出多种类型的生活形态。《田子方》文王见丈人在渭水钓鱼的故事，形容其“非持其钓有钓者也，常钓也”，不是执持钓竿而有意在钓，此丈人实为姜太公。后人传说中有谓“钓竿直钩不设饵”，形容愿者上钩。《外物》中任公子也是渔父，他经年累月“旦旦而钓”，象征士人对于现实之抱负，需要极大的耐心与积厚之功。钓得大鱼“离而腊之，自制河以东，苍梧已北，莫不厌若鱼者”，描述其经世之志。庄子本人也“钓于濮水”，拒绝楚国国王治理朝政的邀请，可以与屈原所著《渔父》中“沧浪之水清兮，可以濯吾缨，沧浪之水浊兮，可以濯吾足”相联系。这些渔父的态度看似矛盾，实则不然，正反映出中国知识分子之政治态度，如《孟子·尽心上》所谓“穷则独善其身，达则兼善天下”。

客曰：“同类相从，同声相应，固天之理也。吾请释吾之所有而经子之所以[1]。子之所以者，人事也。天子诸侯大夫庶人，此四者自正[2]，治之美也，四者离位而乱莫大焉。官治其职，人忧其事，乃无所陵[3]。故田荒室露，衣食不足，征赋不属[4]，妻妾不和，长少无序，庶人之忧也；能不胜任，官事不治，行不清白，群下荒怠，功美不有，爵禄不持，大夫之忧也；廷无忠臣，国家昏乱，工技不巧，贡职不美，春秋后伦[5]，不顺天子，诸侯之忧也；阴阳不和，寒暑不时，以伤庶物，诸侯暴乱，擅相攘伐，以残民人，礼乐不节，财用穷匮，人伦不饬，百姓淫乱，天子有司之忧也。今子既上无君侯有司之势而下无大臣职事之官，而擅饰礼乐，选人伦，以化齐民，不泰多事乎！

“且人有八疵，事有四患，不可不察也。非其事而事之，谓之摠[6]；莫之顾而进之，谓之佞；希意道言，谓之谄；不择是非而言，谓之谀；好言人之恶，谓之谗；析交离亲，谓之贼；称誉诈伪以败恶人，谓之慝；不择善否，两容颊适[7]，偷拔其所欲[8]，谓之险。此八疵者，外以乱人，内以伤身，君子不友，明君不臣。所谓四患者：好经大事[9]，变更易常，以挂功名[10]，谓之叨[11]；专知擅事，侵人自用，谓之贪；见过不更，闻谏愈甚，谓之很[12]；人同于己则可，不同于己，虽善不善，谓之矜。此四患也。能去八疵，无行四患，而始可教已。”

[注释]

[1] 经：经营。所以：所做的事。 [2] 自正：各任其职。 [3] 陵：乱，侵犯。 [4] 不属：不继。 [5] 春秋后伦：朝觐失序，即春秋二季朝觐天子之礼不及序。后，一本作“复”，即乖序。 [6] 摠：滥。 [7] 两容颊适：意指善恶两容均感适意。颊，借为“兼”。 [8] 偷拔：盗取。拔，取。 [9] 好经大事：喜经理国家大事。 [10] 挂功名：图功名，规划功名。 [11] 叨：为“饕”之重文。 [12] 很：意指不听从。

孔子愀然而叹[1]，再拜而起曰："丘再逐于鲁，削迹于卫，伐树于宋，围于陈蔡。丘不知所失，而离此四谤者何也[2]？"

客凄然变容曰："甚矣子之难悟也！人有畏影恶迹而去之走者，举足愈数而迹愈多[3]，走愈疾而影不离身，自以为尚迟，疾走不休，绝力而死。不知处阴以休影，处静以息迹，愚亦甚矣！子审仁义之间，察同异之际，观动静之变，适受与之度，理好恶之情，和喜怒之节，而几于不免矣。谨修而身，慎守其真，还以物与人[4]，则无所累矣。今不修之身而求之人，不亦外乎！"

孔子愀然曰："请问何谓真？"

客曰："真者[5]，精诚之至也。不精不诚，不能动人。故强哭者虽悲不哀，强怒者虽严不威，强亲者虽笑不和。真悲无声而哀，真怒未发而威，真亲未笑而和。真在内者，神动于外，是所以贵真也。其用于人理也[6]，事亲则慈孝，事君则忠贞，饮酒则欢乐，处丧则悲哀。忠贞以功为主，饮酒以乐为主，处丧以哀为主，事亲以适为主，功成之美，无一其迹矣[7]。事亲以适，不论所以

徐复观《中国人性论史·先秦篇》评价说："虚静是道家工夫的总持，也是道家思想的命脉。"本段中"处静以息迹"，处静是修身守真修持的基本方法。关于这个方法，在《天地》《庚桑楚》为人性下界说时，已有所论及。

矣；饮酒以乐，不选其具矣；处丧以哀，无问其礼矣。礼者，世俗之所为也；真者，所以受于天也，自然不可易也。故圣人法天贵真，不拘于俗。愚者反此。不能法天而恤于人，不知贵真，禄禄而受变于俗[8]，故不足。惜哉，子之蚤湛于人伪而晚闻大道也[9]！”

孔子又再拜而起曰：“今者丘得遇也，若天幸然。先生不羞而比之服役[10]，而身教之。敢问舍所在，请因受业而卒学大道。”

客曰：“吾闻之，可与往者与之，至于妙道；不可与往者，不知其道，慎勿与之，身乃无咎。子勉之！吾去子矣，吾去子矣！”乃刺船而去[11]，延缘苇间[12]。

颜渊还车，子路授绥，孔子不顾，待水波定，不闻拏音而后敢乘。

子路旁车而问曰：“由得为役久矣，未尝见夫子遇人如此其威也。万乘之主，千乘之君，见夫子未尝不分庭伉礼，夫子犹有倨敖之容。今渔父杖拏逆立[13]，而夫子曲要磬折[14]，言拜而应，得无太甚乎？门人皆怪夫子矣，渔人何以得此乎？”

孔子伏轼而叹曰：“甚矣由之难化也[15]！湛于礼义有间矣，而朴鄙之心至今未去。进，吾语汝！夫遇长不敬，失礼也；见贤不尊，不仁也。彼非至人，不能下人，下人不精，不得其真，故长伤身。惜哉！不仁之于人也，祸莫大焉，而由独擅之。且道者，万物之所由也，庶物失之者死，得之者生，为事逆之则败，顺之则成。故道之所在，圣人尊之。今渔父之于道，可谓有矣，吾敢不敬乎！”

［**注释**］

[1] 愀然：面有愧色。 [2] 离：同“罹”。 [3] 数：通“速”。 [4] 还以物与人：意指以外物还之于人，而一归之自然，即以物与人还之自然。 [5] 以下两句是说，本真乃是精诚的极至。 [6] 人理：人伦。 [7] 迹：形迹，指形式、方法。 [8] 禄禄：有数解。其一，作“碌碌”。其二，当为“拘”义，显示拘象之词。其三，随从之貌，禄，借为“逯”。兹从一说。 [9] 湛：同“沉”，耽。 [10] 比之服役：意指比作服役的弟子。 [11] 刺船：撑船。 [12] 延缘苇间：意指沿着芦苇的河岸。延，借为“沿”。缘，通“沿”。 [13] 逆立：对面立。 [14] 曲要磬折：弯腰鞠躬。 [15] 以下三句是说，子由真是难以教化啊！沉湎在礼义有一段时间了，可是粗鄙的心理到现在还没有去掉。

[点评]

“真者，精诚之至也。”其中“真”的概念，是道家人性论提出的重要内涵。这段文字鲜明提出“贵真”的思想，为古代文献中首见。后人以未受礼俗习染的本性为“天真”的观点本于此；以心地真淳出于自然为“天真烂漫”，亦源于此。《庄子》“贵真”说所强调的真情的动人力量，文学上引向真情实感在创作中的重要性。

[篇末评]

本篇取“渔父”二字作为篇名。全篇主旨阐扬保真的思想，并批评儒家礼乐人伦的观念。“渔父”指隐逸的有道者，他批评孔子“擅饰礼乐，选人伦”，指责其“苦心劳形以危其真”，并教导孔子要“谨修而身，慎守其真，使人与物各还归自然”。

列御寇

列御寇之齐，中道而反，遇伯昏瞀人[1]。伯昏瞀人曰："奚方而反[2]？"

曰："吾惊焉。"

曰："恶乎惊？"

曰："吾尝食于十饕[3]，而五饕先馈。"

伯昏瞀人曰："若是，则汝何为惊已[4]？"

曰："夫内诚不解[5]，形谍成光[6]，以外镇人心[7]，使人轻乎贵老[8]，而整其所患[9]。夫饕人特为食羹之货，［无］多余之赢，其为利也薄，其为权也轻，而犹若是，而况于万乘之主乎！身劳于国而知尽于事，彼将任我以事而效我以功，吾是以惊。”

伯昏瞀人曰：“善哉观乎[10]！女处己，人将保女矣[11]！”

无几何而往，则户外之屦满矣。伯昏瞀人北面而立，敦杖蹙之乎颐[12]，立有间，不言而出。宾者以告列子[13]，列子提屦，跣而走[14]，暨乎门，曰：“先生既来，曾不发药乎[15]？”

曰：“已矣，吾固告汝曰人将保汝，果保汝矣。非汝能使人保汝，而汝不能使人无保汝也，而焉用之感豫出异也[16]！必且有感，摇而本才，又无谓也。与汝游者又莫汝告也，彼所小言，尽人毒也。莫觉莫悟，何相孰也[17]！巧者劳而知者忧[18]，无能者无所求，饱食而敖游，汎若不系之舟，虚而敖游者也。”

[注释]

[1] 伯昏瞀人：《德充符》篇作“伯昏无人”。 [2] 方：有数解。其一，道，意指从何处返回。其二，事、故，意指何故返回。其三，为“妨”省，害。后两说均可通。 [3] 十饕：十家并卖饕。饕：读为“浆”。 [4] 已：同“也”“邪”。 [5] 内诚不解：内心情欲不纾解。诚，为“情”之假借字。 [6] 形谍：形容举动。谍，动。成光：有光仪。 [7] 镇：服。 [8] 使人轻乎贵老：谓重

视列御寇过于老人。 [9] 蟼其所患：指招来祸患。蟼，与“赍”同，招致的意思。 [10] 善哉观乎：好呀，很会观察。称赞他能反观。 [11] 保：聚守，附。女：汝。 [12] 敦杖蹙之乎颐：竖着杖抵着下巴。敦，竖。 [13] 宾者：迎接宾客的人。 [14] 跣：赤足。 [15] 发药：意指启导以药石之言。 [16] 而焉用之感豫出异也：你何必这样引人欢心而表现与众不同。 [17] 相孰：相熟的意思。 [18] 以下五句是说，智巧的人忧劳，不用智巧的人无所求，饱食而遨游，飘然像无所系的船只，虚心而遨游。

［**点评**］

列御寇，即列子。有关列子的故事或寓言，《庄子》中共有二十四节文字，重出于《列子》书中，或原属《列子》而错入《庄子》。列子是中国道家阵营重要人物，早于庄子。《吕氏春秋·不二》谓“子列子贵虚”，今本《列子·天瑞篇》也有关于“贵虚”的讨论。本段即借列子与伯昏瞀人的对话，告诫列子不可炫智，不可摇动自己的本性，并晓喻人要虚己以游世，“汎若不系之舟，虚而敖游者也”。

郑人缓也呻吟裘氏之地[1]。祇三年而缓为儒，河润九里[2]，泽及三族，使其弟墨[3]。儒墨相与辩，其父助翟[4]。十年而缓自杀。其父梦之曰：“使而子为墨者予也。阖胡尝视其良[5]，既为秋柏之实矣？”

夫造物者之报人也[6]，不报其人而报其人之天[7]。彼故使彼[8]。夫人以己为有以异于人以贱其亲[9]，齐人之井饮者相捽也[10]。故曰今之世皆缓也。自是[11]，有德者以不知也[12]，而况有道者乎！古者谓之遁天之刑。

圣人安其所安[13]，不安其所不安[14]；众人安其所不安，不安其所安。

庄子曰："知道易，勿言难。知而不言，所以之天也；知而言之，所以之人也；古之人[15]，天而不人。"

[注释]

[1] 缓：人名，儒者的象征。呻吟：即诵读之声。裘氏：地名。 [2] 河润九里：形容泽人广远。 [3] 使其弟墨：使他的弟弟学墨学。 [4] 翟：缓弟名。 [5] 良（làng）：同"埌"，冢。 [6] 报：成，赋予。 [7] 不报其人而报其人之天：不是赋予他人为，而是赋予他天性。 [8] 彼故使彼：他的本性使他发展成为这样。彼，意指本性或内在所具备的条件。 [9] 夫人：指缓。 [10] 齐人：众人。捽：相争扭。 [11] 自是：自以为是。 [12] 有德者以不知也：在有德者看来是不智的。 [13] 安其所安：安于自然。所安，自然之理。 [14] 不安其所不安：不安于人为。所不安，人为。 [15] 以下两句是说，古时候的至人，体合自然而不以人为扰民。

朱泙漫学屠龙于支离益[1]，单千金之家[2]，三年技成而无所用其巧。

圣人以必不必[3]，故无兵；众人以不必必之，故多兵；顺于兵[4]，故行有求[5]。兵，恃之则亡。

小夫之知[6]，不离苞苴竿牍[7]，敝精神乎蹇浅[8]，而欲兼济道物，太一形虚。若是者，迷惑于宇宙[9]，形累不知太初。彼至人者，归精神乎无始而甘冥乎无何有之乡。水流乎无形，发泄乎太清[10]。悲哉乎！汝为知在毫毛[11]，而不知大宁[12]！

[注释]

[1] 朱泙漫：姓朱泙，名漫。支离益：姓支离，名益。二人姓名疑是虚构。 [2] 单：同“殚”，尽。 [3] 以必不必：把必然的事视为不必然，说明心态的开放、不固执。 [4] 顺于兵：顺着纷争。 [5] 故行有求：所以有贪求的行为。求，心有贪求。 [6] 小夫：匹夫。 [7] 苞苴竿牍：应酬交际。 [8] 蹇浅：浅近。蹇，浅。 [9] 迷惑于宇宙：为宇宙的形象所迷惑。 [10] 发泄乎太清：意指至人之精神发源于太清。 [11] 知在毫毛：意指所见者小。 [12] 大宁：大安，即无为自然之理。

宋人有曹商者[1]，为宋王使秦[2]。其往也，得车数乘；王说之[3]，益车百乘。反于宋，见庄子曰：“夫处穷闾阨巷[4]，困窘织屦[5]，槁项黄馘者[6]，商之所短也；一悟万乘之主而从车百乘者，商之所长也。”庄子曰：“秦王有病召医，破痈溃痤者得车一乘，舐痔者得车五乘，所治愈下，得车愈多。子岂治其痔邪，何得车之多也？子行矣！”

［注释］

[1] 曹商：姓曹，名商。 [2] 宋王：指宋偃王。 [3] 王：指秦王。 [4] 穷闾：偏僻的里巷。阨：同“隘”，狭窄。 [5] 困窘织屦：意指贫匮而自织麻鞋。 [6] 槁项黄馘（xù）：形容人面黄肌瘦的样子。槁，干枯。项，脖子。馘，脸。

鲁哀公问乎颜阖曰：“吾以仲尼为贞干[1]，国其有瘳乎？”曰：“殆哉圾乎仲尼[2]！方且饰羽而画[3]，从事华辞，以支为旨[4]，忍性以视民而不知不信[5]，受乎心[6]，宰乎神，夫何足以上民！彼宜女与[7]？予颐与[8]？误而可矣[9]。今使民离实学伪，非所以视民也，为后世虑，不若休之。难治也[10]。”

[注释]

[1] 贞干：栋梁。 [2] 圾：通“岌”，危。 [3] 方且饰羽而画：意指孔子好文饰。 [4] 以支为旨：以枝节为主旨。 [5] 忍性以视民而不知不信：矫饬性情以夸示于民，而不知道自己不信实。 [6] 以下两句是说，承受于心，主宰于神。承上文忍性而不知不信，指以此而受于心，主于神。 [7] 彼宜女与：他适宜于你吗？彼，指仲尼。 [8] 予颐与：让他安养人民吗？颐，养。 [9] 误而可矣：犹误而已矣。言必至于误。 [10] 难治也：意指用孔子则难以图治。

施于人而不忘[1]，非天布也[2]。商贾不齿，虽以事齿之，神者弗齿。

为外刑者，金与木也[3]；为内刑者，动与过也[4]。宵人之离外刑者[5]，金木讯之[6]；离内刑者，阴阳食之[7]。夫免乎外内之刑者，唯真人能之。

[注释]

[1] 施于人而不忘：施恩于人而不忘回报。 [2] 非天布：不是自然的布施。 [3] 金：谓刀锯斧钺。木：谓棍棒桎梏。 [4] 动：谓心之摇作。过：谓事之悔尤。 [5] 宵人：小人。离：同“罹”。 [6] 讯：问罪。 [7] 阴阳食之：意指阴阳两气交错而剥蚀他。

孔子曰：“凡人心险于山川[1]，难于知天；天犹有春秋冬夏旦暮之期，人者厚貌深情。故有貌愿而益[2]，有长若不肖，有顺懁而达，有坚而缦，有缓而釬。故其就义若渴者，其去义若热。故君子远使之而观其忠，近使之而观其敬，烦使之而观其能，卒然问焉而观其知，急与之期而观其信[3]，委之以财而观其仁，告之以危而观其节，醉之以酒而观其侧，杂之以处而观其色。九征至，不肖人得矣。”

人容貌敦厚而心机深沉，人心千变万化难以测知。古人以为，心是认识的机能，是人的心神与心思活动之发源地。

[注释]

[1] 以下两句是说，人心比山川还要险恶，比知天还要困难。 [2] 以下五句是说，所以有外貌谨厚而行为骄溢的，有貌似长者而其实不肖的，有外貌圆顺而内心刚直的，有看似坚实而内心怠慢的，有看似舒缓而内心急躁的。愿，谨厚。益，通“溢”，骄溢。缦，通“慢”。釬，急，“悍”之假字。 [3] 急与之期而观其信：意指给他急促的期限来观察他的信用。

正考父一命而伛[1]，再命而偻，三命而俯，循墙而走[2]，孰敢不轨[3]！如而夫者[4]，一命而吕钜[5]，再命而于车上儛[6]，三命而名诸父[7]，孰协唐许[8]！

贼莫大乎德有心而心有睫[9]，及其有睫也而内视，内视而败矣。凶德有五[10]，中德为首[11]。何谓中德？中德也者，有以自好也而吡其所不为者也[12]。

穷有八极[13]，达有三必[14]，形有六府。美髯长大壮丽勇敢，八者俱过人也，因以是穷。缘循[15]，偃佒[16]，困畏不若人[17]，三者俱通达。知慧外通，勇动多怨，仁义多责。达生之情者傀[18]，达于知者肖；达大命者随[19]，达小命者遭。

［注释］

[1] 以下三句是说，爵愈高而身愈下。正考父，宋大夫。古时以一命为士，二命为大夫，三命为卿。伛，背曲。偻，腰曲。俯，身伏于地。 [2] 循墙而走：沿着墙走，形容行为谦虚。 [3] 孰敢不轨：人孰敢不以为法。 [4] 而夫：凡夫。 [5] 吕钜：骄矜之貌。 [6] 儛：舞。见《在宥》。 [7] 名诸父：称呼叔伯的名号。诸父，叔伯。 [8] 孰协唐许：意指谁能同于唐尧许由的谦让。协，同。唐，唐尧。许，许由。 [9] 贼莫大乎德有心：意指最坏的事莫过于有心为德。心有睫：谓以心为睫，意指心开如眼目。 [10] 凶德有五：谓心、耳、眼、舌、鼻。曰此五根，祸因此得，谓凶德。 [11] 中德：指心。 [12] 自好：心中所好者自以为是，是非好恶的价值偏见。吡：訾。 [13] 八极：指下文

美、髯、长、大、壮、丽、勇、敢八端。 [14] 三必：指下文缘循、偃侠、困畏三项。 [15] 缘循：指缘物而顺其自然。 [16] 偃侠：当为“偃仰”，犹言俯仰从人。 [17] 困畏不若人：指懦弱谦下。 [18] 以下两句是说，通达生命实情的就心胸广大，精通智巧的就心境狭小。傀，伟，大。肖，小。 [19] 以下两句是说，通达大命的就是顺任自然，精通小命的就是随遇而安。随，顺之听自然。遭，遇，指所遇安适。

人有见宋王者，锡车十乘[1]，以其十乘骄稺庄子[2]。庄子曰：“河上有家贫恃纬萧而食者[3]，其子没于渊，得千金之珠。其父谓其子曰：‘取石来锻之[4]！夫千金之珠，必在九重之渊而骊龙颔下[5]，子能得珠者，必遭其睡也。使骊龙而寤，子尚奚微之有哉[6]！’今宋国之深，非直九重之渊也；宋王之猛，非直骊龙也；子能得车者，必遭其睡也。使宋王而寤，子为虀粉夫！”

或聘于庄子。庄子应其使曰：“子见夫牺牛乎[7]？衣以文绣，食以刍叔[8]，及其牵而入于大庙，虽欲为孤犊[9]，其可得乎！”

［注释］

[1] 锡：借为“赐”。 [2] 稺：骄。 [3] 纬萧：编织芦苇。纬，织。 [4] 锻之：打碎它。 [5] 骊龙：黑龙。 [6] 尚奚微之有哉：

意指要被蚕食无遗。 [7] 牺牛：祭祀用的牛。 [8] 刍叔：草、豆。 [9] 犊：小牛。

[**点评**]

这两段记录了庄子不仕的故事，《秋水》还记载庄子钓于濮水，楚王派遣使者请庄子为楚国宰相，庄子拒而不受的故事。司马迁《史记·老子韩非列传》也说其“终身不仕，以快吾志”。

明陆西星《南华真经副墨》指出：“此篇的为庄子著述将毕之语，观末段自见。”

庄子将死，弟子欲厚葬之。庄子曰：“吾以天地为棺椁，以日月为连璧[1]，星辰为珠玑[2]，万物为赍送[3]。吾葬具岂不备邪？何以加此！”

弟子曰：“吾恐乌鸢之食夫子也[4]。”

庄子曰：“在上为乌鸢食，在下为蝼蚁食，夺彼与此，何其偏也！”

以不平平[5]，其平也不平；以不征征[6]，其征也不征。明者唯为之使[7]，神者征之[8]。夫明之不胜神也久矣，而愚者恃其所见入于人[9]，其功外也[10]，不亦悲乎！

[**注释**]

[1] 连璧：并连双璧。 [2] 玑（jī）：不圆之珠。 [3] 赍（jī）送：指送葬品。 [4] 乌：乌鸦。鸢（yuān）：老鹰。 [5] 以不平

平：以不公平的方式使之公平。谓不顺从自然本性的公平使它公平，而是根据一己私念的不公平使它公平。[6]征：征验。[7]明者唯为之使：自以为聪明的人被外物役使。[8]神者：指精神健全者，保持自然天性的人。[9]入于人：指沉溺于人为之事中。[10]功外：指耗精费神所费的功力都是被外物所役使，对自身毫无益处。外，疏。

［篇末评］

本篇取篇首三字为篇名。本篇保留了许多庄子本人的事迹，庄子家贫不仕及他反对厚葬、超脱生死等态度，可与《外物》《秋水》参看。“以必不必”，指不固执一定的成见；“以不必必之”，是固执己见，它是导致纷争的根源。

天　下

天下之治方术者多矣[1]，皆以其有为不可加矣[2]。古之所谓道术者[3]，果恶乎在？曰："无乎不在。"曰："神何由降[4]？明何由出[5]？""圣有所生，王有所成，皆原于一[6]。"

不离于宗[7]，谓之天人。不离于精，谓之神人。不离于真，谓之至人。以天为宗[8]，以德为本[9]，以道为门[10]，兆于变化[11]，谓之圣人。以仁为恩[12]，以义为理，以礼为行，以乐为和，薰然慈仁[13]，谓之君子。以法为分[14]，以名为表，以参为验，以稽为决，其数一二三四是也[15]，百官以此相齿[16]，以事为常[17]，以衣食为主，蕃息畜藏，老弱孤寡为意，皆有以养，民之理也。

古之人其备乎[18]！配神明[19]，醇天地[20]，育万物，和天下，泽及百姓，明于本数[21]，系于末度[22]，六通四辟，小大精粗，其运无乎不在。其明而在数度者[23]，旧法世传之史尚多有之。其在于《诗》《书》《礼》《乐》者，邹鲁之士搢绅先生多能明之[24]。《诗》以道志，《书》以道事，《礼》以道行，《乐》以道和，《易》以道阴阳，《春秋》以道名分。其数散于天下而设于中国者，百家之学时或称而道之。

天下大乱，贤圣不明，道德不一，天下多得一察焉以自好[25]。譬如耳目鼻口，皆有所明，不能相通。犹百家众技也，皆有所长，时有所用。虽然，不该不徧[26]，一曲之士也[27]。判天地之美[28]，析万物之理[29]，察古人之全[30]，寡能备于天地之美，称神明之容。是故内圣外王之道，闇而不明，郁而不发，天下之人各为其所欲焉以自为方。悲夫，百家往而不反，必不合矣！后世之学者，不幸不见天地之纯，古人之大体，道术将为天下裂。

[注释]

[1] 治：研究。方术：指特定的学问，为道术一部分。 [2] 其有：谓所学。有，谓攻治所得。 [3] 道术：指洞悉宇宙人生本原的学问。 [4] 神：灵妙。 [5] 明：智慧。 [6] 一：即道。 [7] 以下六句，宗、精、真，皆指道体而言。宗，从大道的本质方面说；精，从大道的精纯不杂方面说；真，从大道的真实不诬方面说。天人、神人、圣人，皆指体道者而言，体道的方面不同，其本质是相同的，即同归于一个“道”。 [8] 天：天然。宗：主宰。 [9] 德：指本性。 [10] 道：即大道。门：门径，途径。 [11] 兆：征兆，预兆。 [12] 以下四句是说，以仁来施行恩惠，以义来建立条理，以礼来约束行动，以乐来调和性情。讲君子的作为，主要指的是儒家。 [13] 薰然：温和的样子。 [14] 以下四句是说，以法度为分守，以名号作标志，以比较为征验，以考稽作判断。主要讲法家的作为。分，名分。表，标识。参，比较，参考。稽，考察。 [15] 其数一二三四是也：好像数一二三四那样明白。其，犹若，如。数，等级之数。 [16] 百官以此相齿：百官依这样相列序位。 [17] 以下六句是说百姓的作为。事，职事。常，常业。蕃息畜藏，繁衍、生殖、积蓄、储藏。畜，通“蓄”。 [18] 备：完备。 [19] 配神明：配合天地造化的灵妙。 [20] 醇天地：取法天地。醇，借为“准”。 [21] 本数：本原，指道的根本。 [22] 末度：指法度，道的末节。 [23] 其：指上“古之所谓道术”而言。数度：指礼乐制度。 [24] 邹鲁之士：指儒士，即学者。搢绅：亦指儒士。搢，插笏。绅，大带。 [25] 一察：一端之见。 [26] 该：兼备。偏：同“遍”，全面。 [27] 一曲：偏于一端，指只知道的一端而不明道的全体。 [28] 判：割裂。 [29] 析：离析。 [30] 察：读为“杀”，减损，破坏。

［点评］

本篇开端标明“道术”与“方术”的关联与不同。“方术”是一门特定的学问，只是“一察焉以自好”“百家众技”，治“方术”者也只是一曲之士。理想的“道术”能够“以天为宗，以德为本，以道为门”“判天地之美，析万物之理”。

“内圣外王之道”是士人最高理想的人格形态，这一崇高的理念为各家所接受，千百年来成为历代哲人共同追求和憧憬的目标。梁启超认为此语“包举中国学术之全部……其旨归在于内足以资修养而外足以经世”（《清代学术概论》）。所谓“内圣”就是能够理解人生究竟意义者。《德充符》就是内圣之学，而《应帝王》则属于外王之道。

不侈于后世，不靡于万物[1]，不晖于数度[2]，以绳墨自矫而备世之急[3]，古之道术有在于是者。墨翟禽滑厘闻其风而说之[4]，为之大过，已之大循[5]。作为《非乐》，命之曰《节用》；生不歌，死无服。墨子汜爱兼利而非斗，其道不怒；又好学而博，不异，不与先王同，毁古之礼乐。

黄帝有《咸池》，尧有《大章》，舜有《大韶》，禹有《大夏》，汤有《大濩》，文王有辟雍之乐，武王周公作《武》[6]。古之丧礼，贵贱有仪，上下有等，天子棺椁七重，诸侯五重，大夫三重，士再重。今墨子独生不歌，死不服，桐棺三寸而无椁，以为法式。以此教人，恐不爱人；以此自行，固不爱己。未败墨子道[7]，虽然，歌而非歌，哭而非哭，乐而非乐，是果类乎[8]？其生也勤，其死也薄，其道大觳[9]；使人忧，使人悲，其行难为也，恐其不可以为圣人之道，反天下之心，天下不堪。墨子虽独能任，奈天下何！离于天下，其去王也远矣。

墨子称道曰："昔禹之湮洪水[10]，决江河而通四夷九州也，名山三百，支川三千，小者无数。禹亲自操橐耜而九杂天下之川[11]；腓无胈[12]，胫无毛，沐甚雨[13]，栉疾风，置万国。禹大圣也而形劳天下也如此。"使后世之墨者，多以裘褐为衣[14]，以跂蹻为服[15]，日夜不休，以自苦为极，曰："不能如此，非禹之道也，不足谓墨。"

相里勤之弟子五侯之徒[16]，南方之墨者苦获、已齿、邓陵子之属[17]，俱诵《墨经》[18]，而倍谲不同[19]，相谓别墨[20]；以坚白同异之辩相訾[21]，以觭偶不仵之辞相应[22]；以巨子为圣人[23]，皆愿为之尸[24]，冀得为其后世，至今不决。

墨翟禽滑厘之意则是，其行则非也。将使后世之墨者，必自苦以腓无胈胫无毛相进而已矣[25]。乱之上也[26]，治之下也。虽然，墨子真天下之好也[27]，将求之不得也，虽枯槁不舍也。才士也夫！

［注释］

[1] 靡：同“糜”，浪费。 [2] 不晖于数度：不炫耀礼法。晖，同“辉”。 [3] 以绳墨自矫：用规矩来勉励自己。矫，厉。 [4] 禽滑厘：墨子弟子，初受业于子夏，后学于墨子。 [5] 已之大循：这句有两解。其一，“已”，读作“己”。己之大顺，即太顺于己。其二，“已”，即止。“大顺”，作“太甚”解。已之太顺，即节止太甚。大，通“太”。“循”“顺”古通。 [6] 咸池、大章、大韶、大夏、大濩（hù）、辟雍、武：都是各代古乐名。 [7] 未败墨子道：有两种解释。其一，败，作“毁”，指批评者并无意败坏墨子学说。其二，无败于墨子之道，指墨道虽苛，仍盛行于世不受影响。 [8] 果类乎：意指果真合于人情吗。 [9] 觳（què）：俭薄。 [10] 湮：塞，没。 [11] 耜（sì）：锹，锄。九杂：汇合的意思。九，音“鸠”，即聚。杂，作“集”。 [12] 以下两句，参见《在宥》“尧舜于是乎股无胈，胫无毛”。腓（féi）：小腿后面突出的筋肉，俗称腿肚子。 [13] 甚雨：骤雨。 [14] 裘褐：粗衣。 [15] 跂：同“屐”。蹻（juē）：同“屩”，草鞋。服：用。 [16] 相里勤：姓相里，

名勤，为南方墨派一首领。五侯：人名。五，同“伍”。 [17] 苦获、已齿：人名。二人都是南方墨家重要人物。 [18]《墨经》：现存《墨子》卷十有《经上》《经下》两篇。 [19] 倍谲：背异。倍，通“背”。 [20] 相谓别墨：互相抵斥以为非墨家正统。 [21] 坚白同异：为当时辩论的主题。訾：诋毁。 [22] 觭偶：即奇偶，亦为当时常辩论的主题。不仵：不合。仵，同。 [23] 巨子：即墨派团体的首领。 [24] 尸：主。 [25] 相进：相尚，相竞。 [26] 以下两句是说，乱天下之罪多，治天下之功少。 [27] 天下之好：天下最美善的人。好，含有特别赞美之意。

不累于俗，不饰于物，不苟于人，不忮于众[1]，愿天下之安宁以活民命，人我之养毕足而止，以此白心[2]，古之道术有在于是者。宋钘尹文闻其风而悦之[3]，作为华山之冠以自表[4]，接万物以别宥为始[5]；语心之容[6]，命之曰心之行，以聏合欢[7]，以调海内，请欲置之以为主[8]。见侮不辱，救民之斗，禁攻寝兵，救世之战。以此周行天下，上说下教，虽天下不取，强聒而不舍者也[9]，故曰上下见厌而强见也[10]。

虽然，其为人太多，其自为太少，曰：“请欲固置五升之饭足矣[11]。”先生恐不得饱[12]，弟子虽饥，不忘天下，日夜不休，曰：“我必得活哉[13]！”图傲乎救世之士哉[14]！曰：“君子不为苛察[15]，不以身假物。”以为无益于天下者，明之不如已也，以禁攻寝兵为外，以情欲寡浅为内，其小大精粗[16]，其行适至是而止。

［注释］

[1] 不忮于众：不拂人情。忮，逆。 [2] 白心：明白其心，表白心愿。 [3] 宋钘：姓宋，名钘，齐宣王时人，游稷下。尹文：姓尹，名文，齐人，与宋钘俱游稷下，曾游说齐湣王。 [4] 华山之冠：以华山作为冠名。 [5] 别宥：即去囿，去除隔蔽。宥，通“囿”。 [6] 以下两句是说，称心的宽容，名之为心的行为。容，即宽容。命，名。心之行，心的活动。 [7] 以聏（ér）合欢：以柔和（的态度）合（他人的）欢心。聏，调和。 [8] 请欲置之以为主：请求（大家）以心容万物为主导。之，指心之容。为主，指心容为行为之主。 [9] 强聒而不舍：意指说个不停。 [10] 上下见厌而强见也：人皆厌之，犹强欲自表现。强见，即强现，勉力表露其观点。 [11] 固：借为“姑”。 [12] 以下三句是说，不仅宋、尹先生们不得饱，弟子们也常在饥饿中，可是他们仍不忘天下人。先生，指宋钘、尹文。弟子，指宋、尹的弟子。 [13] 我：泛称。 [14] 图傲乎：高大之貌。 [15] 以下两句是说，君子不求苛刻计较，不以己身为外物所役。 [16] 小：指一身而言。大：指其救世之战而言。精：指心而言。粗：指行为而言。

公而不当[1]，易而无私，决然无主[2]，趣物而不两[3]，不顾于虑，不谋于知，于物无择，与之俱往，古之道术有在于是者。彭蒙田骈慎到闻其风而悦之[4]，齐万物以为首[5]，曰："天能覆之而不能载之，地能载之而不能覆之，大道能包之而不能辩之，知万物皆有所可，有所不可，故曰选则不徧[6]，教则不至，道则无遗者矣。"

是故慎到弃知去己而缘不得已，泠汰于物以为道理[7]，曰知不知[8]，将薄知而后邻伤之者也，謑髁无任而笑天下之尚贤也[9]，纵脱无行而非天下之大圣，椎拍輐断[10]，与物宛转，舍是与非，苟可以免，不师知虑，不知前后，魏然而已矣。推而后行，曳而后往，若飘风之还，若羽之旋，若磨石之隧[11]，全而无非，动静无过，未尝有罪。是何故？夫无知之物，无建己之患[12]，无用知之累，动静不离于理，是以终身无誉。故曰至于若无知之物而已，无用贤圣，夫块不失道。豪桀相与笑之曰："慎到之道，非生人之行而至死人之理，适得怪焉。"

田骈亦然，学于彭蒙，得不教焉[13]。彭蒙之师曰："古之道人，至于莫之是莫之非而已矣。

其风窢然[14]，恶可而言？”常反人[15]，不见观，而不免于鲩断[16]。其所谓道非道，而所言之韪不免于非[17]。彭蒙田骈慎到不知道。虽然，概乎皆尝有闻者也。

［注释］

[1] 以下两句是说，公正而不阿党，平易而无偏私。 [2] 决然无主：排除主观的先入之见。决然，自然流动的样子。 [3] 趣物而不两：意指随物而趋不起两意。 [4] 彭蒙：姓彭，名蒙，齐之隐士，游稷下。田骈：即陈骈，齐国人。《汉书·艺文志》道家有《田子》二十五篇，已失传。《吕氏春秋·不二》云“陈骈贵齐”。慎到：赵国人。 [5] 齐万物以为首：言以齐物为根本义。 [6] 以下三句是说，选择就不能普遍，教诲就不能周全，顺道自然则无所遗漏。 [7] 泠汰：听放。 [8] 以下两句是说，（强求）知其所不知，势将为知所迫而结果会损伤自己。薄，通“迫”。 [9] 謑髁（xí kē）：不正的意思。无任：无所专任。 [10] 椎（chuí）拍輐（wàn）断：顺随旋转的意思。 [11] 隧：回，转。 [12] 以下两句是说，没有标榜自己的忧患，没有利用智巧的系累。建己、用知，文异义同，皆好用私知之意。 [13] 不教：不言之教。 [14] 窢（xù）：逆风声。一说迅速貌。 [15] 以下两句是说，常违反人意，不为人称赏。 [16] 鲩（yuán）断：无圭角，谓其与物宛转。 [17] 韪（wěi）：是。

以本为精[1]，以物为粗，以有积为不足[2]，澹然独与神明居，古之道术有在于是者。关尹老聃闻其风而悦之[3]，建之以常无有[4]，主之以太一[5]，以濡弱谦下为表[6]，以空虚不毁万物为实。

关尹曰："在己无居[7]，形物自著[8]。其动若水，其静若镜，其应若响。芴乎若亡[9]，寂乎若清，同焉者和，得焉者失[10]。未尝先人而常随人。"

老聃曰："知其雄，守其雌，为天下谿；知其白，守其辱，为天下谷。"人皆取先[11]，己独取后，曰受天下之垢[12]；人皆取实，己独取虚，无藏也故有余，岿然而有余。其行身也，徐而不费，无为也而笑巧[13]；人皆求福，己独曲全[14]，曰苟免于咎。以深为根，以约为纪，曰坚则毁矣[15]，锐则挫矣。常宽容于物，不削于人[16]，可谓至极。

关尹老聃乎！古之博大真人哉！

［注释］

[1] 本：道。 [2] 以有积为不足：以储积为不足。 [3] 关尹：事迹不详，《吕氏春秋·不二》称："老聃贵柔……关尹贵清。"《汉书·艺文志》载道家《关尹子》九篇。《隋书·经籍志》《唐书·艺文志》都不录，此书已经失传很久了。现存《关尹子》是

后世假托。 [4] 常无有：即常“无”、常“有”。见于《老子》第一章及四十章。 [5] 太一：《吕氏春秋 · 大乐》说：“道也者，至精也。不可为形，不可为名。强为之名，谓之太一。” [6] 濡弱：柔弱。 [7] 在己无居：无私主，即不偏执己意。 [8] 形物自著：意指有形之物各自彰著。 [9] 芴乎若亡：恍惚若无。芴，通“惚”。另一说，芴，通“忽”。忽然，水快流的样子。亡，无。此句形容“其动若水”。 [10] 得焉者失：这句和《老子》第四十四章“多藏必厚亡”、第六十四章“执者失之”同义。得，有贪得之意。 [11] 以下两句与《老子》第六十七章“不敢为天下先”同义。 [12] 受天下之垢：《老子》第七十八章有“受国之垢”句。 [13] 笑巧：笑人之巧。巧，智巧，机巧。 [14] 曲全：《老子》第二十二章言“曲则全”。 [15] 以下两句与《老子》第七十六章“坚强者死之徒”及第九章“揣而锐之，不可长保”同义。 [16] 不削于人：不侵削于人。

[点评]

慎到的“去己”“块不失道”及“贵齐”思想与庄子思想是有距离的。庄子的“齐物”是承认各人各物、各家各派都有同等的发言权，可涵容不同的价值内容。而慎到、田骈一派的“齐物”是建立一个客观标准的均齐，这个作为客观标准的道，自然也可能化为客观标准的法。道或法的形式渐被注重，成为一块然的存在。所以慎到要求遵循客观标准的道或法，去除个人的主观性，这就是他主张的“弃知去己”。因此慎到的“去己”和庄子的“无己”“丧我”也不一样。庄子的“无己”是去除形骸、智巧、嗜欲困住的小我，扬弃世俗价值拘系的小我，使自我从局限性中提升出来成为与广大宇宙相通的大我。

芴漠无形[1]，变化无常，死与生与，天地并与，神明往与[2]！芒乎何之[3]，忽乎何适，万物毕罗，莫足以归，古之道术有在于是者。庄周闻其风而悦之，以谬悠之说[4]，荒唐之言[5]，无端崖之辞[6]，时恣纵而不傥[7]，不以觭见之也[8]。以天下为沈浊，不可与庄语[9]，以卮言为曼衍，以重言为真，以寓言为广。独与天地精神往来而不敖倪于万物[10]，不谴是非[11]，以与世俗处。其书虽环玮而连犿无伤也[12]。其辞虽参差而諔诡可观[13]。彼其充实不可以已[14]，上与造物者游[15]，而下与外死生无终始者为友。其于本也[16]，弘大而辟，深闳而肆[17]，其于宗也[18]，可谓稠适而上遂矣[19]。虽然，其应于化而解于物也[20]，其理不竭[21]，其来不蜕[22]，芒乎昧乎[23]，未之尽者[24]。

［注释］

[1] 芴漠：恍惚茫昧之意。芴，通“惚”。 [2] 神明：自然。 [3] 以下两句是说，茫茫昧昧到哪里去，飘飘忽忽往哪里

走。芒乎、忽乎，同《至乐》篇“芒乎芴乎”，形容恍惚茫昧的状貌。何之、何适，即何去何处。 [4] 谬悠：虚远不可捉摸。谬，虚。 [5] 荒唐：谓广大无域畔。 [6] 端崖：边际。 [7] 恣纵而不傥：放任而不偏党。恣纵，恣肆，放纵。不傥，无所偏党。 [8] 不以觭（jī）见之也：其所见不主一端，不以一端自见。觭，为“奇”借字。 [9] 庄语：大言，正论。 [10] 精神：自然。敖倪：即傲睨，犹骄矜。 [11] 不谴是非：是非无所泥。 [12] 环玮（wěi）：奇特，弘壮。连犿（fān）：婉转貌，和同混融之意。无伤：不伤道理。 [13] 参差：或虚或实、或彼或此、或抑或扬，不可定。 [14] 彼其充实不可以已：他内心之情饱满，故禁不住而流露出来。已，止。 [15] 造物者：指自然。 [16] 本：本源，指道。 [17] 肆：纵放，形容广阔无限制。 [18] 宗：宗旨，指道的宗旨。 [19] 稠适：和适之意。稠，通“调”，调和。遂，达。 [20] 解于物：解脱外物的牵累。 [21] 其理不竭：他的道理是不穷尽的。 [22] 不蜕：不脱离大道的宗本。 [23] 芒乎昧乎：“芒昧”，犹窈冥，言庄子的书，窈窕深远。 [24] 未之尽：没有穷尽。

[点评]

关于庄周的这部分论述，介绍了庄周的人格特质和学术风貌，描绘出庄周茫忽恣纵的心态、奔放不羁的性格以及自由自在的精神生活。其中“独与天地精神往来而不敖倪于万物”“不谴是非，以与世俗处”，这两句话至关紧要。前一句要在使个体生命流向宇宙大生命而拓展自己的思想视野、提升自己的精神意境；后者则表达了庄子在追求精神超拔的同时，还抱持深切的人间情怀与社会关爱。

惠施多方[1]，其书五车[2]，其道舛驳[3]，其言也不中[4]。厤物之意[5]，曰：“至大无外[6]，谓之大一；至小无内，谓之小一。无厚[7]，不可积也，其大千里。天与地卑[8]，山与泽平。日方中方睨[9]，物方生方死。大同而与小同异[10]，此之谓小同异；万物毕同毕异，此之谓大同异。南方无穷而有穷[11]，今日适越而昔来[12]。连环可解也[13]。我知天下之中央[14]，燕之北越之南是也。氾爱万物，天地一体也。”

惠施认为万物流变不息，任何东西都不可能是永恒固定的状态，由此得出“日方中方睨，物方生方死”等命题。他又认为任何东西都是相对的，事物之间没有绝对的区别，他强调万物有基本的相同点，因此得出“天与地卑，山与泽平”等命题。

［注释］

[1] 惠施多方：意指惠施的学术广博。多方，即多方术。 [2] 其书：一说指他的藏书。一说指惠施自己的著作。兹从后说。五车：形容数量之多。 [3] 舛（chuǎn）驳：庞杂，不纯一，不统一。舛，错误，错乱。驳，色杂不同。 [4] 不中：指不当。 [5] 厤物之意：即究析事物之理。厤，古“历”字。 [6] 以下四句是说，大到极点而没有外围的，叫作大一；小到极点而没有内核的，叫作小一。至大无外，形容无穷大的整体空间。至小无内，指无穷小的空间单位。 [7] 以下三句是说，没有厚度，不可累积，但可扩展到千里大。无厚，形容面至薄，薄到无可再累积于其上。 [8] 以下两句是说，高低只是相对的。《荀子·不苟篇》作“山渊平，天地比”。这是由于立足点的不同，而得出不同的判断。从我们常识世界来看，天与地、山与泽，有高低之分，但从一个无穷大的宇宙空间来看，则无甚分别。 [9] 以下

两句是说，太阳刚正中就偏斜，万物即起即灭。这是从时间长流的观点来看，无物不变，无时不动。 [10] 以下四句是说，大同和小同相差异，这个叫小同异；万物完全相同，也完全相异，这个叫大同异。 [11] 南方无穷而有穷：南方没有穷尽却有穷尽。这也是从空间的相对性而言的。 [12] 今日适越而昔来：今天到越地而昨天已来到。这是就时间的相对性而言的。 [13] 连环可解也：连环可以解开，乃就事物变动长流观点而立论的，这命题属上文“物方生方死”一类。 [14] 以下两句是说，我知道天下的中央，在燕的北方越的南方。这命题说明南北的方位只是相对的，从无穷的太空来看，根本失去定位的根据。

惠施以此为大，观于天下而晓辩者，天下之辩者相与乐之。卵有毛[1]，鸡三足[2]，郢有天下[3]，犬可以为羊[4]，马有卵[5]，丁子有尾[6]，火不热[7]，山出口[8]，轮不蹍地[9]，目不见[10]，指不至[11]，至不绝，龟长于蛇[12]，矩不方[13]，规不可以为圆，凿不围枘[14]，飞鸟之景未尝动也[15]，镞矢之疾而有不行不止之时[16]，狗非犬[17]，黄马骊牛三[18]，白狗黑[19]，孤驹未尝有母[20]，一尺之捶[21]，日取其半，万世不竭。辩者以此与惠施相应，终身无穷。

桓团公孙龙辩者之徒[22]，饰人之心，易人之意，能胜人之口，不能服人之心，辩者之囿也。惠施日以其知与人之辩，特与天下之辩者为怪[23]，此其柢也[24]。

然惠施之口谈，自以为最贤，曰天地其壮乎！施存雄而无术。南方有倚人焉曰黄缭[25]，问天地所以不坠不陷，风雨雷霆之故。惠施不辞而应，不虑而对，徧为万物说，说而不休，多而无已，犹以为寡，益之以怪。以反人为实而欲以胜人为名，是以与众不适也。弱于德，强于物，其涂隩矣[26]。由天地之道观惠施之能，其犹一蚉一虻之劳者也。其于物也何庸[27]！夫充一尚可[28]，曰愈贵道，几矣！惠施不能以此自宁，散于万物而不厌，卒以善辩为名。惜乎！惠施之才，骀荡而不得，逐万物而不反，是穷响以声，形与影竞走也。悲夫！

[注释]

[1] 卵有毛：意即卵含有成为羽毛动物的可能性。　[2] 鸡三足：鸡足之实为二，鸡足之名为一，合名与实为三。　[3] 郢有天下：郢小而天下大，郢为天下的一部分，就整体空间之不可分割性而言，可说“郢有天下”。这命题是从“毕同”的观点而发的。　[4] 犬可以为羊：犬羊同属四足动物，这命题是从共相来立论的。　[5] 马有卵：从常识看，马是胎生动物而异于鸟为卵生

动物。然胎生动物和卵生动物同属动物，从万物“毕同”的观点而论说“马有卵”。 [6] 丁子有尾：虾蟆乃由幼虫蝌蚪变化育成，而蝌蚪有尾，故说虾蟆有尾。丁子，楚人呼虾蟆为丁子。 [7] 火不热：热是人的主观感觉，不在火。 [8] 山出口：本命题不知何解。 [9] 轮不蹍地：“轮”谓全体之轮。其蹍地之轮，不过为“轮”之一点。全体之轮，绝不能同时蹍地，故曰“轮不蹍地”（蒋锡昌说）。这命题解者颇分歧。有以为属公孙龙派论点，有以为属惠施派论点。 [10] 目不见：原意不详。通常解释为仅目不足见，人之能见，须靠目及光与精神作用。 [11] 以下两句是说，事不能达到物的实际，即使达到也不能绝对的穷尽。指不至，谓概念不能完全反映实物。 [12] 龟长于蛇：旨在说明长短大小的相对性而无绝对性。 [13] 以下两句是说，绝对的方是方的共相，绝对的圆是圆的共相。事实上个体的方物或圆物，都不是绝对的方或圆。就个体的矩与规说，也不是绝对的方或圆。所以若与方及圆的共相比，也可以说“矩不方，规不可以为圆”（冯友兰说）。 [14] 凿不围枘：就个体的独特性而言，世界上没有哪两个个体是完全绝对相合的。 [15] 飞鸟之景未尝动也：这条辩论用形而上学的观点解释运动。它认为若果把一个运动所经过的时间及空间加以分割，分成许多点，把空间的点与时间的点一一相当地配合起来，就可见飞鸟之影在某一时间还是停留在某一空间的点上，所以是“未尝动也”（冯友兰说）。 [16] 镞（zú）矢之疾而有不行不止之时：这个辩论认识到运动就是一个物体于同一时间在一个地方又不在一个地方。就其在一个地方说，它是“不行”；就其不在一个地方说，它是“不止”（冯友兰说）。 [17] 狗非犬：狗为犬之一部，非全等于犬，所以说“狗非犬”（范寿康说）。 [18] 黄马骊牛三：黄马与骊牛，只是二；加上称谓这黄马骊牛——即加上黄马骊牛的概念，就是三。这和“鸡三足”是同类性质的命题。 [19] 白狗黑：说白狗是白的，是就毛说，因其所白而白之。若就其眼说，因其所黑而黑了，则白狗也可说是黑的（冯友兰说）。另一解，盖谓狗虽有白黑色的不同，但从共相的“狗”与“颜色”的概念来看是相同的。因为同为狗，同为色，故曰白狗黑也可。这里正好是取大同异而无视小同异的错误判断（汪奠基说）。两解都可通。 [20] 孤驹未尝有母：这是论名号的问题。“孤驹”的意义，就是无母之驹，这命题视“孤”与“未尝有母”为异名同义。 [21] 以下三句是说，物质可以无限分割。 [22] 桓团：姓桓，名团，赵国辩士。 [23] 为怪：指为怪说。 [24] 柢：大略。 [25] 倚人：异人。倚，一本作“畸”。按：倚，当为“奇”。黄缭：姓黄，名缭，楚国辩士。 [26] 其涂隩矣：谓其道深。 [27] 庸：功，用。 [28] 以下三句是说，发挥一技之长还可以称能，可以这样说：“如果他能尊重道，那就差不多了。”一，指一端、一技，不是指道。

[篇末评]

本篇在《庄子》中是非常重要的。它将探讨宇宙人生本根的学问称之为“道术”，其内涵与我们现代所称的“哲学”意涵相近，并将道术视作最高的学问。它也是最早的古代哲学史，评价了自老聃以来的各家学派的主张，并保存了宋钘、慎到、惠施等几乎遗佚的学说思想。本篇所评的各个学派，除墨家、名家之外，宋钘、尹文、彭蒙、田骈、慎到、老聃、庄周都是道家思想的代表。

主要参考文献

庄子内篇证补　朱桂曜著　商务印书馆 1935 年国学小丛书版

庄子研究及浅释　王治心著　沈继先校订　群学社 1936 年版

庄子内篇译解和批判　关锋著　中华书局 1961 年版

南华真经正义　（清）陈寿昌辑　新天地书局 1972 年版

庄子校释　王叔岷著　台北台联国风出版社 1972 年版

道家四子新编　严灵峰编著　台北商务印书馆 1977 年版

庄子浅说　林纾撰　广文书局 1978 年版

庄子翼　（明）焦竑撰　广文书局 1979 年版

定本庄子故　（清）马其昶撰　马茂元编次　黄山书社 1989 年版

庄子译诂　杨柳桥撰　上海古籍出版社 1991 年版

庄子鬳斋口义校注　（宋）林希逸著　周启成校注　中华书局 1997 年版

庄子浅注　曹础基著　中华书局 2000 年版

南华真经口义　（宋）林希逸著　陈红映校点　云南人民出版社 2002 年版

庄子集释　（清）郭庆藩撰　王孝鱼点校　中华书局 2004 年版

庄子校诠　王叔岷撰　中华书局 2007 年版

庄子新释　张默生著　商务印书馆 2007 年版

庄子义集校　（宋）吕惠卿撰　汤君集校　中华书局 2009 年版

庄子内篇注　（明）释德清著　黄曙辉点校　华东师范大学出版社 2009 年版

老子衍·庄子通·庄子解　（清）王夫之著　中华书局 2009 年版

庄子纂笺　钱穆著　三联书店 2010 年版

庄子注疏　（晋）郭象注　（唐）成玄英疏　曹础基、黄兰发点校　中华书局 2011 年版

庄子因　（清）林云铭撰　张京华点校　华东师范大学出版社 2011 年版

南华雪心编　（清）刘凤苞著　方勇点校　中华书局 2013 年版

经典释文·庄子音义　（唐）陆德明撰　张一弓点校　上海古籍出版社 2013 年版

庄子　（清）王先谦集解　方勇校点　上海古籍出版社 2013 年版

庄子义海纂微　（宋）褚伯秀撰　华东师范大学出版社 2014 年版

庄子内篇新解·庄子通疏证　王孝鱼著　中华书局 2014 年版

药地炮庄　（明）方以智著　张永义、邢益海校点　华夏出版社 2016 年版

美学散步　宗白华著　上海人民出版社 1981 年版

原始儒家道家哲学　方东美著　高雄黎明文化事业股份有限公司 1983 年版

中国人性论史·先秦篇　徐复观著　上海三联书店 2001 年版

中国艺术精神　徐复观著　华东师范大学出版社 2001 年版

中国人生哲学　方东美著　高雄黎明文化事业股份有限公司 2005 年版

中国美学史　张法著　四川人民出版社 2006 年版

《中华传统文化百部经典》已出版图书

书　名	解读人	出版时间
周易	余敦康	2017 年 9 月
尚书	钱宗武	2017 年 9 月
诗经（节选）	李　山	2017 年 9 月
论语	钱　逊	2017 年 9 月
孟子	梁　涛	2017 年 9 月
老子	王中江	2017 年 9 月
庄子	陈鼓应	2017 年 9 月
管子（节选）	孙中原	2017 年 9 月
孙子兵法	黄朴民	2017 年 9 月
史记（节选）	张大可	2017 年 9 月
传习录	吴　震	2018 年 11 月
墨子（节选）	姜宝昌	2018 年 12 月
韩非子（节选）	张　觉	2018 年 12 月
左传（节选）	郭　丹	2018 年 12 月
吕氏春秋（节选）	张双棣	2018 年 12 月
荀子（节选）	廖名春	2019 年 6 月
楚辞	赵逵夫	2019 年 6 月
论衡（节选）	邵毅平	2019 年 6 月
史通（节选）	王嘉川	2019 年 6 月
贞观政要	谢保成	2019 年 6 月
战国策（节选）	何　晋	2019 年 12 月
黄帝内经（节选）	柳长华	2019 年 12 月
春秋繁露（节选）	周桂钿	2019 年 12 月
九章算术	郭书春	2019 年 12 月
齐民要术（节选）	惠富平	2019 年 12 月
杜甫集（节选）	张忠纲	2019 年 12 月
韩愈集（节选）	孙昌武	2019 年 12 月
王安石集（节选）	刘成国	2019 年 12 月
西厢记	张燕瑾	2019 年 12 月

书　　名	解读人	出版时间
聊斋志异（节选）	马瑞芳	2019年12月
礼记（节选）	郭齐勇	2020年12月
国语（节选）	沈长云	2020年12月
抱朴子（节选）	张松辉	2020年12月
陶渊明集	袁行霈	2020年12月
坛经	洪修平	2020年12月
李白集（节选）	郁贤皓	2020年12月
柳宗元集（节选）	尹占华	2020年12月
辛弃疾集（节选）	王兆鹏	2020年12月
本草纲目（节选）	张瑞贤	2020年12月
曲律	叶长海	2020年12月
孝经	汪受宽	2021年6月
淮南子（节选）	陈　静	2021年6月
太平经（节选）	罗　炽	2021年6月
曹操集	刘运好	2021年6月
世说新语（节选）	王能宪	2021年6月
欧阳修集（节选）	洪本健	2021年6月
梦溪笔谈（节选）	张富祥	2021年6月
牡丹亭	周育德	2021年6月
日知录（节选）	黄　珅	2021年6月
儒林外史（节选）	李汉秋	2021年6月
商君书	蒋重跃	2022年6月
新书	方向东	2022年6月
伤寒论	刘力红	2022年6月
水经注（节选）	李晓杰	2022年6月
王维集（节选）	陈铁民	2022年6月
元好问集（节选）	狄宝心	2022年6月
赵氏孤儿	董上德	2022年6月
王祯农书（节选）	孙显斌	2022年6月
三国演义（节选）	关四平	2022年6月
文史通义（节选）	陈其泰	2022年6月

书　名	解读人	出版时间
汉书（节选）	许殿才	2022 年 12 月
周易略例	王锦民	2022 年 12 月
后汉书（节选）	王承略	2022 年 12 月
通典（节选）	杜文玉	2022 年 12 月
资治通鉴（节选）	张国刚	2022 年 12 月
张载集（节选）	林乐昌	2022 年 12 月
苏轼集（节选）	周裕锴	2022 年 12 月
陆游集（节选）	欧明俊	2022 年 12 月
徐霞客游记（节选）	赵伯陶	2022 年 12 月
桃花扇	谢雍君	2022 年 12 月
法言	韩敬、梁涛	2023 年 12 月
颜氏家训	杨世文	2023 年 12 月
大唐西域记（节选）	王邦维	2023 年 12 月
法书要录（节选）　历代名画记	祝　帅	2023 年 12 月
耶律楚材集（节选）	刘　晓	2023 年 12 月
水浒传（节选）	黄　霖	2023 年 12 月
西游记（节选）	刘勇强	2023 年 12 月
乐律全书（节选）	李　玫	2023 年 12 月
读通鉴论（节选）	向燕南	2023 年 12 月
孟子字义疏证	徐道彬	2023 年 12 月
嵇康集	崔富章	2024 年 12 月
白居易集（节选）	陈才智	2024 年 12 月
李清照集（节选）	诸葛忆兵	2024 年 12 月
近思录	查洪德	2024 年 12 月
林则徐集	杨国桢	2024 年 12 月